MÉMORIAL
DE
COMMUNE ET PAROISSE
CLÉMONT
Depuis le XIe siècle

ET DE

'e et Seigneurie de Lauroy
Depuis le XIVe siècle

LES ARCHIVES DE LA MUNICIPALITÉ ET DE LA PAROISSE
DE CLÉMONT
.UX D'ARGENT ET DE LAUROY, DE L'ÉTUDE D'ARGENT
ET D'APRÈS LES TRADITIONS LOCALES

PAR

L'Abbé DUPLAIX

Curé doyen des Aix-d'Angillon
Ancien curé de Clémont

CHATEAUROUX
PHIE ET LITHOGRAPHIE LANGLOIS
—
1905

MÉMORIAL

DE

LA COMMUNE ET PAROISSE

DE CLÉMONT

ERRATA

page	ligne	au lieu de	lire
8	28	encore	page 132
»	36	mentionnées	mentionné
10	30	page 139	page 5
17	21	de nom de	le nom de
19	12	Argenton	Argent
»	14	plus loin	pages 211, 229
26	21	de cette année 1902	1902
31	29	page 250	page 34
38	26	page 241	page 26
43	23	Ælnor	Ænor
44	9	Molin-Gron	Molin-Frou
51	1	d'Outre-Meuse -	d'Outre-Meuse
»	15	1562	1561
»	21	au commencement de 1563	en février 1562
52	15	en 1566	ou 1566
54	20	menagers	messagers
»	29	23 décembre	26 décembre
»	31	seigneur	sage maistre
55	1	1600	1607
»	27	1611	1607
56	7	nous le verrons	nous le verrons p. 234, 236
57	13	Gaillot	Guillot
58	16	1681	1677 a 1684
59	25	1688	1684 a 1708
»	30	avant 1715	vers 1710
61	1	1715	1708
66	28	vu	vu p. 31
68	16	plus loin	page 151
81	10	28 décembre	27 décembre
82	4	voir	voir p. 166
86	29	voir	voir p. 171
91	20	des yens cito	des citoyens
93	23	1595	1795
101	35	se faisaient	se faisant
102	35	ou aujourd'hui demeure Antoine Fahuet	aujourd'hui maison Derouette-Fahuet
»	38	rue de la F	rue de la Fin
107	15	1894	1794
116	12	l'aune raye	raye, l'aune
119	7	portent réquisition	portant réquisition
121	23	20 février	22 février
122	25	en autre	en outre
124	22	28 mai	18 mai
136	7	voir	voir p. 157
137	14	de Hallicourts	des Hallicourts
139	27	voir	voir p. 182
140	2	voir	voir p. 242
142	23	voir	voir p. 294
159	6	voir	voir p. 136
161	28	voir	voir p. 230, 233
239	1	p. 39	p. 234

page	ligne	au lieu de	lire
35	19	p.	p. 156
39	7	avec	avant
40	27	1803	1683

MÉMORIAL
DE
LA COMMUNE ET PAROISSE
DE CLÉMONT
Depuis le XIe siècle
ET DE
La Terre et Seigneurie de Lauroy
Depuis le XIVe siècle

ÉTABLI D'APRÈS LES ARCHIVES DE LA MUNICIPALITÉ ET DE LA PAROISSE
DE CLÉMONT
DES CHATEAUX D'ARGENT ET DE LAUROY, DE L'ÉTUDE D'ARGENT
ET D'APRÈS LES TRADITIONS LOCALES

PAR

L'Abbé DUPLAIX
Curé doyen des Aix-d'Angillon
Ancien curé de Clémont

CHATEAUROUX
TYPOGRAPHIE ET LITHOGRAPHIE LANGLOIS
—
1905

Permis d'imprimer

Bourges, 8 avril 1905

MARTEL
vic. gen

Pont sur la Grande-Sauldre — Arrière-Bec du Moulin.

MÉMORIAL
DE LA
Commune et Paroisse de Clémont
Depuis le XIe siècle
ET DE LA
Terre et Seigneurie de Lauroy
Depuis le XIVe siècle

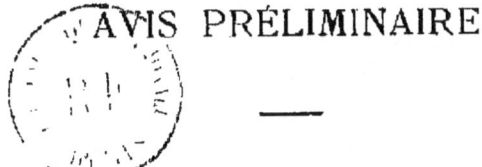

AVIS PRÉLIMINAIRE

Notre but, en écrivant ce travail, avait été principalement de faire connaître aux habitants de Clémont ce que renferment leurs Archives municipales et paroissiales et de garantir contre l'oubli celles de leurs traditions familiales qui avaient pu venir à notre connaissance. Par suite, on ne sera pas surpris de rencontrer dans ce Mémorial bien des détails qui paraîtront, non sans raison, n'être que d'un intérêt exclusivement local.

I. — NOTICE GÉNÉRALE

1°. — Origines

Clémont est d'une origine assez ancienne. « Son nom,
» dit M. de Kersers dans sa monographie du canton
» d'Argent (Clémont, page 109), figure sur de raris-
» simes monnaies mérovingiennes. On a trouvé, en
» décembre 1874, en construisant la route qui mène du
» bourg au château de Lauroy, un trésor de pièces ro-
» maines, 820 petits bronzes *saucés* (1) des règnes de
» Valérien, Gallien, Postume, Victorin, Claude II,
» Quintilius et Tetricus. L'enfouissement de ce trésor
» paraît donc remonter vers l'an 270. » On découvrit
encore, en 1896, près de la haie du midi du presbytère,
en remuant le terrain pour en extraire du sable, un
nombre assez considérable d'autres pièces romaines, en
argent ou saucées aux effigies de Philippe, Gordien, etc.
L'enfouissement de ces deux trésors, ainsi que de celui
qui fut trouvé en 1866, dans le jardin du domaine de
la Boulinière (de Kersers. Brinon. p. 105), à 3 ou 4
kilomètres, sur la paroisse de Brinon, affirme assez le
séjour de la civilisation romaine en ce pays

2°. — Nom

Quelle serait l'étymologie de Clémont ? Quelques-uns
croient y voir celle-ci : CLAVIS MONTIUM, *la clef des
monts* ; il nous semble que le bourg de Clémont est
bien trop éloigné, même du pied des côtes sancer-
roises, pour mériter cette appellation. L'ancienne ortho-

---

(1) En numismatique, les médailles *saucées* sont des médailles de
cuivre couvertes d'une feuille d'étain (Encyclopédie Glaire et Walsh,
art. Saucer), ou trempées dans un bain d'argent.

graphe, CLEMON, ne porte pas davantage à reconnaître cette étymologie ; sa terminaison, au contraire, semble être, dans cette partie de la Sologne, une terminaison locale. Dans un rayon de peu d'étendue, on a Cerdon, Oison, Brinon, Chaon, Vouzon ; un peu plus loin, Vouzeron, Vierzon, Ardon, Sandillon.

Le cartulaire de l'abbaye de Vierzon (Bibliothèque nationale, mns Latin 9865, folio XXVI) et la GALLIA CHRISTIANA (1) donnent bien, il est vrai, en 1088 et 1100, l'expression *Clemontensis ecclesia*, mais tous les autres documents anciens s'accordent, généralement, à donner l'orthographe que nous signalons.

Clémont était désigné « sur un triens (2) mérovin-
» gien (3), *Climone vico* ; en 1177 (4), *in nemore Clemo-*
» *neis* ; en 1225 (5), Climon ; en 1233 (6), Climun ; au
» XVᵉ siècle (7), Climon ». — Recherches faites par M. de Kerseis. — De plus, sauf de très rares exceptions, les archives des châteaux d'Argent et de Lauroy, ainsi que de l'Étude d'Argent, antérieurement à 1800, — de la Fabrique paroissiale, depuis 1538 ; — les actes paroissiaux, de 1607 à la fin de 1792 ; les délibérations municipales, de l'année 1790 au commencement du XIXᵉ siècle, portent le nom de CLEMON. Le langage des anciens, lui aussi, conforme à la vieille orthographe, supprime tout accent.

(1) Gallia Christiana, II, col. 43. — Acte de Richard II pour l'abbaye de Vierzon.
(2) Le Triens était une monnaie romaine qui, du temps de Cicéron (peu avant J.-C.), faisait le tiers d'un as, environ trois centimes de notre monnaie.
(3) A. de Barthélemy. — Noms de lieux inscrits sur les monnaies mérovingiennes.
(4) Charte de Henry de Sully. Archives du Cher. Fonds de Loroy.
(5) La Thaumassière. — Coutumes locales, p. 276.
(6) Archives du Cher. — Fonds de l'abbaye de Loroy. — Liasse de Méry-es Bois.
(7) Fonds de Saint-Sulpice. — Prieuré de la Chapelle. Liasse 9.

Il n'est, en France, aucune autre commune de ce même nom. Deux lieux de village ou d'habitation seulement le portent : l'un de 23 habitants, dans le département du Doubs, en la commune de Montécheroux ; l'autre, de 8 habitants, dans le département de l'Eure, en la commune de Saint-Pierre-d'Autils, à 8 kilomètres de Vernon. Ce dernier lieu était autrefois un fief seigneurial, qui « était recueilli » en 1141 par Blaise de Mauvielle, seigneur de la Tourelle, et Jeanne d'Epinay, sa femme ; il appartenait, en 1784, à Louis-Philippe d'Hostel de Clemont, lieutenant-général civil du baillage de Gisors, fils de Georges d'Hostel de Clemont, président en l'election de Gisors. (Caresme et Charpillon Dictionnaire historique de l'Eure). — Le Père Anselme (histoire genealogique de la Maison de France et des Grands Officiers de la Couronne, tome IV) a cité une baronie de Clémont, en Bassigny, près de Longchamps (Haute-Marne), qui appartint à la Maison de Choiseul, de 1401 à 1621, mais dont ne parle pas le dictionnaire des communes.

3°. — Bourg

« Le bourg de Clémont a gardé quelques maisons an-
» ciennes en bois, de belle apparence », dit M. de Ker
seis. — L'une d'elles (1), détruite en 1895 par un incendie, avait encore, au premier étage, une galerie ouverte qui était destinée autrefois au jeu de la boule, lorsque le temps était pluvieux. « Ce bourg, dit encore

---

(1) Le 5 juillet 1786, Mademoiselle Veronique Bourdon, demeurant à Paris, vendait à « Pierre Regnier, marchand aubergiste, demeurant à Clemon, la 4ᵉ partie d'une grande maison anciennement appelée la Limasse ». — Étude d'Argent.
Le 30 avril 1767 il était fait mention d'une maison de même importance qui existe encore, la maison du Sauvage, et d'une maison de la Treille, qui était vis-à-vis entre cour et jardin. Deux autres maisons eurent une denomination de plus haute résonnance, la maison des Trois-Rois, et, en 1807, la maison de l'Académie.

» M. de Kersers, a des rues, et paraît avoir été, dans le
» passé, plus important » Ce passé est assez éloigné ;
il doit être antérieur aux guerres civiles de la seconde
moitié du XVIe siècle.

Les suppositions émises par M. de Kersers sur l'ancienne importance du bourg de Clemont nous ont paru confirmées par un terrier de la censive de Villaines qui est possédé par le château de Lauroy. Un adveu et dénombrement de 1641 donne lieu à faire les mêmes suppositions Il mentionne, notamment, deux grandes auberges, qui, anciennement, servaient de lieu de halte et repos de nuit, pour l'aller, et surtout pour le retour, aux troupeaux qui étaient alors conduits aux foires anciennement si réputées d'Aubigny, ou qui en revenaient pour être dirigés sur Paris par le pont de Jargeau. La première, la Croix-Blanche, étendait ses dépendances jusque devant la grande place de la Pelure de l'Hôtel-Dieu : la seconde, dite de la Corne du Cerf, s'étendait depuis la rue qui conduisait « de l'église Saint-Martin à la
« grande église », jusqu'à la route de Jargeau — Le terrier de la censive de Villaines, date de 1563, comptait pour le droit de Cens, dans le bourg de Clemon, 106 maisons qui formaient un nombre d'environ 150 foyers. De plus, il indique les rues, plus nombreuses qu'aujourd'hui, qui traversaient alors le bourg :

1° La rue par laquelle « on va de la grande esglise dudit
» Clemon à l'esglise de Saint-Martin » ou « à la fontaine
» de Saint-Martin » Cette rue était alors appelée la Grande Rue. Aujourd'hui elle porte le nom de Rue des Juifs, qu'elle portait déjà en 1791 (voir p. 75). Pourquoi cette dernière dénomination ? Assurément il n'y a pas eu à Clemon, de 1563 à 1791, si toutefois il y en eut, des habitants de religion juive assez nombreux pour habiter une rue entière. Cette dénomination provient sans doute,

comme celle des deux rues suivantes, de critiques ou malveillantes ou plaisantes.

2° La rue par laquelle « on va de Lorroy à la grande » esglise parrochiale » ou « de la grande esglise dudit » Clemon à Cerdon », ou encore « de la grande esglise » dudit Clemon aux Fousses Jollis ». (Adveu de 1641, rue des Fousses Jolly. Adveu de 1716, art. 792-893, terre des fosses Jolly). — Cette rue, en marge du terrier, est désignée sous le nom de Rue de Lauroy. Elle porte aujourd'hui le nom de Rue du Sauvage, qu'elle avait déjà en 1749. (Etude d'Argent. — Le 7 juin 1749, Guillaume Drais, marguillier sonneur de cette eglise et paroisse de Clemon, vendait une maison, rue du Sauvage).

3° La rue qui était « entre le cimetière et la maison qui » jouxte la Grande Rue ». Cette rue est appelée dans le terrier, rue Haute, ou rue d'En Haut. C'est aujourd'hui la rue de la Limace, denomination qui date d'avant 1786 (note 1, page 4).

4° La rue par laquelle « on va du Pillory » ou « de la » Grosse Pierre (1), au four à ban dudit Clemon », ou encore « du four à ban dudit Clemon à Argent » On l'appelle aujourd'hui la Grande Rue, ou encore Rue d'Argent. Dès le XVIIIe siècle elle portait plus communement le nom de Grande Rue.

5° La rue par laquelle « on va du Grand Temple dudit » Clemon au lieu de La Fin ». De là, comme aujourd'hui, le nom de la Rue de La Fin. Cette rue s'appelait encore, au dénombrement de 1641, Chemin de Clemon à Chaon, ou de Clemon à Orléans.

6° La rue par laquelle « on va du four à ban dudit » Clemon à Cerdon ». C'etait, comme aujourd'hui, la rue de Cerdon.

(1) La Grosse Pierre, le Pillory étaient le lieu de proclamation et d'execution des sentences de la Justice.

Quatre autres rues sont encore mentionnées en dehors de l'enceinte du bourg actuel.

7° La rue Basse, par laquelle « on va du Pillory au four à ban. Elle est donnée comme parallèle à la rue d'Argent d'un côté, et à la prairie de Longaulne de l'autre. Vers la fin du terrier, elle est indiquée comme bordant les maisons « qui sont entre le lieu du Pillory et le chemin par lequel on va de la fontaine Saint-Martin dudit Clemon à Jargueau ». Ce lieu du Pillory était donc, assurément, le point de jonction de la Grande Rue, de la rue d'Argent et de la place qui est à l'entrée du bourg, du côté du pont de la Sauldre. Il ne reste plus qu'un très vague souvenir de cette rue Basse. Il n'existe plus que le rang de maisons qui longeait la rue d'Argent. La rue elle-même et l'autre rang de maisons, sont devenus des cours et jardins.

8° La rue Dabas, par laquelle « on va du Pillory au four à ban ». Cette rue, étant donnée aussi comme parallèle à la rue d'Argent et à la prairie de Longaulne, était bien la même que la précédente, à partir du Pillory, sur une partie de son parcours.

9° La rue de Bourgongne (aujourd'hui sentier entre jardins et vignes, appelé encore rue de la Bourgogne). Cette rue était dite parallèle à la rue d'Argent, après le four à ban, et, pour une partie, à la prairie de Longaulne. Il n'en reste plus une seule maison, sur les douze que lui compte le terrier.

10° La rue de l'Hôtel-Dieu de Clemon, qui était parallèle « au chemin qui va de Clemon à Jargeau ». Elle mettait en communication la rue de La Fin avec la grande place qui est encore appelée. aujourd'hui comme alors, la Pelure, et qui était nommée dans l'adveu et le dénombrement de 1641, page 119, la Peluze de l'Hostel-Dieu de

Clemon. Il existe encore un petit sentier entre jardins, mais propriété particulière, qui conserve cette communication (1).

4° Population

La population de Clémont, d'après le dernier recensement de 1902, est de 1.222 habitants. Elle était de 1.267 en 1896. D'après les recensements (rapportés par M. Denizet, dans son ouvrage, publié en 1900, sur la Sologne). elle était en 1860, de 1.169 ; en 1840. de 881 ; en 1825, de

(1) Lieux anciennement habités sur la paroisse de Clemon, d'apres l'adveu de Lauroy et Villaines de 1716 : 1° art. 401, Manon de Malvoisine, entre les Guenots et Bellevue ; 2° art. 635, Maison du lieu du Tartre joûtant au lieu de la Maladrerie. Le terrier de 1563 y mentionne quatre *chasis a cheminee* ; 3° art. 760 et 761, Lieu de la Borde produisant 12 deniers parisis de Cens, « où soulait avoir d ancienneté la maison appelée la Borde », terres et pâtures joûtant aux terres de Boucheriou ; 4° art. 768, Lieu de Monturpin « ou soullait estre la maison de la Charbonniere » ; 5° Lieu de Launeron, consistant en « plusieurs plassages de bastiments, courts et vergers, joux» tant les terres de la Bezaudiere » ; 6° art 424, Lieu et metairie de la Droulliere, produisant 14 deniers parisis de Cens « assis en la » terre d'Aubigny, joûte au chemin des — et landes à la Baron» niere » ; 7° Lieu de la Jonchere, produisant 16 deniers parisis de Cens, près de Baudran.

A ces anciennes habitations, il faut encore ajouter, d'après les archives du château d'Argent, 1666, le lieu et manœuvrerie de la Petite-Planche (près de la Grande Planche), que nous mentionnerons encore, et, d'après l'adveu de Lauroy de 1497, aux alentours des Caquillats ou Morins et des Michoux, les lieux de la Gibourdiere, de Laidille, des Guenots ou Petits Michoux, et de la Bouloye ; entre les Michoux, les Bois et les Cauquis, les lieux des Vallotes et des Bossauldieres ; entre les Bois, la Naudiniere et la Pinauldiere, les lieux de la Huetterie, du Bois, de la Bigotniere et de la Jacquière ; entre la Naudiniere et Marchys, le lieu de la Courtiniere ; entre les Guenois et le Tertre, le lieu de la Cognaudiere ; entre Boucherioux et les Cherriers, le lieu de la Hormiere. Nous avons vu mentionnées aussi en 1497, le lieu de la Durandrere, sans pouvoir en fixer la place et en 1666, dans la censive de Villaines, avec les Grandes Brosses, les Petites Brosses.

Ces anciennes habitations étaient presque toutes assises au nord de la paroisse ; nous n'avons pu faire la même étude sur la partie méridionale, les documents nous ayant fait défaut.

644 habitants. Lors de la formation du conseil de fabrique, janvier 1811, elle était classée au chiffre de 1000 âmes. Le 7 février 1790, lors de la première formation de la municipalité communale, elle avait été estimée à « plus de 750 âmes ».

De 1790 à 1900, si les chiffres de recensement étaient exacts, la population aurait donc notablement varié. Le chiffre de 750 âmes, qui n'était qu'un minimum, étant pris comme base, il ressortirait que, durant cette période, elle a augmenté réellement du nombre d'environ 400 habitants, et qu'elle devrait, en partie, cette augmentation à l'appoint d'un minimum de 359 immigrations qui se produisirent de 1825 à 1860.

En effet, de 1825 à 1840 d'abord, l'excédent des naissances ne fut que du nombre de 26, tandis que les recensements font monter la population du chiffre 644 à 881. Il y eut donc une augmentation de 237 habitants qui fut causée par un apport minimum de 211 immigrations (moyenne annuelle 14). — Puis, de 1840 à 1860, les naissances ayant excédé de 140, la population fut portée du chiffre de 881 à 1169. Il y eut donc un accroissement de 288 habitants procuré par un minimum de 148 immigrations (moyenne annuelle 7). Les deux périodes réunies donnent donc un minimum de 359 immigrations.

D'autre part, les deux périodes de 1790 à 1825 et de 1860 à 1901 ont donné un excédent de 421 naissances. Si nous pouvions ajouter à cet excédent, le chiffre des 359 immigrations, l'augmentation de la population eût été notable. Au contraire, de 1790 à 1825, la population diminue ; les émigrations n'ont pas été compensées par les excédents de naissances. Le chiffre de population de « plus de 750 âmes » en 1790, malgré un excédent de 37 naissances, descendait en 1825 à celui de 644 ; donc il y aurait eu au moins 143 émigrations (moyenne annuelle 4) qui ont pu être causées, en grande partie, par les guerres nombreuses de la Révolution et du premier Empire. — De 1860 a 1896, l'excédent des naissances fut de 371. Pour cette période, nous sommes plus sûr de l'exactitude du recensement Le nombre de 1169 habitants en 1860, aurait donc pu monter en 1896 au chiffre de 1540 ; il n'atteignit en réalité que celui de 1267 ; il y eut donc au moins 273 émigrations (moyenne annuelle 7).

En résumé, de 1790 à 1896, il y eut un excédent total de 574 naissances. Ajouté aux 359 immigrations de la période de 1825 à 1860, cet excédent aurait pu monter la population au nombre de 1683 habitants. Les émigrations nombreuses l'ont arrêtée en 1896, à celui de 1267

Antérieurement à 1790, jusqu'à 1563, le mouvement de la population n'avait pas subi des variations moins notables De 1790 à 1650, les décès avaient excédé du nombre de 602 ; la population pouvait donc être en 1650 d'environ 1350 âmes. — La période de 1650 à 1620 avait donné, au contraire, un excédent de 419 naissances. Pour avoir en plus le résultat de 1620 à 1600, il nous faut faire un calcul de comparaison, les sépultures n'ayant pas encore été enregistrées. Le registre des baptêmes avait été commencé dès 1600. La différence des 80 dernières années du XVII siècle étant un excédent annuel de 4 naissances, nous pouvons présumer pour les 20 premières, un excédent de 80 naissances, qui, ajouté au chiffre de 419 des 30 années suivantes, donne pour la période de 1650 à 1600, un excédent de 499 naissances. La population pouvait donc être en 1600 d'environ 850 âmes. — Nous venons d'exposer, d'autre part, page 139, qu'en l'année 1563, le bourg comprenait environ 150 foyers. Aujourd'hui, il est vrai, il en comprend davantage, environ 200. Mais si, à l'encontre de cette différence, nous considérons la supériorité de la natalité ancienne sur la présente, nous pouvons estimer qu'à cette date de 1563, la population était au moins aussi nombreuse qu'aujourd'hui. Comment avait elle pu descendre en 1600 du chiffre d'environ 1250 à celui de 850 ? Nous croyons pouvoir presumer que cet affaissement de la population de Clemon, comme la diminution de l'enceinte de son ancien bourg, comme la devastation de son eglise, auront eté la consequence des gueries civiles qui ont troublé si profondement notre pays de France durant la seconde moitie du XVI⁰ siecle. Vers 1570, les protestants occupèrent Autiy, Argent et la Talle. La paroisse de Coullons fut alors « entièrement destruite et ruynée, » comme aussy plusieurs autres paroisses circonvoisines ; » les habitants emmenes prisonniers et mis a rançon ». — Procès-verbal d'enquête pour exemption d'impôts, 13 octobre 1570, conservé au presbytère de Coullons. — Clemon, à 6 kil. de la Talle, subit assurement le sort des pauvres « paroisses circonvoisines » En 1590, la ville d'Aubigny (sur l'invitation de dame Catherine de Balzac d'Entraigues, douairière, veuve de messire Edme Stuart, duc de Lenox), se rendit aux chefs protestants, les sieurs de Montigny et d'Arquian. En janvier suivant, M. de La Châtre, gouverneur du Berry, parti d'Orléans, avec cinq à six mille hommes et six pièces de canons, tenta vainement de reprendre cette ville, même après avoir fait une brèche de 20 pas de long et donné deux asssauts (La Th L. III, ch. 105) Clemon n'était pas éloigné du champ de la lutte ; il a dû souffrir encore

De plus, nous avons pu constater combien, depuis 1600, la natalité a diminué. Dans le cours du XVII⁰ siècle, la moyenne des naissances avait été de 41 sur 37 decès ; la mortalité avait atteint le nombre de 73 decès en 1650 ; celui de 224 durant les trois années réunies 1661, 62 et 63, celui de 79 en 1679, et celui de 213 du 1ᵉʳ septembre 1693 au 31 décembre 1694. — Au XVIIIᵉ siècle la moyenne des naissances descendit à 36 sur 40 décès ; les années de grande mortalité furent 1710 avec 74 décès, 1731 avec 70, 1750 avec 88, et 1758 avec 68 décès. — Au XIXᵉ, la moyenne descendit encore à 31 naissances sur 25 décès ; les plus grandes mortalités furent de 117 décès pour les deux années réunies 1803 et 1804, et de 109 pour 1857 et 1858.

De 1860 à 1895, l'excédent annuel sur les décès a été de 10 naissances, avec une moyenne de 7 émigrations. De 1896 à 1901, la moyenne des naissances fut de 25 contre 19 décès : cependant le recensement de 1901 a donné le chiffre de population de 1222. La diminution n'est pas considérable ; elle peut être expliquée par des motifs étrangers à nos considérations, mais il est néanmoins à craindre que le courant d'émigration qui s'est manifesté depuis 1860, combiné avec la diminution progressive de la natalité qui s'accentue de plus en plus, ne contribue à accélérer, d'ici peu d'années, cette marche descendante.

En résumé, la population de Clémont peut être évaluée : en 1563 à 1250 âmes ; en 1600 à 850 âmes ; en 1650 à 1350 âmes ; en 1700 à 1100 âmes ; en 1750 à 950 âmes ; en 1790 entre 750 et 1000 ; en 1802 à 553 ; en 1811 à plus de 1000 ; en 1825 à 644 ; en 1840 à 881 ; en 1860 à 1169 ; en 1890 à 1267 ; en 1901 à 1222 âmes.

La superficie totale de la commune étant de 4.717 hectares 82 ares 90 centiares, la population de Clémont est donc de 26 habitants par kilomètre carré.

5º Tumulus

A deux kilomètres du bourg, au nord, à 50 mètres au sud du canal de la Sologne, à 150 mètres à l'ouest de l'écluse de Lauroy, est une butte circulaire de 20 mètres de diamètre sur 1m80 de hauteur. Elle est entourée d'un fossé de 2 mètres de largeur dont les terres ont été rejetées en dehors, et percée, au centre, d'une fouille qui n'a pas donné de résultat (vers 1850)

Deux autres buttes, de moindres dimensions, existaient au nord de celle ci. L'une a été détruite par la construction du canal ; l'autre, au nord du canal, de même diamètre, mais moins élevée, fut presque entièrement supprimée par la culture (de Kersers, *Clémont*).

6° MALADRERIE. — HÔTEL-DIEU

Il y avait, autrefois, du même côté nord, à une distance de 12 à 15 cents mètres du bourg, une maladrerie (Malladerye, Maladerie, disent de vieux titres). Ce lieu était compris dans la censive de Villaines dont nous parlerons p. 31. Dans le terrier de 1563 de cette censive, il est partagé en quatre propriétés, dont une culture et trois petites manœuvreries. Aujourd'hui il consiste en une seule manœuvrerie.

Le 14 avril 1664, la Maladrerie était redevable « envers » l'esglise et fabrice, Monsieur Sainct Estienne de Cle- » mon, d'une rente de 13 septiers et 2 quartes de la me- » sure du dict Clemon — six quartes par septier » et envers la seigneurie de Lauroy. d'une rente de 8 quartes, de la mesure du dict Clemon, et de 20 sols de rente, au jour et feste de « Saint-Martin d'hyver ». (Arch. de Lauroy).

Cette maladrerie, dit M. de Kersers (d'après les archives de l'hospice du lieu), fut réunie en 1698 à l'Hôtel-Dieu d'Aubigny, et arrentée en 1768. Nous avons su, en effet, par les archives de l'hospice d'Aubigny, qu'en 1699 l'Hôtel-Dieu du dit lieu passa « avec Jean Fernieux, la-

» boureur de Clemon, moyennant 50 livres de fermage
» annuel, un bail de 9 ans. du lieu et manœuvrerie de la
» maladrerie de Clemon », C'est le plus ancien bail conservé aux archives de l'hospice. — Nous avons lu par ailleurs (La vie communale au Marquisat de Saint-Brisson. par l'abbé Berton, curé de Coullons, 1901, ancien curé de Saint-Brisson), que la maladrerie de Clemon fut réunie à l'Hôtel-Dieu d'Aubigny, avec celles de Saint-Brisson et de Lere, le 11 février 1695. Le premier bail de la maladrerie de Saint-Brisson, passé au nom de l'Hôtel-Dieu d'Aubigny, est en effet de 1696. La date fournie par les archives de Saint-Brisson correspond à l'ordonnance de Louis XIV qui obligeait les établissements hospitaliers qui ne fonctionnaient plus, à se réunir aux établissements les plus voisins. En vertu de cette ordonnance, les maladreries de Saint Gondon et de Saint-Thibault avaient aussi été réunies en 1695 à l'Hôtel-Dieu de Sully (d^r Boullet, p 16).

La maladrerie de Clemon était assurément, en 1695, au nombre des établissements hospitaliers qui ne fonctionnaient plus. Déjà, en 1563, nous l'avons dit, le lieu de la maladrerie n'était plus qu'un lieu de culture, qui était partagé entre quatre censitaires : Macé Thielliez, pour 2 bâtiments. un verger, un pastureau. un pré. et une pièce de terre ; — Estienne Gaultray, pour une maison à cheminée, un autre bâtiment, un verger, 2 prés, une taille, un pastureau, et 6 pièces de terre ; — Ollivier Thenard, pour un bâtiment. un jardin, un pré et une terre ; — et Jehanne Moiceau, pour une maison à cheminée, un autre bâtiment, un jardin, et une terre.

A quelle époque cette maladrerie a-t elle cessé de fonctionner ? Quelle fut alors la destination de ses revenus ? Furent-ils appliqués à l'Hôtel-Dieu du bourg, dont nous allons parler ? Ils furent du moins à la disposition de l'Hôtel-Dieu d'Aubigny de 1695 à 1768. Le 7 juin 1768 les administrateurs du dit Hôtel-Dieu d'Aubigny donnaient en « bail à rente, à M⁰ Martin Bruslé, procureur » fiscal de Clemont, seigneur du lieu de Bertry le lieu de » la maladrerie du dit Clemont, moyennant la rente an- » nuelle et perpetuelle de 100 livres ». Les droits de cens pour l'acquisition de cette rente étaient payés à messire Claude Dubuc, en sa qualité de seigneur de Lauroy, Villaines et Colombier, le 10 juin 1775 (titres de M. de la Bully, propriétaire des lieux de Bertry et de la Maladrerie).

Hôtel-Dieu. — Il y eut aussi un petit Hôtel-Dieu au bourg de Clemon; il était situé au fond de la place appelée La Pelure, côté du nord. Nous avons mentionné la rue de l'Hôtel-Dieu de Clemon. Le 21 mars 1408, « Jean Nibelle et Meline, sa femme, demeurant à Col- » lons », avaient légué « ... a Sᵗ-Ypolite de Clemon.. » huit deniers parisis . à la maison-Dieu de Clemon... » au pont de Clemon ... à chacun douze deniers parisis ». (Testament conservé au presbytère de Coullons, Loiret). Le 12 novembre 1461, les procureurs fabriciens « bail- » laient à Juillian Guiguin et a sa femme l'Hôtel et mai- » son-Dieu du bourg ». Le 7 avril 1532 un autre bail etait fait par lequel les procureurs fabriciens et les habitants « nommaient, *pour régir et gouverner* le dit Hôtel-Dieu. Jean Chabot et Jeanne Pellerin, sa femme ». Le 21 février 1540, une sentence était rendue contre ces derniers (Etude d'Argent). Sans doute ils n'avaient pas rempli fidèlement leur office hospitalier. — Le service de la Maladrerie avait-il été transferé au bourg même, avant 1408 ? Etait-il devenu l'Hôtel-Dieu ? Ce dernier établissement, lui-même, ne fonctionna pas longtemps après 1540. Fut-il compris dans l'arrêt du Parlement, rendu le 16 mai 1549

« pour la refformation des Hospitaux et autres lieux pi-
» toyables ? » Pas encore, attendu que, le 4 avril 1569, par
son testament... « honneste femme Marguerite Boissard,
» veult et ordonne .. qu'il soit donné... à la maison de
» l'Hostel-Dieu dudict Clemon ung lict garny de une
» coueste et deux *linceuls* pour *survenir* aux *poures* dudict
» Hostel-Dieu ». — Arch. du Cher. Liasse 61. Clemont.
Fabrique. — Cependant, le 25 mars 1617, le local était
donné en bail à rente, par les procureurs fabriciens,
moyennant 5 livres de rente foncière ; puis le 29 mai 1626,
moyennant la somme de 4 livres. Le 30 juin 1675, la propriété était en la possession de « prudent homme Fran-
» çois Bourdin marchand en ce bourg » qui la donnait à
» bail à Pierre Cœur, tixier en thoille, moyennant le
» prix de 10 livres de ferme et loyer ». L'établissement
hospitalier de l'Hôtel-Dieu aurait été bien peu important. La propriété, affermée 10 livres en 1675, consistait
« en une chambre ayant cheminée, avec deux autres
» chambres, le tout couvert en paille et chaulme,
» avec cour et jardins ». La rente subsistait néanmoins
au profit de la fabrique de la paroisse. Le 18 juin 1771
elle était reconnue par « Maître Pierre André Cirodde,
» bailly de cette chastellenie de Clemon, au nom et
» comme mary de dame Marie Marguerite Danthon, pe-
» tite-fille de deffunte Marguerite Bourdin » (Etude d'Ar
gent), et, le 21 septembre 1793, seize pièces concernant
cette rente étaient remises, avec beaucoup d'autres, au
district d'Aubigny (Arch. de Fabrique).

7°. — Château de Sublaine. — Rond-d'eau de Berne

A six kilomètres du bourg, à 12 ou 1.500 mètres de
la route qui conduit à Argent, joignant la voie ferrée du
Blanc à Argent, à la limite des deux paroisses, sur le

territoire de Clemon, était le château de Sublaine (que les Mémoires de la Société des Antiquaires du Centre, volume 1ᵉʳ, page 79, nomment Jublains). « Il n'est plus » aujourd'hui, dit M. de Kersers dans sa monographie » d'Argent, p. 91, qu'une surface carrée de 40 mètres » de côté, sur laquelle croissent les broussailles, et » aussi des arbres, dominant d'environ 1ᵐ50 les terrains » environnants, entourée de larges fossés de 12 mètres. » Ces fosses reçoivent les eaux du ruisseau de *Morte-* » *Œuvre* qui coule auprès (et sert de limite aux deux » paroisses) ; ils en rendent encore, aujourd'hui, l'accès » difficile. L'aire du château conserve toujours des » traces de constructions » Cela pouvait être exact à l'époque de la visite de M. de Kersers, mais ne l'est plus aujourd'hui. — Nous avons reproduit le nom donné au ruisseau par M de Kersers, mais nous ferons remarquer qu'un terrier de Sainte-Montaine, de 1533 (archives d'Argent), parlant de la nohée, de l'étang, de la chaussée, des terres dudit lieu, leur donne le nom de *Morteve*, orthographe continuée assez exactement par le langage vulgaire du temps présent qui a conservé de nom de *Morteuve*. De plus, c'est à tort que M. de Kersers a placé ce château sur la commune d'Argent ; le domaine seul de Sublenne (orthographe actuelle) est situé sur cette commune, à 7 ou 800 mètres de distance. Nous avons constaté nous-même la situation de cet ancien château sur la rive gauche du ruisseau, territoire de Clémont.

On peut encore reconnaître, au nord de la première, une seconde enceinte, de la même largeur de 40 mètres sur un côté. Au milieu se voit une depression du sol assez profonde, de forme ovale, d'une surface de 10 mètres sur 15 environ. Au levant, cette deuxième enceinte est bordée par un fossé de moindre largeur, 3 ou 4 mètres, qui fait suite au grand fossé de la première et fait retour sur le côté nord, avec une plus grande longueur. C'était probablement le jardin, avec bassin au milieu ? — A la suite de cette seconde enceinte, toujours au nord, à 7 ou 8 mètres du fossé, se trouvent deux autres dépressions en ligne droite, d'une largeur de 2 à 3 mètres, sur une longueur de 25 à 30 mètres, se suivant parallèlement à 10 mètres l'une de l'autre, avec point de départ différent, la seconde ligne à l'une de ses extrémités faisant retour à angle droit et rejoignant la première au tiers de sa longueur. Ce serait peut-être la trace des fondations des bâtiments de service ?

Quelle serait l'origine de ce château ? Quelles auront été les causes de sa destruction ? Etait-ce l'ancien château de la Seigneurie de Clemon ? Il n'existe aucun document, aucune tradition.

A 3 kilomètres environ du bourg, au midi, près du moulin de Berne, à 5 ou 600 mètres du domaine du même nom, se voient encore les traces de larges fossés qui ont été comblés vers 1860, formant une enceinte de forme presque circulaire d'environ cent mètres de diamètre. Les deux côtés du cercle, au nord-ouest, se transforment en lignes droites d'une longueur de 40 à 50 mètres qui sont reliées par une ligne transversale de 10 à 12 mètres. De l'un des deux angles de jonction part un autre fossé de quelques mètres qui déversait les eaux dans la rivière du moulin. — On a cru voir en cette enceinte, l'emplacement d'un autre ancien château ; cependant on déclare qu'on n'y a trouvé aucun vestige de constructions. Nous inclinons à y voir de préférence les restes de ce qu'on a appelé un *rond-d'eau*, sorte de refuge à bestiaux, *Baillia* (dit Quicherat), dans lequel au trefois on rentrait le bétail le soir, pour le protéger contre la dent des loups, ou contre la convoitise des bandes armées qui, à plusieurs époques, ont traversé le pays.

8º Cours d'eau

Deux grands cours d'eau traversent la commune de Clémont, contribuant à son agrément et à sa richesse. 1º la Grande Sauldre, qui, venant d'Argent, a sur Clémont un parcours de 6.400 mètres. Elle arrose de nombreuses prairies dont les fourrages, très estimés, sont recherchés d'assez loin. Elle alimente deux moulins qui sont d'une certaine importance, celui du Gué Perron, situé à 3 ou 4 kilomètres en amont du bourg et celui du bourg appelé anciennement le moulin Dabas, ou encore, les moulins de la Ville. Autrefois elle alimentait quatre autres moulins, le moulin Chesneau, situé presque à la limite de la paroisse d'Argenton ; le moulin de la Sallerie, à 1.000 ou 1.500 mètres en amont de Lauroy ; le moulin de Lauroy (qui sera mentionné plus loin) ; et le moulin de Baudran, à un kilomètre en aval du bourg, à la limite de la paroisse de Brinon.

2º la Nère, qui vient d'Aubigny, suit un parcours d'environ 7.000 mètres sur Clémont, alimentant les moulins de Berne et du Colomier, à 3 kilomètres et à 12 ou 1.500 mètres du bourg, puis, après avoir traversé la voie ferrée du Blanc à Argent et la route d'Aubigny à Clémont, se jette dans la Sauldre à 2 ou 300 mètres en amont de l'avenue du bourg. Elle alimentait aussi autrefois un troisième moulin, celui des Grands Nérots, situé entre les deux dont nous venons de parler. C'était probablement le moulin désigné dans un adveu de Lauroy, de 1716, à propos, article 716, d'une terre de la Bezaudière « jouxtant le chemin de Clémont à Sainte Montaine et le *Moulin aux Moines*. » Si la Grande Sauldre est encore réputée très poissonneuse, la rivière de Nère ne lui aurait pas cédé anciennement, paraît-il. La Thaumassière rapporte, en son Histoire du Berry, L. IX, ch. 1er, que les habitants du pays la disaient de son temps, XVIIe siècle « parsemée de truites, pavée d'écrevisses ». Depuis un certain nombre d'années, les écrevisses ne sont guère plus qu'un souvenir ; à peine commencent-elles à reparaître : les truites dépassant le poids de la livre deviennent de plus en plus rares.

Sept autres cours d'eau, de bien moindre importance, arrosent encore le territoire de Clémont. C'est d'abord le ruisseau des Morins, dit aussi le Guimer : il est formé par deux petits ruisseaux qui sortent, l'un, le Guimer, des étangs Frémy et du Bas, l'autre de l'étang de Lilière (ou des Bois), et se réunissent à peu de distance du domaine des Cauquis ; après un parcours d'environ 4.000 mètres, il entre dans l'extrémité nord de la commune de Brinon et va se jeter dans la rivière du Beuvron.

Les six autres ruisseaux sont des affluents de la Grande-Sauldre. Trois coulent sur la rive droite. Ce sont :

1º Le ruisseau de l'Etang du Puits, qui, avant la construction du canal de la Sologne, sortant dudit étang, traversait les deux étangs de la Grande Planche, en prenait le nom, puis, après un parcours de 3 mille 800 mètres sur lequel il limitait les communes d'Argent et Clémont, se jetait dans la Sauldre à quelques centaines de mètres en amont du Moulin Chesneau. Devenu rigole de décharge des eaux du canal, au lieu de traverser les deux étangs de la Grande Planche, il côtoie maintenant leur rive gauche, sur le territoire d'Argent ; il ne reprend son ancien lit modifié qu'en dessous de ces deux étangs dont les égouts contribuent seuls à l'alimenter en temps ordinaire.

L'étang du Puits, qui donne son nom à ce ruisseau, est situé sur les communes d'Argent et de Cerdon (Loiret) ; il sert de limite, sur une partie de sa digue, entre Cerdon et Clémont. Sa forme est irrégulière. Sa plus grande longueur est de 1.900 mètres en flèche, et de 2.450 mètres en diagonale. Sa plus grande largeur est de 1.700 mètres La partie empierrée de sa chaussée est d'une longueur de 1.100 mètres ; la largeur, à sa base, est de 54 mètres. La longueur totale des digues est de 4.000 mètres. A l'échelle de sa plus grande profondeur, 9 mètres, il a une superficie de 184 hectares et contient 6 millions 500 mille mètres d'eau ; à 7m.50. sa superficie est de 140 hectares, et il contient encore près de 4 millions de mètres.

2" Le ruisseau Gaultier, qui est produit par des fontaines situés près des métairies de Boucherioux et des Cherriers ; il est augmenté par des filtrations du canal de la Sologne ; après un parcours total d'environ 1.700 mètres, il se jette dans la Sauldre à 2 ou 3 cents mètres en amont de Lauroy

3" Le ruisseau Bonice que produisent les fontaines de La Brosse ; il traverse le bourg entre l'église et la rue de Cerdon, et va se perdre dans le bief du moulin Dabas, après un parcours total d'environ 1.200 mètres.

Sur la rive gauche de la Grande Sauldre coulent :

1° Le ruisseau des Affouards, ou de Morteuve, qui sort de l'étang des Affouards, à l'orient du domaine des Rousseaux, traverse la voie ferrée du Blanc, puis, un peu plus bas, la prairie qui était autrefois l'étang de Sublenne, dont il prenait alors le nom ; il sert de limite entre Argent et Clémont sur tout son parcours de 4 mille mètres Il se jetait autrefois dans la Sauldre ; par suite d'une dérivation faite en 1877, il se perd maintenant dans les étangs de La Bourdinière.

2° Le ruisseau dit des Écrevisses, qui sort de plusieurs fontaines près du domaine des Roujoulx, suit un parcours de 1.000 à 1.200 mètres, et se jette dans la Sauldre à 1 kilomètre en amont de Lauroy.

3° Le ruisseau de Baudran, dit aussi aujourd'hui des Landes, qui sort de l'étang de Buzidan, et, après un parcours de 4 mille 200 mètres, ayant traversé la voie ferrée du Blanc et la route de Clémont à Brinon, ayant limité ces deux communes pendant 14 cents mètres, se jette dans la Sauldre au pied de la manœuvrerie de Baudran.

Ces rivières et ruisseaux forment ensemble un cours d'eau naturel de près de 35 kilomètres, auquel il y a lieu d'ajouter près de 10 kilomètres de cours artificiellement créés :

1° Le canal de la Sologne, qui fut construit vers 1855, auquel l'étang du Puits, considérablement agrandi dans ce but, sert de réservoir d'alimentation Parti de la Sauldre près de Blancafort, il traverse, après le territoire d'Argent. celui de Clémont sur un parcours d'environ 6 kilomètres, et lui apporte les marnes qui ont fructueusement amélioré ses cultures, lui permettant d'entreprendre celle du froment.

2° Les fosses d'irrigation et d'alimentation, que l'industrie personnelle du propriétaire de Lauroy a su améliorer, et créer en partie sur une longueur de près de 4 kilomètres :

I. Le fossé de dérivation d'une partie des eaux de la Sauldre, construit en 1863, sur une longueur d'environ 1400 mètres, qui ajoute à l'entretien des grands fossés du château ;

II. Les grands fossés du château, larges de 8 à 10 mètres, formant un parcours de plus de 400 mètres qui ont été avantageusement améliorés, et d'où part un fossé plus petit qui va arroser des jardins particuliers et servir à l'entretien d'un lavoir pour l'usage du bourg :

III. Les fossés qui entourent le potager et sont alimentés par la décharge des grands fossés. Ils ont un parcours de plus de 300 mètres et fournissent ensuite l'irrigation de plusieurs prairies.

IV. Le fossé de dérivation du ruisseau Gaultier, créé en 1877, sur une longueur de près de 15 cents mètres. Il conduit à Lauroy les eaux du ruisseau augmentées d'une concession d'eau qui a été obtenue du canal de la Sologne, et qui est emmagasinée dans un grand réservoir formé par l'étang Grand-Garnier.

V. Le fossé alimenté par le précédent, qui tient lieu de clôture, devant les pelouses du château, le long du chemin vicinal de Clémont à Argent, sur une longueur de 150 mètres; la décharge de ses eaux sert à irriguer une prairie, qui fut créée artificiellement en 1878 dans un sol autrefois très sec, et fournit l'arrosage de terrains de même nature qui ont été transformés, en 1897, par cette canalisation, en jardins potagers pour l'usage des habitants du bourg.

9° Etangs

Un certain nombre d'étangs ajoutent aussi à la richesse du pays par leurs produits de pisciculture :

1° L'étang des Morins, d'une étendue de 29 ares 10 centiares, près du domaine qui porte aujourd'hui le même nom et portait aussi en 1716 celui des Caquillats;

2° L'étang de la Bline, — 3 hectares 27 ares ; — au nord du canal de la Sologne, qui dépend du domaine des Guenots.

3° et 4° L'étang Frémy, — 1 hectare 98 ares, et l'étang du Bas, 1 hect. 89 ares — qui fait suite au précédent, près du domaine de Marchys Vieux. Ils produisent le ruisseau dit le Guimer

5° L'étang de Litière, appelé communément étang des Bois, — 3 hectares 27 ares, — à quelque centaines de mètres du domaine des Bois. Il produit le ruisseau des Morins.

6° L'étang de Cul-Mort, — 2 hectares 55 ares 60 cent., — près de la locature, recemment construite, de Bel Air. Dans l'adveu et denombrement fourni le 27 octobre 1716 par Lauroy au seigneur d'Argent, cet étang est appelé, à l'article 296, étang de Cumaur, et, aux articles 270, 311 et 324, étang de Cumars.

7° L'étang Vieux, — 1 hectare 62 ares, — du lieu de La Pinaudière.

8° L'étang Grand Garnier, — 1 hectare 56 ares, — qui a été augmenté, nous venons de le dire, par une concession d'eau du canal de la Sologne pour l'irrigation des prairies de Lauroy, et dont la contenance est d'au moins deux mille mètres.

9° 10° 11° L'étang des Huguets. dit aussi des Jars, — 3 hect. 96 ares 50 cent. — et le petit étang de la Grande Planche, — 1 hectare 61 ares, — l'un et l'autre, près du domaine des Cherriers, alimentés en grande partie par les filtrations du canal, puis alimentant eux-mêmes un troisième étang, le grand étang de la Grande Planche, — 9 hectares 78 ares, — qui déverse son trop plein dans la rigole de décharge du canal, autrefois ruisseau de l'étang du Puits.

12° L'étang des Roujoulx, — 67 ares, — alimente par des fontaines et produisant un petit ruisseau qui va se perdre, à peu de distance, dans les prés qu'il arrose.

13° L'étang des Affouards, — 1 hectare 47 ares, — situé en partie sur la commune d'Argent, et en partie sur celle de Clémont.

14° 15° 16° Les trois étangs de La Bourdinière, créés en

1877, alimentés par le ruisseau des Affouards. Le premier, — 1 hectare 50, — est au-dessus de la manœuvrerie ; le deuxième, — 1 hectare, — et le troisième, — 2 hectares 50, — sont reliés par un canal qui les fait considérer comme un seul étang.

17° L'étang des Michoux, — environ 25 ares.

18° L'étang des Cauquis, — 1 hectare 56 ares.

19° L'étang de Buzidan, — 21 ares 50, — qui produit le ruisseau de ce nom ou des Landes.

Ces trois derniers étangs, durant les chaleurs de l'été sont parfois complètement ou à peu près desséchés.

Dix autres étangs ont complètement disparu, ou sont tellement diminués qu'ils n'en peuvent porter le nom :

1° L'étang aux Bœufs, — 1 hectare 34 ares, — près du lieu de la Naudinière.

2° Un deuxième étang, près du même lieu.

3° L'étang, dit de Bertrix, — 2 hectares 87 ares 70, cent. — dans la terre de Blanc-Loup.

4° L'étang des Pauveaux, — 56 ares 60, — qui s'appuyait sur la route de Clémont à Isdes.

5° L'étang Neuf, — 2 hectares 14 ares 60 cent. — près de La Pinaudière

6° L'étang de la Babilonnerie, — 1 hectare 98 ares, — qui ne sert plus que d'abreuvoir.

7° L'étang Petit-Garnier, — 2 hectares 6 ares 50 cent.

8° L'étang Neuf, — 1 hectare 78 ares, — en dessous des étangs Garnier, qui était traversé par le ruisseau Gaultier.

9° L'étang de Sublenne, situé partiellement sur les communes d'Argent et de Clémont, qui était alimenté par le ruisseau des Affouards ou de Morteuve.

10° L'étang du Lieu-Ponin, — 4 hectares 16 ares, — qui est complètement supprimé.

10°. — ROUTES

La commune de Clémont est desservie principalement par deux chemins de grande communication qui traversent le bourg :

1° La route de La Charité-sur-Loire (Nièvre) à Pithiviers, par Jargeau, (Loiret), qui, d'Aubigny à Clémont, aurait été tracée vers 1785, et fut empierrée vers 1840, puis de Clémont à Isdes (Loiret), vers 1850 ;

2° La route de Mehun-sur-Yèvre à Cerdon (Loiret), par Neuvy-sur-Barangeon et Sainte-Montaine, qui a été terminée, de Sainte-Montaine à Clémont vers 1866, et de Clémont a Cerdon en 1871.

Le bourg est relié au chef-lieu du canton, Argent, par deux autres voies: l'une, sur la rive gauche de la Sauldre, est le chemin de grande communication d'Argent à Lamotte-Beuvron, construit vers 1845, qui emprunte la route d'Aubigny durant 3 kilomètres avant l'avenue du bourg, puis se continue vers Lamotte par Brinon ; l'autre est le chemin de petite vicinalité, terminé vers 1898, sur la rive droite, qui passe devant le château de Lauroy.

Actuellement, depuis le 15 mai de cette année 1902 est en exercice la voie ferrée du Blanc à Argent, dont la station, située à 3 ou 400 mètres du bourg, rendra les communications plus faciles.

II. — REGIME FEODAL

NOTIONS PRÉLIMINAIRES SUR LES FIEFS

Sous l'ancien régime administratif, un fief était une terre héréditaire et noble qui, dans le principe, n'était pas susceptible d'être divisée ni vendue. Les auteurs, qui ont traité des origines françaises, disent qu'après la conquête des Gaules, les Francs firent subir aux Gallo-Romains la loi du vainqueur. Ils s'emparèrent de leurs terres et les réduisirent, en grande partie, en servitude. Parmi les Gaulois se trouvaient des esclaves. descendants des esclaves qui avaient été amenés par les Romains lors de leur conquête. Les nouveaux conquérants améliorèrent le sort de ces esclaves, en les transformant en *serfs*, adonnés au défrichement et à la culture des terres. Les Francs furent les nobles du pays, mais parmi eux subsistèrent d'anciennes familles gauloises qui conservèrent leur noblesse.

Les fiefs furent ainsi, après la conquête des Gaules par les Francs, des concessions de terres faites originairement par le souverain à ses parents, aux grands de sa cour, à ses capitaines, sous la réserve de certaines conditions dont les principales étaient l'hommage ou reconnaissance de vassalité, le service militaire pendant un certain nombre de jours, et le service des plaids (audiences de justice) ; et, en outre, quelques redevances pécuniaires, telles que le droit de relief aux changements d'homme ; car, par une fiction qui tenait aux usages antérieurs, quand le vassal mourait, son fief était censé faire retour au seigneur à qui l'héritier payait ce droit de relief qui remplaçait alors une nouvelle concession ; il relevait son fief qu'il avait perdu un instant.

Comme les concessions faites par les rois aux ducs et aux comtes étaient fort considérables, ces grands vassaux en firent eux-mêmes, sous le nom d'arrière-fiefs, à d'autres qu'ils assujettirent à des conditions de même nature. Dans les duchés et les comtés quelques arrière-fiefs prirent le nom de baronies. Les barons, *hommes puissants*, formaient la cour des ducs et des comtes ; les ducs et les comtes, vassaux immédiats de la couronne, formaient la cour du roi avec la qualité de *pairs de France*. — Les baronies et les pairies payaient 10 livres de relief à chaque changement d'homme; les simples fiefs nobles payaient 60 sols. — La division des fiefs s'etendit encore; on vit surgir, avec le temps, les châtellenies, les fiefs de haubert, et tant d'autres mentionnés dans les anciennes coutumes des provinces.

Grands ou petits, les fiefs n'étaient concédés tout d'abord qu'aux nobles, dont la principale occupation etait le service militaire. Tous les fieffés amenaient à leur seigneur un certain nombre d'hommes montés et armés, depuis le *banneret* qui en avait assez pour porter bannière, jusqu'au simple *sergent d'armes* qui remplissait seul ses obligations. Ainsi en fut-il jusqu'au milieu du 15ᵉ siècle, après la guerre de cent ans. — Le service militaire etait tellement inhérent aux fiefs que, dans les vieux langages, *vassalité* etait synonyme de *bravoure*.

Le vassal, apres avoir porte la foy et hommage, devait « bailler au suzerain un adveu et dénombrement ». C'était un état, par ecrit, du domaine, appartenances et dependances, du fief. Cet acte devait être passé devant un notaire et etabli sur parchemin. — Certains héritages, tenus en fiefs, devaient aussi le *cheval de service*. Cette redevance avait son origine dans l'obligation, pour le vassal, de contribuer aux dépenses militaires du suzerain et de lui fournir un cheval de guerre. Cette coutume vint à tomber dans l'oubli, mais l'impôt subsista sous le nom de cheval de service; il etait exigible au moment où le vassal faisait etablir le dénombrement.

Si le fief n'était pas de dotation royale, il dépendait d'un autre fief et pouvait lui-même *tenir dans sa mouvance* des arrière-fiefs. Les seigneurs de fiefs, relevant ainsi les uns des autres, et toujours occupés du service des guerres, ne pouvaient cultiver leurs terres; ils les cédérent en grande partie à des fermiers ou tenanciers, moyennant une redevance perpétuelle nommée *Censive*, consistant en argent ou en produit du sol. Le service des *plaids* obligeait les fieffés à juger les causes venues en la la cour de leur seigneur ; les hommes de guerre exercèrent ainsi, les premiers la justice en France. D'autre part, les guerres nombreuses ayant compromis la fortune des seigneurs, plus d'un fut obligé, non pas de vendre ses fiefs, ce qu'il ne pouvait faire, mais de recourir au mode de Censive, d'en donner certaines parties à cens, à bail perpétuel, tout en réservant ses droits féodaux. C'est ainsi que les *tenures* se multiplièrent à l'infini, et que beaucoup de fiefs, très réduits comme étendue, reçurent un grand nombre de cens.

Ces coutumes finirent par tomber en désuétude. Avec le temps, on vint à admettre que les fiefs pouvaient être vendus en totalité, avec tous les droits qui en dépendaient, en anoblissant par là-même l'acquéreur. Plus tard, par suite de dons volontaires ou de ventes, certaines parties furent distraites de leur fief Les droits primitifs s'éteignirent et s'oublièrent en passant de main en main, et ces parties de fiefs devinrent terres roturières. Le pouvoir royal ne pouvait que favoriser l'abandon des coutumes féodales ; les terres en roture payaient l'impôt au roi, tandis que les terres en fief le payaient au seigneur sous une forme qui était, la plupart du temps, honorifique.

Au XVIIIe siècle, les terres ne se différenciaient plus guère que par cette question d'impôt ; les terres nobles en étaient dispensées sous certaines charges, entre autres celle de rendre la justice. (Notions extraites des Recherches généalogiques sur les comtes de Ponthieu, par L. E. de la Gorgue, 1874 et de la Monographie de Gautray, paroisse de Saint-Cyr-en-Val, par Maxime des Francs. 1901).

Article premier. — Situation féodale de la paroisse de Clémont.

Le territoire de la paroisse de Clemon comprenait sous l'ancien régime administratif, deux fiefs ou seigneuries, Clemon et Lauroy. Il comprenait aussi trois autres censifs distincts : Villaines, Colomiers et Berne. Une partie du territoire relevait encore, pour le cens, du censif de Sainte-Montaine. De plus, la partie sud-ouest de la paroisse était détachée de la Justice de Clemon pour être sujette de celle d'Aubigny.

Nous allons tout d'abord tracer quelques lignes sur le fief de Lauroy et sur les censifs particuliers. La seigneurie de Lauroy sera, après la commune et paroisse de Clemon, l'objet spécial d'un travail plus étendu.

Art. 2. — Seigneurie de Lauroy.

La seigneurie de Lauroy comprenait le censif de Bignollais. Ce censif, en 1497 et 1716, occupait presque tout le nord de la paroisse de Clemon à partir de et compris les Pauveaux, Blancloup, une partie de Bertry, Boucherioux, et la Hornière (qui fut jointe plus tard aux Cherriers), sauf le lieu de la Pinaudière et une partie de la Naudinière et des Cauquis. Il comprenait encore cinq maisons du bourg, et, au midi du bourg, le lieu de la Droullière qui était assis près du chemin des landes à la Baronnière. Il portait, en 1497, sur 36 censitaires et comprenait 59 héritages qui produisaient 24 sols 5 deniers parisis et 2 sols 4 deniers tournois (1). (Archives

---

(1) On estime que la livre parisis du XIIe siècle correspondait à 25 francs, et la livre tournois, a 20 francs de notre monnaie. La livre valait vingt sols ; le sol, douze deniers ; le denier, deux oboles.

de Lauroy. Adveux de 1497 et 1716). Les terrages et champarts, en 1613, produisaient environ 100 septiers (1) par an.

Les deux censifs de Villaines et du Colomier faisaient partie de la seigneurie de Lauroy lors de la vente de 1613 ; alors les trois censives réunies, — Bignollais, Villaines et Colomiers — produisaient, dit l'acte de vente, « 24 livres parisis de menus cens et plusieurs poulets ».

La seigneurie de Lauroy, en 1613, « mouvait, pour
» la plus grande partie, en plain fief, foy et hommage,
» du seigneur chastelain d'Argent ; pour une autre par-
» tie, aussi en foy et hommage, du seigneur de Blancaf-
» fort, et, pour une autre partie, en roture, du seigneur
» de Brinon ».

Article 3. — Censives de Villaines, Colomier et Berne.

Le censif de Villaines comprenait en 1716, dans le bourg, 25 maisons et 10 masures (2) ; en dehors du bourg, les lieux de Baudran et la Jonchère, des Ardillats, des Grandes et Petites Brosses, de Bertry, de la Maladrie, le Tertre et la Borde, et le territoire compris entre les lieux du Crot, des Cherriers, de la Petite-Planche, de la Bordinière et des Courtins, sauf que pour les Roujoux et les Grimousseaux, une partie était com-

---

(1) Le septier représentait à peu près notre hectolitre.
(2) Ce chiffre de 25 maisons et 10 masures, comparé à celui de 106, qui suit pour l'année 1563, peut paraître inexact. La différence est grande, en effet. Ayant eu quelque doute sur la complète exactitude du document que nous avons eu en mains, nous le donnons plutôt comme chiffre de comparaison avec celui de 19 qui est attribué, page 250, à la seigneurie de Clemon, pour établir le partage du droit de cens dans le bourg, en 1666 et 1716, entre les deux seigneuries de Clemon et de Lauroy.

prise dans le censif de Clemon. Cette censive était possédée, en 1563, « après Jacques Baullin (de qui, sans
» doute, la rue des Prés et les prés Baulin), par Jehan
» Debeynes et par Estienne Rondeau, licencié en lois,
» qui en avait le droit acquis d'Estienne Debeynes » ;
elle portait sur 107 censitaires et comprenait 243 héritages (Archives de Lauroy. Terrier de Villaines, 1563),
dont 106 maisons du bourg qui formaient 146 foyers à
cheminée, 15 maisons sises hors du bourg et formant
19 autres foyers, 107 vergers, terres, prés et pastureaux. Cette censive produisait alors : 1° 10 sols et 8 deniers parisis ; 2° 15 sols 4 deniers et 1 obole tournois.
Les héritages extrêmes étaient, au nord, la Maladerye,
le Tertre ; au midi, Monturpin, les Courtins appelés
aussi en 1716 « vulgairement » les Foucaulx, et Baudran.

La censive du Colomier, possédée vers 1600 par
« honneste personne Mathieu Caron, maistre tailleur
» d'habits, demeurant à Aubigny, seigneur du censif du
» Coulomier, autrement appelé les Guénes », comprenait environ 140 héritages et portait sur 14 censitaires.

La censive de Berne, appelé autrement la Lande, est
mentionnée dans une pièce des Archives de la Fabrique
comme appartenant au prieuré d'Aubigny. Le manoir des
Grands Nérots, ainsi que plusieurs prés et terres qui en
faisaient partie, avaient été reconnus, pour le cens, en
1718, 1680, 1657 et 1593.

Article 4. — Seigneurie de Clemon.

La terre et seigneurie de Clemon « située en la pro-
» vince de Berry, paroisse de Clemon, avait haulte,
» moyenne et basse justice, avec droits de pourvoir aux
» offices, comme Bailly, procureur fiscal et sergents,

» droits de boucherie et de péages, cens, rentes, proffits,
» tabellionnage, greffe, dixmes de tous bleds, lainage et
» charnage en entier, droits de justice, de deshérence et
» biens vaccans, droits honorifiques, proffits latéraux
» et de lots et ventes qui sont *deus* suivant la coutume
» de Berry, droit de pesche sur la riviere de Sauldre,
» droit de chasse, sept journees de pr ez, une grange
» pour serrer et amasser les dittes dixmes, et generalle-
» ment tous les droits, cens, rentes, heritages et reve-
» nus estans et dependants de laditte terre et seigneu-
» rie ». (Arch. Ch. d'Argent, Procédure de vente de la
terre d'Argent, Clemon et Villezon, en 1735, p. 956)

Il n'y avait aucun manoir seigneurial en 1730 (même pièce, p. 630). Y en eut-il jamais ? Le vieux castel de Sublaine en a-t-il tenu lieu à date plus ancienne ? Difficile à savoir. Ce n'est pas probable.

La seigneurie de Clemon a toujours été jointe, du moins depuis le X siècle (sauf vers 1700 pour quelques années), à celle d'Argent, qui fut longtemps un apanage des puînés de la maison de Sully (La Th L. VI, ch. 85) Vers l'an 1700, elle fut quelque temps en la possession separée de Claude de Gauville, qui mourut sans postérité ; dès 1708, elle était au nom de son frère plus âgé, Jacques, seigneur d'Argent, Clemon et Villezon (Arch. du Ch. d'Argent. Supplique Jacques de Gauville, 1708).

Comme la châtellenie d'Argent, la seigneurie de Clemon était mouvante pour les grands dixmes et la seigneurie, du comte de Sancerre, et pour la justice, la prévosté et le baillage, de Concorsault (La Th L. V, ch. 80, et L. VI, ch. 85). Elles étaient regies l'une et l'autre par la coutume de Loris pour les fiefs, et par celle de Berry pour les rotures (Arch. Ch d'Argent, 11 juin 1765). Il n'existait aucun droit d'usages (Arch. du Cher L. 508. Lettre 1790).

Le droit de cens de la seigneurie de Clemon portait,

en 1666, sur 19 maisons du bourg, sur la cure, sur le moulin à bled et à drap, et en dehors du bourg, à l'est, sur une partie des Roujoux et des Grimousseaux ; à l'ouest, sur le Pleurat, la Fin et la Gaynerie ; au nord, sur une partie de la Naudinière, sur les Cauquis, sur le lieu du Bois et sur la Pinaudière, et au midi, sur la Bezaudière. Pour la partie méridionale de la paroisse, en dessous de la Bezaudière, des Courtins, des Roujoux et de la Bordinière, le cens était dû aux petites censives de Colomier et de Berne, et, en partie, à la seigneurie de Sainte-Montaine. La seigneurie d'Aubigny le percevait sans doute, en dehors du censif de Berne qui lui appartenait, pour le reste du territoire méridional sur lequel, comme nous allons le dire bientôt, elle exerçait la justice. La seigneurie de Sainte-Montaine possédait, avec le droit de cens, celui de terrage sur une certaine étendue. En 1533, le seigneur dudit lieu « révérend père en Dieu, » frère Jehan de la Magdalene, docteur en droits, grand » prieur de Cluny et de la Charité-sur-Loire, seigneur » temporel dudit Sainte-Montaine » percevait le cens sur plusieurs lieux et 150 pièces de terre de la paroisse de Clemon — dont les lieux des Rousseaux et de la Rondelière, 3 pièces de terre des Rogeoulx, 1 de la Dijonnière, et 11 de la Rondelière ; — il percevait aussi un droit de terrage sur le lieu des Rousseaux et sur 68 pièces de terre, dont 20 sur les Rogeoulx, et le reste sur le Gué-Perron, la Turaudière, les Chesneaux, Morteve, la Dijonnière, la Rondelière, Colomiers et Berne. La paroisse de Sainte-Montaine était alors dirigée, au nom de maistre Pierre X..., curé de Sainte Montaine, par messire Pierre Maillet, prestre, aidé de messires Denis Derland et Jehan Hodeau, prestres « fermiers, alias vicaires et adcenseurs » de ladite cure (Arch. Ch. d'Argent Terrier de Sainte-Montaine du 16 avril 1533).

Droits de dixmes seigneuriales. — La dixme de Clemon en 1596, était affermée dix muids (80 septiers) pour la part du seigneur qui avait à en déduire ce qu'il devait payer au curé pour la première messe (Arch. Ch. d'Argent, note vers la fin du terrier de Villezon commencé en 1579). Le 8 juillet 1727, le « ramassage des dixmes de » bled seigle... à la charge par l'adjudicataire de cha- » royer, engranger et entasser dans la grange des dixmes » lesdits bleds-seigle » était adjugé, par bail au rabais, à la somme de 75 livres. Le 22 du même mois, le « ramassage des dixmes des orges, avoine, millet et fro- » ment » était aussi adjugé, par bail au rabais, pour la somme de 12 livres. Le même jour, adjudication était encore faite, mais au plus haut enchérisseur, pour la somme de 42 livres 10 sols « des dixmes des chanvres et » naveaux, à la charge d'aller chercher dans toute l'éten- » due de la seigneurie, et de les percevoir à la manière » accoutumée, savoir . les chanvres, le 25° sorgeon, et les » naveaux le 25° billon » (voir p.   ).

La *grange aux dixmes*, ou, du moins, son emplacement, fait aujourd'hui partie de l'hôtel du Dauphin. Elle fut vendue, par acte du 30 pluviôse an V (18 février 1797), par « citoyen Dupre de Saint Maur, propriétaire, demeu- » rant en la commune d'Argent, au citoyen Pierre-Alexis » Soyer, propriétaire, demeurant en la commune de » Clemon ». Elle joûtait, dit l'acte, d'un long la Grande-Rue du lieu, d'autre long la chapelle et cimetière du cy-devant prieuré Saint-Martin (Arch. Fahuet).

Revenu total de la seigneurie. — Le 18 septembre 1693, dame Anne de Gamaches baillait, à titre de ferme, pour le temps et espace de 7 ans, à M° François Brassin, procureur fiscal de Clemon, la terre et seigneurie de Clemon, pour et moyennant le prix et somme de 980 livres par chacun an (Etude d'Argent).

Droits de boucherie. — Le 28 mars 1757, maître Nicolas Fouquet, receveur des aydes... département d'Aubigny... au nom de M⁺ Pierre Henriet, adjudicataire général des fermes, domaines et droits... donnait « à ferme en
» arrière-bail... à Simon Chopineau, boucher, demeu-
» rant au bourg et paroisse de Clemon... les droits
» d'inspecteur aux boucheries, et 2 sols pour livre d'i-
» ceulx, à lever et percevoir dans le bourg dudit Clemon,
» avec la faculté de maintenir la police des règlements
» dans ledit bourg et son arrondissement. lesdits droits
» consistant en 40 sols par chaque bœuf ou vache,
» 12 sols par chaque veau ou génisse, et 4 sols par cha-
» que mouton, brebis ou chèvre, et les 2 sols pour livre
» desdits droits... le présent abonnement fait moyen-
» nant la somme de 30 livres de ferme pour chacun an »
(Etude d'Argent).

Article 5. — Justice de Clemon

Le seigneur d'Argent, en tant que seigneur du fief de Clemon, avait le droit de justice sur la plus grande partie de la paroisse, là même où il ne percevait pas le cens. La justice de Clemon etait limitee au nord par la justice de Villezon, paroisse de Cerdon, et à l'est par la justice d'Argent ; du côté du couchant, elle suivait la justice de Brinon depuis la *borne des trois Justices* qui, au lieu nommé la *Fosse aux Loups*, limitait « la paroisse de
» Cerdon, justice de Villezon, la paroisse et justice de
» Brinon, et la paroisse et justice de Clemon », jusqu'à la fosse du moulin de Baudran, à l'endroit où descend dans

la Sauldre, le ruisseau des Landes (Terrier de la seigneurie de Brinon, 1662). De là, elle côtoyait la justice d'Aubigny, en remontant les rivières de la Sauldre et de la Nerre, jusqu'à la rencontre de la paroisse et justice de Sainte-Montaine. Toute la contrée de la paroisse de Clemon, assise entre la Sauldre, la Nerre, et les justices de Sainte-Montaine et de Brinon, relevait ainsi de la justice d'Aubigny, de même que le lieu avec quelques alentours de la Turaudière, et un petit climat de terre entre la Dijonnière et les Alicours (Archives d'Argent, Registre donnant les limites des justices d'Argent, Aubigny, Clemon et Sainte-Montaine) Cependant le lieu de Baudran (1). pour les « moulins à bled, froment et sei- » gle, et à foulon, et pour les bâtiments, maison à de- » meure, cour et jardins, prés, terres, qui deppendent » desdits moulins » etait sujet à la justice de Clemon. Pour le reste « maison à demeure — de maître et fer- » mier, — les cours, jardins, terres, pastureaux, bois- » landes, etc ». il relevait de la justice d'Aubigny (Ar, chives de Lauroy, 1710).

D'après l'adveu de 1641. l'*auditoire* de la justice de Clemon était établi près de la Corne du Cerf, dans la rue « qui va de la Grosse Pierre au four bannal ». Le 21 juin 1761, il était encore au même endroit, au coin de la Grande Rue et de la rue « qui va de l'église Saint-Etienne à la rivière ». Il occupait une pièce d'une maison appartenant à Jean Antoine Michau. qui en passait en ce jour la reconnaissance censuelle. Par cet acte, il reconnaissait que ladite maison « 1° est chargée envers mondit

(1) Cette terre de Baudran avait appartenu. dans le cours du 17ᵉ siecle, à noble homme Jean Despagnet, prieur de Notre-Dame de la Guarigue, qui était parrain à Clemon, les 21 août 1549 et 31 mai 1654, et qui fut inhumé dans l'église de Brinon le 9 décembre 1667. (Actes paroissiaux) voir son successeur · Lauroy. Fin possession de la Veine, en 1613.

» seigneur Fizeaux de Clemon, de 28 sols de rente sei-
» gneuriale et de 15 deniers pour le droit de bourgeoisie,
» par chacun an ; 2° est sujette au droit de guet et garde,
» lorsque ledit seigneur est audit lieu ; 3° que ledit sei-
» gneur a droit à tous dixmes dans cette dite paroisse...
» et qu'il est en oultre dû audit seigneur un poullet et
» deux — balles ? — par ceux qui se marient dans ladite
» paroisse. le tout comme seigneur de cette terre et jus-
» tice de Clemon. » — Archives de l'Etude d'Argent.

Article 6. — Seigneurs du fief de Clemon

La seigneurie de Clemon fut occupée successivement, depuis le commencement ou milieu du Xe siecle, par les seigneurs des Maisons de Sully. d'Albret et de Clèves, qui possédaient les fiefs de Sully et d'Argent jusqu'à la fin du XVIe siècle, puis par les Maisons de Vetus, de Gauville, Fizeaux et Dupre de Saint-Maur, qui ont joui des fiefs d'Argent, Clemon et Villezon, de 1577 à 1789.

Nous servant principalement des *Histoire du Berry*, par La Thaumassière et par Raynal, des *Histoires généalogiques de La Chesnay-du-Bois et de Saint-Allais*, nous avons pu dresser, sans interruption, ou à très peu près, une liste des seigneurs qui ont possedé la propriété féodale de la terre et seigneurie de Clemon. Avant d'aller plus loin, nous mettrons le lecteur en garde contre cette opinion trop commune qui fait souvent confondre les propriétés féodale et foncière. Nous l'inviterons à se remémorer les notions données sur les fiefs, page 241, et à bien considérer que la propriété féodale consistait généralement dans l'exercice des droits et devoirs qui appartiennent aujourd'hui aux services administratif, financier, judiciaire et militaire. C'était en vertu de leur propriété

féodale que les seigneurs de fiefs administraient leur domaine seigneurial, y percevaient l'impôt, y rendaient la justice, et donnaient à leur suzerain leur service militaire personnel avec celui de la compagnie d'hommes d'armes que, durant les premières périodes de la féodalité, ils devaient armer et entretenir à leurs frais. Depuis un long temps avec les réformes de 1789, la propriété foncière était laissée comme aujourd'hui, à la libre disposition, conformément aux lois, de ceux qui en héritaient, ou qui, par leur travail et leur sage économie, savaient y parvenir : ils étaient alors, quelle que fût leur profession, dénommés « seigneurs ». Dans un titre du 30 décembre 1597, choisi entre beaucoup d'autres, nous lisons « hono-
» rable personne Symon Martin, *manœuvrier*, demeurant
» en la paroisse de Dampierre, *seigneur propriétaire* du
» lieu vulgairement appelé Les Rogeoulx, assis en la pa-
» roisse de Clémon » (Archives de Lauroy). Nous avons déjà vu, page 32, « honneste personne Mathieu Caron,
» maistre *tailleur d'habit, seigneur du censif* du Coulo-
» mier. »

1° Maison de Sully

Dès le roi Pepin, en 762, il existait un château et des seigneurs à Sully-sur-Loire *(Sobliacum, ou Subliacum castrum)* (Sully, son château et ses seigneurs, par le docteur Boullet, maire de Sully, 1869). — Le seigneur de Sully était un des quatre barons de l'Orléanais qui avaient le privilège et la charge, comme vassaux, de porter les évêques d'Orléans à leur entrée (docteur Boullet, page 80). Cette cérémonie est représentée au palais épiscopal d'Orléans par un vaste tableau qui décore l'escalier d'honneur.

Bien qu'il ne soit fait mention d'Argent qu'en 1217, et

de Clemon qu'en 1225, comme fiefs possédés par les seigneurs de Sully, nous donnons néanmoins la liste entière des représentants de cette illustre Maison dont les noms sont transmis par La Thaumassière, persuadé que les fiefs d'Argent et Clemon ont été entre leurs mains tout au moins aussi tôt que ceux de la Chapelle et des Aix

(Sully portant d'azur, semé de moietles d'or, au lion de même brochant sur le tout).

La Thaumassière. V I, 46.

1. En 975 (1). Hercenaud, sire de Sully, de la Chapelle et des Aix. La Thaumassière le fait vivre au commencement du IX° siècle. Cependant il mentionne lui-même, comme archevêque de Tours en 1004, le second fils d'Hercenaud, Archambaud, qui serait mort en 1001 (Ans. II. 878).

2. En 980 (2) Herbert, fils aîné d'Hercenaud, aussi sire de Sully, de la Chapelle et des Aix Les moines de Saint-Benoist, dont il ravageait les terres, auraient pris soin de perpétuer son nom.

3. Avant 1064, Hercenaud II, fils aîné d'Herbert (mêmes titres), qui mourut avant 1064.

4 En 1064. Archambaud I°r, fils d'Hercenaud II (1).

5. En 1064. Himbaud, fils aîné d'Archambault I°r (1), qui mourut sans postérité.

6° En 1803 (1), en 1098 (3) — Gilon, deuxième fils d'Archambault I°r, sire de Sully, de la Chapelle et des Aix, vicomte de Bourges. Il avait épousé Eldeburge de Bourges, sœur d'Etienne, vicomte de Bourges, dont il devint héritier. Il est donné comme ayant construit les

---

(1) Doct' Boullet, p. 56 et 57.
(2) Raynal, L. V. ch. 3, p. 358.
(3) Orderic Vital. Histoire de Normandie, L. X, p. 35

châteaux de La Chapelle et des Aix, qui depuis ont porté son nom. Il mourut en 1100 (1).

7° En 1100-1130. Agnès, fille aînée de Gilon, dame de Seuly, de La Chapelle et des Aix-dam-Gilon, qui fut élevée à la Cour, auprès de la personne d'Alix d'Angleterre, femme d'Henry, dit Etienne, comte de Blois, de Chartres et de Meaux. Elle fut mariée au fils aîné du comte, Guillaume de Champagne, comte de Chartres, qui prit ses titres avec son nom (1). Ils eurent six enfants, parmi lesquels Elisabeth, abbesse de la Trinité de Caen ; Henry, élu abbé de Fescamp en 1139 ; Raoul, prieur de La Charité, 12ᵉ abbé de Cluny

8° En 1150-1162 Eudes Archambault, fils aîné de Guillaume et d'Agnès, sire de Seuly, de La Chapelle et des Aix-dam-Gilon, qui épousa Mahaud de Beaugency. Il laissa six enfants, dont le deuxième, Henry, fut archevêque de Bourges ; le troisième, Eudes, évêque de Paris, « paracheva sa cathédrale que son prédecesseur, » — Maurice, de Sully, enfant du peuple — avait com- » mencée » ; et Mathilde, religieuse du prieuré d'Orsan, en 1160 (*Le prieuré d'Orsan, en Berry*, par F. Deshoulières, p. 109, 25ᵉ volume des Antiquaires du Centre).

9° En 1179-1187 Gilon II, fils aîné d'Eudes Archambaud (mêmes titres), qui épousa Luce de Charenton. Il quitta (ceda) au roi Philippe-Auguste le fief de Concorsault, en échange duquel il reçut, en 1187, les fiefs d'Ennoidres, de l'Arville et de Montoux. Il mourut entre 1187 et 1193, laissant cinq enfants dont le deuxième, Simon, fut archevêque de Bourges de 1219 à 1233 ; le troisième, Philippe, fut *chantre* (maître de chapelle) de l'église de Bourges ; et le cinquième, Bernard, fut évêque d'Auxerre.

10° En 1195-1217. Archambaud, deuxième du nom, fils

(1) Doct. Boullet, p. 57

aîné de Gilon II (mêmes titres) qui affranchit, l'an 1212, ses hommes de La Chapelle. Il avait donné, en 1198, à titre gratuit, aux Religieux de Lorroy, paroisse de Mery-es-Bois, la permission de faire pacager tous leurs bestiaux de Cierge et de Bois-aux-Moines, dans les bois de Clemon (1). Il donnait l'an 1217, au Frère de Calon, deux muids (16 septiers) de seigle de rente sur sa *censive d'Argent*, pour faire son anniversaire. De concert avec sa deuxième femme, nommée Marguerite, il fonda, en 1193, une chapelle dans son château de Jars (Arch. du Cher. E. 533). Il laissa quatre enfants, parmi lesquels le troisième, Jean, archevêque de Bourges de 1263 à 1273, visita comme Primat la Métropole de Bordeaux, et le quatrième, Guy, succéda à son frère de 1276 à 1280.

11° En 1223 à 1225 Guillaume, deuxième fils d'Archambaud II, seigneur d'Argent et de Clemon. En 1223, il donnait confirmation aux Religieux de Lorroy, du droit de pacage qui leur avait été concédé par son père en 1198 (Arch Ch d'Argent). Il eut contestation, pour ses terres d'Argent et de Clemon, avec son frère aîné, et lui céda ses droits par une transaction, en 1225, moyennant

(1) Archives d'Argent, 1751 à 60. Mémoire sur les pacages de la forêt de Bignollais et Bois de Clémon, produit alors que Mr de Morognes était abbé de Lorroy (2). — Extrait. — La Forêt de Bignollais et le Bois de Clemon ont toujours fait partie des seigneuries d'Argent, Clemon et Villezon Suivant *la tradition* il y avait, dans des temps très reculés, *une* espèce d'*hermitage*, occupé d'abord par des *hermites*, qui plus tard se mirent sous la discipline des religieux du couvent de Lorroi, ordre de Saint Bernard. Ils firent faire ensuite une petite chapelle qui existait encore en 1750, au lieu appelé Bois-aux-Moines, et quelques cellules... n'ayant, au commencement de leur séjour, que quelques chèvres qui vivaient alors par tolérance dans la forêt. — Les forêts de Bignollais et Bois de Clémont n'existaient plus (vers 1750), depuis peu de temps, et consistaient alors en « Bruères et en terres labourables »

(2) Messire Louis-Vincent Agard de Morogues, prêtre, docteur en théologie de la Faculté de Paris, maison et société de Navarre, chanoine de Bourges, vicaire général de l'archevêché, archidiacre de Châteauroux, était abbé commendataire de l'abbaye de Lorroy de 1750 à 1775. (Archives du Cher, E. 879).

150 livres parisis de rente annuelle (La Thaumassière. *Coutumes locales*, ch. 25).

12º De 1225 vers 1250. Henry, premier du nom, fils aîné d'Archambaud II, sire de Seuly, de La Chapelle, des Aix dam-Gilon, d'Argent, de Clemon,... qui établit l'an 1220, la franchise des habitants de sa châtellenie des Aix Il quitta (céda) l'an 1227, à Marie de Vierzon, sa femme, la ville d'Ide, proche Seuly. En juin 1237. il accordait un privilège d'usages sur la contrée de la Forêt de Bignollais, à ses vassaux d'environ 40 lieux de sa seigneurie de Villezon (1), ainsi qu'aux lieux des Michoux et de La Nauldinière, assis en la seigneurie de Clemon, et aux lieux de Villepellet et de la Grande-Planche, sis en la seigneurie d'Argent (Archives d'Argent. Règlement des usages en la forêt de Bignollais, par Ludovic de Gonzague. 1566 et 1567). Il fit une seconde alliance avec Ænor de Saint-Valery, alors veuve de Robert III, ditGâte blé, comte de Dreux, fille de Thomas, sieur de Saint-Valery. Gamaches, etc... et nièce de Godefroi de Gamaches, dont les descendants devaient un jour occuper la terre de Lauroy de 1450 à 1613. Henry Ier de Sully mourut vers 1250. laissant de sa première union, un fils qui lui succéda. Ælnor de Saint-Valery mourut le 15 septembre de cette même année.

13º En 1250 à 1269. Henry. IIe du nom, sire de Seuly, seigneur de La Chapelle. des Aix-dam-Gilon, d'Argent, Clemon et Villezon. de Boisbelle, Orval et Epineuil, qui épousa, en 1252, Perrenelle de Courtenay. Il accordait en février 1259. le privilège d'usages dans la forêt de Bignol-

---

(1) La seigneurie et justice de Villezon, limitée au nord par la rivière du Beuvron, occupait le midi de la paroisse de Cerdon (Loiret). Elle était limitée au levant par la paroisse et justice d'Argent ; au couchant par les paroisses et justices d'Ids et de Brinon ; au midi par la paroisse et justice de Clemon (Terrier d'Argent et de la seigneurie de Brinon en 1662).

lais, aux habitants du village de La Morynière (Règlement par Ludovic de Gonzague en 1571). Il mourut en Italie, au service de Charles de France, Ier du nom, roy de Sicile, l'an 1269. Sa fille, Jeanne, épousa Adam, IVe du nom, vicomte de Melun, dont un descendant, Maximilien de Béthune, marquis de Rosny, ministre d'Etat d'Henry IV, devait acheter en 1602, de Claude de La Trémoille, descendant en 7e degré de Marie de Seuly, la baronnie de Sully, Molin-Gron et Saint Gondon; puis, de la Maison de Nevers, la baronnie de la Chapelle.

14° De 1269 à 1281. Jean Ier, fils aîné d'Henry II, qui laissa sa succession à son frère, vers 1281.

15° De 1281 à 1285. Henry, IIIe du nom, deuxième fils d'Henry II, sire de Seuly, seigneur de La Chapelle, des Aix-dam-Gilon, Argent, Clemon, Villezon, Boisbelle, Orval, Montrond, Bruières et Epineuil. Il mourut l'an 1285 en Arragon, d'où son corps fut apporté à Bourges et inhumé dans l'eglise des Cordeliers, et son cœur dans l'abbaye de Lorroy, paroisse de Mery-ès-Bois.

16° De 1285 à 1334. Henry, IVe du nom, fils aîné d'Henry III (mêmes titres), fut Bouteiller de France, Souverain des comtes, et Capitaine de la ville de Bourges. En octobre 1317, le roy Philippe le Long, lui conferant ce dernier titre, le qualifiait son cousin. Le Roy lui donna les terres de Chalus, Chalusset, Corbassin, et autres en Limousin, pour les tenir en baronnie. L'an 1318, il était envoyé en ambassade vers le pape Jean XXII. Il etait nommé, le 26 août 1321, exécuteur du testament du Roy. De 1329 à 1334, il fut gouverneur du Royaume de Navarre.

17° En 1334, Jean II, fils aîné d'Henry IV, sire de Seuly... mourut avant 1343.

18° De 1343 à 1381. Louis, fils de Jean II, Sire de

Seuly, seigneur de La Chapelle et des Aix-dam-Gilon, Argent, Clemon, Villezon, Boisbelle, Orval, Craon et autres lieux. Il était, en 1356, à la bataille de Poitiers et faisait la foy et hommage de la seigneurie de Seuly, le 13 mai 1375, à l'évêque d'Orléans. Le 1ᵉʳ mai 1381, il accordait à de nombreux habitants de sa seigneurie le droit d'usages dans la forêt de Bignollais (Arch. d'Argent. Règlement par Jean de Vetus de 1578 à 1580). — Il mourut peu après Noel 1381, laissant une fille de son mariage avec Isabeau de Craon.

19° 1382 1415. Marie, dame de Seuly, de Craon (Anjou), d'Orval. de La Chapelle et des Aix-dam-Gilon, de Châteaumeillant, d'Argent, Clemon et Villezon, de Bruière sur-Cher, d'Epineuil, de Bomiers, de Corberin, de Chalucet, Sainte-Hermine, Prahec, Lussac, de Champagne, Bois-de-Chisay, de Montrond, souveraine de Boisbelle, comtesse de Guines (Picardie), fut d'abord accordée en mariage avec Charles de Berry, fils de Jean de France, duc de Berry, lequel mourut avant l'accomplissement du mariage. Elle épousa, en 1381 (dʳ B. p. 57), vers 1382 (P. Anselme), Guy, VIᵉ du nom, seigneur de La Tremoille, conseiller et chambellan du Roy, Garde de l'Oriflamme de France, surnommé le Vaillant. Guy mourut à Rhodes en 1398 ; il revenait de la croisade. ayant été blessé et fait prisonnier en 1396 à la bataille de Nicopolis (Anselme II). Marie en avait eu deux fils. L'aîné, Georges, son frère étant mort, eut en partage les terres et seigneuries de Seuly, de Guines et de Craon ; il

La Trémoille portait : d'or au chevron de gueules accompagné de trois aiglettes d'azur becquetees et membrees de gueules.

Dʳ Boullet, p. 53.

Descendance de Charles d'Albret et de Marie de Sully

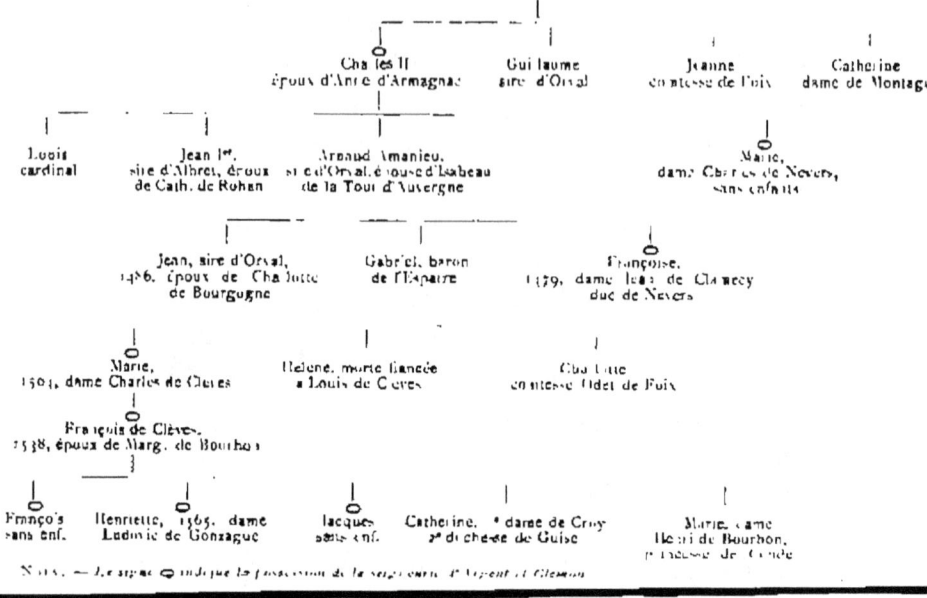

Nota. — Le signe ○ indique la possession de la seigneurie d'Argent et de Clémont.

Extraction et Descendance de la Maison de Nevers de Cléves

Philippe le Hardi, (fils du roi Jean, duc de Bourgogne, 1342-1404)
époux, en 1369, de Marguerite de Flandre, comtesse de Nevers

- Jean sans Peur, duc de Bourgogne, mort 10 sept. 1419
- Louis, mort en bas âge
- Antoine, duc de Brabant
- Philippe, comte de Nevers, époux de Bonne d'Artois
- Marguerite, comtesse de Hainaut
- Marie, duchesse de Savoie
- Catherine, duchesse d'Autriche
- Bonne, sans alliance

- Philippe le Bon, duc de Bourgogne, mort 15 juin 1467
- Charles de Nevers, époux de Marie d'Albret, mort 1464, sans enfants
- Jean de Clamecy, 1435 époux de 1° Jacqueline d'Ailly 2° Paule de Brosse de Bretagne 3° Françoise d'Albret, morte en nov. 1521, sans enf.

- Charles le Téméraire, duc de Bourgogne, mort à Nancy 1477, sans enfants
- Élisabeth de Bourgogne, 1455, dame Jean de Clèves, morte 1483
- Charlotte de Bourgogne 1486, dame Jean d'Albret sire d'Orval, morte 1500

- Engilbert de Clèves mort 1506
- Jean
- Adolphe
- Philippe — morts sans postérité
- Marie
- Marie, dame Charles de Clèves
- Hélène morte fiancée à Louis de Clèves
- Charlotte épouse Odet de Foix 2 enf. sans post.

- Charles de Clèves 1504, époux de Marie d'Albret
- Louis de Clèves

François de Clèves, 1538, époux de Marguerite de Bourbon

Nota. — Le signe ○ indique la possession de la seigneurie d'Argent et de Clémont.

fut Grand Chambellan de France, l'un des lieutenants generaux de Charles VII (Raynal, L. VII, p. 11), mourut en 1445 et fut inhumé dans l'ancienne église collégiale de Sully (d^r Boullet, p. 58). Marie épousa, le 27 janvier 1400 (Anselme), en deuxièmes noces, Charles, sire d'Albret, comte de Dreux, vicomte de Tartas (La Chesnaye), connétable de France en 1403, qui périt à Azincourt, 1415, où il commandait l'avant-garde de l'armée française.

2° Maison d'Albret

20° 1413 à 1456. Charles, IIe du nom, sire d'Albret, fils de Marie de Sully, fut seigneur de La Chapelle et des Aix-dam-Gilon, d'Argent, Clemon et Villezon, de Boisbelle, d'Orval (après la mort, au combat de Rouvroy, 1419, de son frère Guillaume), de Montrond, de Bruère, d'Epineuil, de Châteaumeillant et de plusieurs autres lieux. Il signait au traité d'alliance offensive et defensive, conclu le 26 février 1424, entre Charles VII, le duc de Milan et le roi de Castille (Valet de Viriville, *Histoire de Charles VII*, t. 1, p. 392). En 1443, il accordait le droit d'usages en la forêt de Bignollais, aux habitants du lieu de La Huchette (Arch. d'Argent. Réglement par Ludovic de Gonzague, 9 novembre 1571). Il mourut en 1470, laissant trois fils, dont l'aîné, Louis, fut cardinal, et une fille (La Chesnaye). La Thaumassière, L. VI, ch. 63, dit qu'il laissa, par contrat du 7 juin 1455 (Tit. Nevers. e.

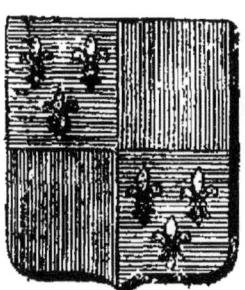

D'Albret portait des 1389. Ecartele au 1 et 4 de France, au 2 et 3 de gueules Anselme. IV. Marechaux.

MÉMORIAL DE LA COMMUNE ET PAROISSE DE CLÉMONT   49

360), à son fils Arnaud Amanieu ses terres et seigneuries d'Orval... La Chapelle, Les Aix, Argent... et généralement tout ce qu'il possédait dans les duchés de Berry et du Bourbonnais. La donation ne tint pas pour les seigneuries de La Chapelle et d'Argent ; le 22 juin 1456. Charles d'Albret en faisait le don à sa fille Marie (Marolles, titres de Nevers, col. 361).

21° De 1456 à 1479 Marie d'Albret, fille de Charles II et d'Anne d'Armagnac, épousa, par contrat du 25 juin 1455 (passé à Bourges. Titres Nevers, col. 4), Charles, comte de Nevers et de Rethel. Arnaud-Amanieu, son frère, paraissait au contrat avec le titre de seigneur d'Orval et de Lesparre. Elle accordait le droit d'usages dans la forêt de Bignollais, le 20 février 1470, « aux » seigneurs du lieu de La Pignauldière, assis en la » paroisse de Clemon », et, le 13 octobre 1472, au lieu de la Glangerie et à plusieurs autres (Arch. Argent. Règlement des 22 juillet 1566 et 9 novembre 1571). Elle mourut sans postérité, en 1486, ayant donné, en 1479, ses terres de La Chapelle et d'Argent à sa nièce et belle-sœur, Françoise d'Albret « pour aider à son mariage ». Titres de Nevers, col 24.

3° Maison de Nevers et de Clèves

22° De 1479 à 1521. Françoise d'Albret, petite-fille de Charles II, duchesse de Brabant, comtesse de Nevers, dame de La Chapelle et d'Argent, etc... Elle avait épousé, en mars 1479, Jean de Clamecy (plus tard appelé Jean de Bourgogne), duc de Brabant, comte de Nevers, qui était veuf en deuxièmes noces de feue Paule de Bretagne et qui mourut le 25 septembre 1491. — Un adveu et dénombrement de la seigneurie de Lauroy, rendu en 1497, qualifie Françoise d'Albret « haulte et puissante princesse... « comtesse de Nevers, dame de La Chapelle et d'Argent » (Archives de Lauroy).

La Chesnaye des-Bois donne à sa mort la date du 6 mars 1511 ; cette date doit être considérée comme manifestement erronée, attendu que : 1° en l'année 1512, au Terrier de Villezon (Arch. d'Argent), elle est donnée comme « dame des terres et chastellenyes de la Chapelle-dam-Gilon et d'Argent » ; 2° un hommage lui était encore rendu en 1520 (de Kersers, d'après Archives de Blancafort). Mourant sans enfant, elle léguait en 1521, à sa nièce et petite belle-fille, Marie, fille de Jean d'Orval, son frère et beau-fils, ses terres de La Chapelle et d'Argent (Titres de Nevers, col. 361).

23° De 1521 à 1549. Marie d'Albret, fille de Jean et de Charlotte de Bourgogne, née au château de Cuffy (Cher), le 25 mars 1491 ou 92 (Louis Roubet, Epigraphie de La Guerche, p. 196), comtesse de Rethel, dame de La Chapelle et d'Argent, avait épousé, le 25 janvier 1504, Charles de Clèves, son neveu à la mode de Bretagne, comte de Nevers (Poussereau). Charles étant mort en 1521, ne laissant qu'un fils âgé de 5 ans, elle gouverna le Nivernais pendant 28 ans, comme tutrice de son fils et comme propriétaire de la moitié, en vertu d'un arrêt de Louis XII (Poussereau) ; elle mourut à Paris le 27 octobre 1549, et fut inhumée en l'église des Cordeliers de Nevers (L. Roubet, Epigraphie de La Guerche. — Titres de Nevers, col. 572).

24° De 1549 à 1562. François de Clèves, né aussi au châtel de Cuffy (L. Roubet), le 2 octobre 1516, fils de Charles et de Marie d'Albret « duc de Nyvernoys, sou-

(1) Il n'avait que 5 ans, lorsque son père, par ordre de François Iᵉʳ, fut enfermé au Louvre, et y mourut le 17 août 1521. (Poussereau. p. 98. Bibl. nat. mns. français, 20.177, p. 296-297).

» verain des terres d'outre-Meuse (?). marquis d'Isles,
» comte de Rethelloys, Beaufort
» et Auxerre, pair de France,
» seigneur de la terre et sei-
» gneurie d'Argent, Clemon, Vil-
» lezon, gouverneur et lieute-
» nant général pour le Roy, en
» ses pays de Champagne et
» Brie » (Archives de Lauroy,
21 décembre 1560). épousa en
1538, Marguerite de Bourbon, fille
de Charles duc de Vendôme,
et sœur d'Antoine, roi de Navarre. Il mourut à Nevers, le

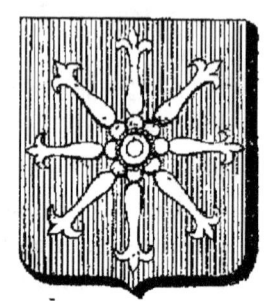

De Clèves portait de
gueules à huit raies d'es-
carboucle fleurdelysés
d'or
Anselme. de Maransange

13 février 1562, des suites d'une blessure qu'il avait
reçue au siège de Rouen, et fut inhumé dans le chœur
de l'église Saint-Cyr (L. Roubet).

25º 1563 à 1564. Jacques de Clèves, duc de Nyver-
nois, deuxième fils de François et de Marguerite de Bourbon, né le 1er octobre 1544. A-t-il succédé à son frère
aîné François, mort au commencement de 1563 ? A-t-
il reçu directement de son père, en partage, la seigneurie d'Argent, Clemon et Villezon ? N'ayant pas
rencontré de documents précis, nous ne pouvons affirmer. Du moins, le 13 juin 1563, il donnait le privilège
d'usages dans la forêt de Bignollais aux habitants de
plusieurs lieux (Archives d'Argent, Règlement du 9 novembre 1571). Il avait épousé très jeune Diane de la
Marck, fille du duc de Bouillon, dont il n'eut pas d'enfant, et mourut en 1564, à Montigny, près de Lyon,
n'ayant pas encore vingt ans.

26º De 1564 à 1577. Henriette de Clèves, fille de
François et de Marguerite de Bourbon, née à la Chapelle-dam-Gilon, le 31 octobre 1542. Ses deux frères

étant morts, elle avait hérité, pour sa part, du duché de Nevers, du comte de Rethel, des baronnies de Donzy et de Rosoy, des terres d'Orval (en Bourbonnais), Châteaumeillant et la Chapelle-dam Gilon en Berry, l'Esparre et pays de Médoc en Gascogne, ainsi que de diverses terres en Flandre et en Picardie. Elle épousa le prince Ludovic de Gonzague, troisième fils de Frédéric, duc de Mantoue et de Marguerite Paléologue marquise de Montferrat, le 4 mars 1565, en 1566 (selon que l'on suit, ou non, le report du commencement de l'année, ordonné par Charles IX en 1564, du jour de Pâques au 1ᵉʳ janvier, l'une des deux années devant ainsi être privée de trois mois).

De Gonzague portait : d'argent à une croix pattée de gueules, cantonnée de quatre aiglettes de sable, membrées et becquées de gueules, la croix chargée d'un écusson de gueules au lion d'or, écartelé d'or à 3 fasces de sable.
Jouffroy d'Eschavannes.

Durant les années 1566, 1567 et 1571, elle réglementa les droits d'usages, précédemment « octroyés en privilèges » dans la forêt de Bignollais, par les seigneurs de Sully et d'Albret Aux usagers de sa seigneurie de Villezon, ainsi qu'à ceux des lieux des Michoux, de La Nauldinière et de La Pignauldière, assis en sa seigneurie de Clemon, elle céda, en juin 1566, en retour de leur abandon d'usages, la pleine propriété de 450 arpents de terre dans la même contrée de Bignollais, moyennant, pour « chaque feu » sur douze arpents, la somme de quatre escus d'or soleil (12 livres) et une rente d'une myne (1/2 hectolitre) de bled-seigle, la faculté étant laissée auxdits anciens usagers, de faire « champayer (paître) leur bestial à l'en-

» tour des estangs des Faulchys et des Chastelliers,
» lorsqu'ils ne seront ensemencés d'aucune graine. »
(Archives du château d'Argent).

Le 5 novembre 1573, Ludovic de Gonzague et Henriette de Clèves firent une fondation pour marier et doter chaque année, dans toute l'etendue de leurs possessions, soixante jeunes filles *pauvres et vertueuses*. En vue d'éviter les fraudes, ils avaient fixé eux-mêmes par un règlement, les conditions qu'il fallait remplir ; les prescriptions parurent tout d'abord trop multipliées ; l'election fut considérée en plus d'une paroisse comme trop difficile, et ce fut un prétexte pour s'abstenir ; un second règlement, en 1588, abrogeait un certain nombre des dispositions primitives.

Le nombre des « rosières » variait suivant les châtellenies. Il y en avait 23 pour le Nivernais (4 dans la ville même de Nevers ; 11 dans le Donzyois). La châtellenie de Châteaumeillant, en Berry, en avait une, qui devait être choisie entre douze jeunes filles, pour ses huit paroisses et quatre villages. Celle de Saint-Valéry, en Ponthieu, qui appartenait aussi à cette époque aux ducs de Nevers, eut droit à la même dotation en 1588 pour deux jeunes filles.

Le jour de Pâques fleuries (dimanche des Rameaux), les officiers publics et les notables de chaque paroisse, après avertissement donné au prône, se rassemblaient dans l'église un peu avant les vêpres ; ils choisissaient pour électeurs trois hommes et trois femmes (de bien), et ces électeurs se réunissaient à leur tour, aussitôt après l'office de vêpres, pour désigner la jeune fille du lieu estimée la plus pauvre et la plus vertueuse.

Le mardi de Pâques suivant, les jeunes filles élues se rendaient au chef lieu de la châtellenie, et là, dans l'endroit le plus spacieux de l'église, sous la surveillance des officiers du seigneur, en présence des « rosières » des années précédentes, spécialement invitées, au milieu d'une grande affluence de population, on procédait (par la voie du sort) au choix de celle qui bénéficierait de la fondation. Les billets devaient être tirés par un enfant de 4 à 5 ans, ayant la manche retroussée et les doigts ouverts. La plupart portaient ces mots: Dieu vous console. La jeune fille que le sort favorisait était désignée par le billet: Dieu vous a eslue.

Le contrat du mariage devait être passé, autant que possible, le lundi de la Pentecôte suivante ; la jeune fille *élue par Dieu* recevait alors un anneau, de la valeur de 5 sols, qu'elle portait au pouce et qui s'appelait la *bague de souvenance de ses mariage et prices*: le jour même de son mariage, les officiers de la seigneurie lui délivraient une dot de 16 écus 40 sols (50 livres).

Pour engager les maris à se présenter, Ludovic de Gonzague avait spécialement réservé pour eux, dans ses châtellenies, les offices de notaires, sergents, geôliers, concierges, gardes de bois, ménagers, etc...

Le pape Sixte Quint, par une bulle du 10 novembre 1586, accorda une indulgence plénière aux fidèles qui, après avoir communié, prenaient part aux différents scrutins (extrait des notices sur Châteaumeillant, par M. Chénon — VIIe volume des Antiquaires du Centre, 1877 — et sur le canton de Bernaville, Somme, par abbé Lefèvre, 1897).

Henriette de Clèves mourut le 24 juin 1601, ayant vendu, par échange, par acte du 23 décembre 1577, les terres d'Argent, Clemon et Villezon, à « noble homme » et seigneur Jehan Vetus, conseiller du Roy et maistre » des requestes ordinaire de son hostel » (Archives du château d'Argent). Cette pièce contredit la date de 1597 ou 1598 donnée par MM. Raynal et de Kersers.

4° Maison de Vetus

27° 1577 à 1600. Jean de Vetus, escuyer, seigneur de Villefalher, d'Argent, Clemon et Villezon, conseiller du Roi, « président en sa Cour de Parlement de Bretaigne, maistre des requestes ordinaire de son hôtel » (Arch. d'Argent. Terrier de Villezon, 1579), nous venons de le dire, acquit de la Maison de Nevers, en 1577, la terre d'Argent, Clemon et Villezon. La Thaumassière lui donne, comme à son fils, le prenom de Charles.

De Vetus portait : d'or à la rose de gueules, soutenue et feuillée de sinople, au chef d'azur, chargé de 3 pals d'argent.
JOUFFROY D'ESCHAVANNES.

Du 13 août 1578 au 18 août 1580, en retour de l'abandon des droits d'usages qui leur avaient été accordés en 1237, par Henry de Sully, et en 1381, par Loys, seigneur de Sully et de Craon, il délaissait aux habitants ou voisins de la forêt de Bignollais, la pleine propriété de 165 arpents de terres « vaynes et vagues » de ladite forêt, moyennant certains droits de cens et le service de rentes annuelles en bled-seigle — Il commençait dès 1579 un terrier des cens qui étaient dus sur la seigneurie de Villezon. Il reconstruisit en bois le pont d'Argent sur la Sauldre (de Kersers. Archives du Cher. Advis donné au Roi sur le faict de la construction du pontz d'Argent).

28° 1611 à 1655. Charles de Vetus, fils de Jean et de Michelle Calmet (La Chesnaye, Saint Allais), était qualifié, le 3 avril 1654, « chevallier, seigneur chastellin d'Argent, Clemon et Villezon, mareschal de camp et mareschal général des logis de la cavallerye legère de France. »

Il était seigneur d'Argent en 1611 et en 1655 (Archives d'Argent, 1611. Archives de Lauroy, 1655). — Dans plus d'une circonstance, il porta le titre de M. de Clemon. Souvent il signait de Clemon ; le 10 février 1631, au reçu des cens d'une acquisition faite sur le territoire d'Argent, il signait, Charles de Vetus, seigneur de Clemon. Vers 1650, nous le verrons dans la Notice sur Lauroy, il eut de vifs démêlés et procès avec Jehan Midou, seigneur de Lauroy.

29° 1659 à 1680. Anne de Vetus, fille unique de Charles, était dame d'Argent, Clemon et Villezon en 1659 (Archives d'Argent, reçu de cens). Elle avait épousé, le 1ᵉʳ avril 1634. messire Nicolas de Vignolles, chevalier, seigneur de Maultour et de la Tour de Boueix (La Thaum., L. VI, ch. 85 ; L. XII. ch. 86), gentilhomme ordinaire de Monseigneur le prince de Condé (Archives de Lauroy. 14 novembre 1678), gouverneur, pour Monsieur le Prince, des châteaux de Montrond, Saint-Amand, Le Châtelet, Culant, La Roche-Guillebault et La Forêt Grailly (La Thaumassière). Son mari avait pris parti pour la Fronde ; le 13 avril 1650, le château d'Argent donnait hospitalité aux princesses de Condé et au jeune duc d'Enghien, qui y passèrent la nuit, se rendant furtivement de Paris au château de Montrond (Raynal, *Hist. de Berry* L. XI, c. 2, p. 317).

Messire Nicolas de Vignolles mourut en 1675 ou dans les premiers jours de 1676. Demeurant à Bourges, paroisse de Notre-Dame du Fourchault, le 6 mars 1674, il scellait son testament de son cachet ordinaire portant : ccartelé, au 1ᵉʳ d'azur à 3 besants, 2 et 1 ; au 2ᵉ d'azur à la croix pommelée ; au 3ᵉ d'azur à 3 étriers ; au 4ᵉ d'azur au lion passant (G. Vallois. Mémoires des Antiquaires du Centre, vol. XVIII, p. 335). Le 30 avril 1676, Anne de Vetus avait une convention de partage avec Balthazard de Vignolles, seigneur de la Tour de Boué et de La Pacauldière, héritier universel de deffunt Nicollas de Vignolles, son oncle, en présence de messire Claude de Gamaches, seigneur et comte de Raymond (Archives d'Argent). Elle exerçait encore son droit de cens le 24 mai 1680, comme dame de la chastellenye d'Argent. Le 31 octobre 1683, étant en sa résidence de Bourges, elle cedait, par devant notaire royal, à noble Estienne Gaillot, eschevin de cette ville, les fruits, proffits et revenus, et autres droits de la terre et seigneurie d'Argent, pour et moyennant, par chacun an, la somme de deux mille livres tournois. Cependant elle avait cédé son titre de seigneurie avant cette date. Dans un contrat de vente du

De Vignoles, seigneur de Maultour et du Boueix, d'Argent et Clemont porte : écartelé au 1ᵉ et 4ᵉ d'azur à 3 étriers d'or opposés à 3 besants d'argent, 2, 2, 2, aux 2 et 3ᵉ d'azur au livre d'or surmonté d'une croix de même.

La Taumassière. L. XII, p. 1128.

5 fevrier 1681, qui est rappelé dans une sentence arbitrale de 1697 et qui fut passé entre Charles-Marie de Gauville « seigneur d'Argent, Clemon et Villezon », et Jehan Maximilien Midou, seigneur de Lauroy, elle est dite « usufruitière de la terre de Clemon » (Archives de Lauroy, 26 mars 1697). — Elle était morte en 1685 : dans une requête des 18 et 20 août 1685, Charles-Marie de Gauville, écuyer, seigneur d'Argent, et dame *Marie* de Gamaches, son épouse, sont dits « héritiers de dame Anne de Vetus » (Archives d'Argent).

La transmission du titre de la seigneurie d'Argent, Clemon et Villezon a donc été faite à la Maison de Gauville par Anne de Vetus, vers 1680, en la personne de

Charles-Marie de Gauville Par conséquent, nous ne pouvons reconnaître la transmission présentée par M. de Kersers, dans sa monographie du canton d'Argent, comme ayant été faite aux Gauville par Suzanne de Vetus, fille de Jean, l'acquereur de 1577, laquelle avait épouse, en 1600, François de Gauville. Nous ne pouvons davantage reconnaître à Joseph de Gauville (fils de François et de Suzanne de Vetus), père de Charles-Marie, le titre de seigneur d'Argent, Clemon et Villezon que lui donnent les généalogistes La Chesnaye-des-Bois et Saint-Allais. Le contrat, passé à Argent, en 1693, du mariage de damoiselle Catherine de Gauville, fille de deffunt messire Joseph et de dame Jeanne de David, ne donne du reste, à Joseph de Gauville, que les titres de chevalier, seigneur d'Acoux (Etude d'Argent)

5° Maison de Gauville

30° 1681. Charles-Marie de Gauville, seigneur d'Acoux et d'Argent, Clemon et Villezon, élève page du Roy, capitaine au Régiment du Roy Dragons, habitait à Bourges, paroisse de Notre-Dame du Fourchault, en 1681 (Archives de Lauroy, 1697). Il avait epousé, par contrat passé devant Regnault et Clerjault, notaires à Bourges, le 20 mais 1677, damoiselle Anne de Gamaches, fille de Claude, vicomte de Remont, et de Catherine Nizier. Il était arriere petit-fils, par son aieule paternelle, de Jean de Vetus.

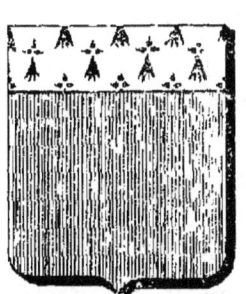

De Gauville portant : de gueules, au chef d'argent, semé d'hermines Support : deux licornes.
(La Chesnaye)

Anne de Gamaches était veuve le 21 octobre 1688. A cette date, une sentence était rendue en sa faveur « au » lieu de deffunt messire de Gauville, son mari, comme » légitime tutrice de ses enfants et dudit deffunt seigneur » de Gauville » (Archives d'Argent). Durant sa gérance de tutelle, Clemon fut plus que décimé par une violente épidémie dont le cruel souvenir existe encore et se traduit par la tradition suivante : le drapeau *noir* fut mis au clocher. Un voyageur, l'ayant aperçu, s'empressa de prendre les mesures qui lui semblèrent les plus efficaces pour ne pas respirer l'air empesté qu'il lui fallait traverser. Quand il fut parvenu au delà du bourg, il ne s'empressa pas moins de rejeter le mouchoir dont il avait fait usage pour se préserver. Un autre passant, qui survint peu après, ayant ramassé ce linge, fut ensuite victime de la maladie pestilentielle. Cette tradition conservée par les anciens, quelle que soit sa valeur, a du moins son explication dans le persévérant souvenir de l'effroyable mortalité qui desola le pays. Du 1er septembre 1693 au 31 décembre 1694, il y avait eu 213 décès, dont, au 1er janvier 1694, celui de messire François Autier, curé de la paroisse. Clemon avait aussi subi la famine et la mortalité qui ravagèrent le royaume de France durant ces deux années 1693 et 1694.

31º 1688. Claude de Gauville, seigneur de Clemon, troisième fils de Charles-Marie, et d'Anne de Gamaches, le seul qui posseda la seigneurie de Clemon séparément de celle d'Argent. Il mourut sans postérité, capitaine au regiment de Normandie (La Chesnaye). Avait-il cédé, avant 1715, à son frère, plus âgé, Jacques, ses droits sur la seigneurie de Clemon ? Etait-il mort précédemment ? Nous ignorons.

C'est durant la seigneurie de Claude de Gauville, probablement, que survinrent les désastreux événements

que nous avons trouvés rapportés dans une note manuscrite de l'un de nos prédécesseurs. « 22 septembre 1709.
» — Je croirais n'être guère officieux à l'égard de mes
» successeurs et de la postérité, si je manquais à mar-
» quer icy (registre des actes paroissiaux) comme un
» monument éternel du malheureux temps où nous som-
» mes, les fleaux dont Dieu nous a châtiés dans cette pa-
» roisse et dans tout le royaume. En 1706, le mois de
» juillet, la fête de Saint Pantaléon, le 27°, tomba dans
» cette paroisse, à Coulons et à Pierrefite, une grêle
» d'une grosseur extraordinaire, et je puis asseurer que
» j'en ai veû de *grosse comme des boules à jouer* qui per-
» dit tout en cette paroisse, et surtout les bâtimens et les
» bêtes, et les arbres, surtout les jeunes ; et cette pré-
» sente année 1709 l'hyver a été si grand, et la gelee si
» forte et si longue, que l'on n'a recueilli, dans l'étendue
» de cette paroisse, que 150 septiers seigles. Les hommes
» et les animaux ont été trouvez morts de froid, et les ar-
» bres ont été gelez entièrement, surtout le bouïs, les
» houds, les noiers ; de mémoire d'hommes on n'a veu
» une chereté si grande (1). En 1707, dans le mois d'oc-
» tobre et cette année 1709 au mois de may, toutes les
» rivières ont été debordées dans tout le roiaume et celle
» de Sauldre entrait à un pied près de la fontaine Saint-
» Martin, ce que j'atteste ce 22 septembre 1709. Pomme-
» raye cure. »

« Dieu veille que jamais prêtre de Bretagne, ma chère
» patrie, ne vienne eprouver dans mon benefice ce que
» j'y ai veû et souffert. Et que jamais Clemon ne soit
» affligé de pareils malheurs. »

(1) Les habitants de Clemon n'ont pas encore oublié le rigoureux hiver de 1879 dont les fortes gelées (jusqu'à 24 degrés) détruisirent leurs nombreuses plantations de pin maritime, causant ainsi un vrai désastre qui est à peine, aujourd'hui, complètement reparé.

32º 1715, jusqu'à 1729. — Jacques de Gauville, deuxième fils de Charles-Marie et d'Anne de Gamaches (son frère aîné, Charles. était mort, en 1701, des blessures qu'il avait reçues au combat de Chiari, en Italie), Marquis d'Argent. etc..., seigneur de Clemon et de Villezon (de Clemon, après la cession ou la mort de son frère puîné Claude), d'abord capitaine, en 1711, dans le Regiment de Normandie, ayde-major général de l'armée de Roussillon, fut plus tard chevalier de l'ordre de Saint-Louis, lieutenant avec brevet de Mestre de camp en 1716, puis capitaine, en 1725, au Regiment des Gardes Françaises (Archives du château d'Argent).

Le 30 septembre 1715. il recevait la foy et hommage de dame Marie-Marguerite Le Sueur de Mitry, dame de Lauroy (Archives d'Argent).

Le 30 janvier 1725, il donnait a bail les cinq étangs de la Terre d'Argent (Archives d'Argent)

Le 29 juillet 1723, il avait donne quittance à messire Claude Dubuc, seigneur de Lauroy, d'une somme de 11.000 livres, et, le 24 décembre suivant. d'une autre somme de 800 livres ; il avait ainsi reconnu l'abandon qu'il faisait de ses droits sur la Terre et seigneurie de Clemon. Mais messire Dubuc, pour des motifs qui nous sont encore inconnus, dut consentir le 7 février 1727, un acte de *déguerpissement*; une sentence du 20 ordonna le remboursement de ladite somme de 11,800 livres, et le 9 mai suivant, pour faute du paiement. ladite Terre et seigneurie fut déclarée saisie. — L'operation fut exécutée suivant les formes judiciaires de l'époque. Les saisies et criées furent « faites, continuées et parfaites, » suivant les us, stiles et coutumes de Berry et de Loris » dit Montargis ». — Il y eut transport de l'officier judiciaire contre la porte de la grange « dixmeresse de la » seigneurie dudit Clemon, située dans le bourg dudit

» lieu, *n'y ayant aucun autre manoir seigneurial* » (Archives d'Argent, *Procédure de la saisie et vente*, p 630).
— Les criees furent faites, selon la coutume de Berry « par trois huitaines, et une autre huitaine d'abondant » et, selon la coutume de Loris dit Montargis, « par trois » huitaines, trois quinzaines, une quarantaine et une » huitaine en suivant pour quart d'abondant ». — Les affiches avec panonceaux royaux aux armes de France furent apposées contre la grande porte et entrée de la grange aux dixmes ; des copies furent délivrees à Pierre Bourdon, marchand. « se disant fermier des peages », et à Maitre François Brière, « se disant procureur fiscal » de ladite seigneurie : d'autres copies furent mises et attachees, avec panonceaux royaux aux armes de France, audit bourg de Clemon et en la ville et paroisse d'Aubigny-sur-Nerre : à Clemon, contre la grande porte et principale entrée de l'eglise paroissiale, contre la porte de l'auditoire de la Justice, et contre le pilloty de ladite justice, planté *au-devant* dudit auditoire ; en la ville d'Aubigny, contre la grande porte et principale entree de l'eglise paroissiale de Saint-Martin, et contre la porte de l'auditoire de la Justice

Cependant les actes de la procedure ne furent pas continues pour la seigneurie de Clemon. Le 23 février 1728 une autre saisie était pareillement executée sur la seigneurie d'Argent, et le 19 avril sur la seigneurie de Villezon, a la requête de messire Jean-Baptiste Le Rebours, chevalier, seigneur de Saint-Maur, conseiller au Parlement, a cause d'une rente de 900 livres au capital de 45 mille livres, qui lui avait été reconnue le 2 août 1720 par messire Jacques de Gauville. La saisie de la seigneurie de Clemon fut jointe a celle des seigneuries d'Argent et de Villezon, et les trois seigneuries furent adjugées ensemble, à la Barre des Requêtes du Palais, par senten ces des 8 et 10 juin 1735, pour la somme de 89 mille et cent livres, à Messire Estienne Claude Fizeaux, écuyer, capitoul de la ville de Toulouze.

Messire Jacques de Gauville était mort durant le cours de la procedure, en l'année 1729 ; il laissait trois enfants mineurs, Jules-Marie et François-Joseph-Roch, écuyers, et damoiselle Claude Marie-Montaine.

6° Maison Fizeaux

34° De 1735 à 1765. Estienne Claude Fizeaux, écuyer, seigneur du Marquisat de Moy, de la baronnie de Vaudreuil, des châtellenies d'Argent, Clemon et Villezon, et autres lieux, conseiller, secrétaire du Roy, maison, couronne de France, et de ses finances, époux de dame Marie-Anne Perrinet — Le pont en bois, construit par Jean de Vetus, s'etant ecroulé, il le remplaça par l'emploi de *toues* (bateaux plats) pour le passage des voyageurs.

Comme messire Charles de Vetus, il porta le titre de Clemon. Nous nous demandons quel en pouvait être le motif. Que Charles de Vetus portât ce nom, en fît sa signature, cela put provenir d'une affection d'enfance ; il avait reçu, durant ces jeunes années, en apanage, la seigneurie de Clemon (Arch. Ch. d'Argent. 8 fevrier 1607). Messire Fizeaux, qui ne la posséda que par l'acquisition qu'il avait faite de celle d'Argent, n'avait pas ce même motif ; cependant plus d'un titre, même étranger à la seigneurie de Clemon, lui donne ce nom. Le 7 fevrier 1749, un exploit, sur un vassal d'Argent était signifié par le sergent de la châtellenie d'Argent « à la requête
» de Messire Estienne Claude Fizeaux de Clemon, che-
» vallier, ancien maistre d'hostelle chez le Roy, seigneur
» de cette terre d'Argent et autres lieux » (Arch. Ch.

d'Argent) M. Dupré de Saint-Maur, qui lui succéda, ne le désigne que par ce titre de Clemon dans un mémoire de 1768 : « Le sieur Fizeaux de Clemon ; le sieur de » Clemon a joui... : le sieur de Clemon m'a vendu la » terre et seigneurie d'argent ». (Arch Ch. d'Argent.) — Il fit cette vente à M Dupre de Saint-Maur, seigneur de Brinon et autres lieux, intendant de justice... en la generalité de Berry..., par acte du 11 juin 1765, moyennant le prix et somme de 67 mille livres et le droit de conserver son titre de Clemon (Arch. Ch. d'Argent).

7° Maison Dupré de Saint-Maur

35° De 1765 à 1789 (4 août). Messire Nicolas Dupré de Saint-Maur, chevalier, seigneur d'Argent, Clemon, Villezon, Fericy, Brinon, La Jaulge, Sainte-Montaine, et autres lieux, conseiller du Roy en ses conseils, Maître des Requêtes ordinaire de son hôtel, Intendant de Justice, Police et Finances en la généralité de Berry, qui épousa dame Claude Louise Lenoir, par contrat du 17 janvier 1761. Il fut adjoint en 1764 à Messire Denys Dodard dans l'Intendance de la généralité de Berry, et lui succéda en 1765 jusqu'en l'année 1776. Il fut alors nommé à l'intendance de Guienne qu'il administra jusqu'en 1785

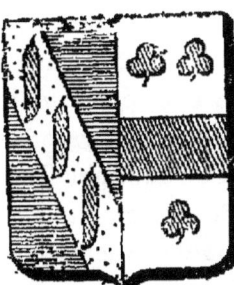

Dupré de Saint-Maur portait : parti au 1er d'azur a la bande d'or chargée de 3 cosses de pois de sinople ; au 2e d'argent a la face de sinople accompagnée de 3 trefles de même, 2 en chef, 1 en pointe.

Jouffroy d'Eschavannes

Durant son administration en Berry, il fit construire en 1772 et les années suivantes, le pont de pierre qui existe encore à Argent sur la Sauldre et qui fut élargi dernièrement en 1898. La même année 1772, le 1er février, il avait acquis, des dames Religieuses de l'abbaye royale de Sainte-Marie-Madeleine d'Orléans, la metairie de La Fin, située en la paroisse de Clemon, moyennant le prix de 200 livres de rente foncière annuelle... et 200 livres de pot-de-vin (Arch. d'Argent).

Il mérita la reconnaissance du Berry par le zèle avec lequel il s'occupa des intérêts de la Généralité, et particulièrement de l'amélioration des chemins (Raynal. L. XII, ch. 1er, p. 424). On lui doit, en Sologne, le tracé de la route d'Aubigny à Brinon, dont l'empierrement ne fut achevé que vers 1840. Il avait essayé, en 1765, puis en 1767 (Archives départementales), de convertir les corvees en une cotisation en argent qui devait être tout à la fois moins onéreuse et plus productive. Il avait présenté, en 1771, et fait adopter, un projet qui avait pour but de faire de Bourges un point central et un entrepôt pour le commerce du royaume par la création de deux grandes routes qui auraient traversé cette ville ; l'une, par Châteauroux, Issoudun et La Charité, devait établir une communication entre l'Océan et la frontière d'Allemagne ; l'autre, passant par Paris, Fontainebleau, Gien, Aubigny, Guéret et Toulouse, relierait le nord et le midi de la France. La ville de Bourges voulut montrer à M. de Saint-Maur qu'elle savait apprécier de tels services ; en 1769 elle servit de marraine et donna son nom au deuxième fils de l'Intendant qui venait de naître dans ses murs. Le baptême fut l'occasion d'une fête solennelle donnée par les habitants, fête à laquelle ne manquèrent point les harangues, ni les poésies de circonstance, ni les festins, ni les décharges d'artillerie (Raynal). Le château d'Argent possède encore des exemplaires de ces poésies, composées dans le style laudatif de l'époque autant que de la circonstance.

M. Nicolas Dupré de Saint-Maur conserva ses droits féodaux de la seigneurie d'Argent, Clemon et Villezon jusqu'à la nuit du 4 août 1789, et décéda le 30 décembre 1791, laissant quatre enfants : MM. Nicolas et Georges-Bourges, et Mesdames de Bar et de North. Mme la comtesse de Montbel, l'une des petites-filles de M. Georges-Bourges Dupré de Saint-Maur, occupe encore la terre et le château d'Argent.

Article 7. — Conclusions sur le régime féodal

De tout ce que nous venons d'exposer, nous sommes amenés à conclure que l'administration féodale, par les modifications qui se produisirent successivement par l'effet du temps, en était venue à ne pas être précisément simple. Dépendance de deux fiefs seigneuriaux, Clemon et Lauroy ; de deux justices, Clemon et Aubigny ; impôts fonciers à payer, en argent, ou en nature, aux censives de Clemon, Bignollais, Villaine, Colomiers, Bernes, Sainte-Montaine ; partage de Baudran entre les seigneuries et justices de Clemon et Aubigny ; c'était vraiment *un peu* trop de complication ; c'était bien un pays un peu trop divisé ; il y avait quelque peu lieu à réformes.

Aujourd'hui, *les réformes* faites, le pays est administré et jugé par des personnalités étrangères, au lieu de l'être comme autrefois par des habitants de l'endroit même. Lequel vaut mieux ?

Nous avons vu le produit, pour la seigneurie de Lauroy, en 1613, des trois censives réunies de Bignollais, Villaines et Colomiers, 24 livres parisis et plusieurs poulets, et le produit des terrages et champarts, cent septiers de blé environ ; le produit, pour la seigneurie de Clemon, des dixmes seigneuriales en 1596, 80 septiers; des droits de boucherie en 1757, 30 livres ; de l'affermage de tous les droits de la seigneurie en 1693, 980 livres. Le mode de perception des impôts a été reformé. En paie-t-on un nombre moins grand, une somme moins élevée? Il suffirait sans doute de faire la comparaison, toute proportion gardée de la valeur actuelle de l'argent, avec le nombre des impositions que le contribuable doit supporter : impôt foncier de la propriété bâtie et de celle non bâtie, impôt mobilier, cote personnelle, portes et fenêtres, prestations, voitures montées sur ressorts, droits de circulation des liquides, impôts de consommation, droits de succession et mutations par vente, etc. La liste d'aujourd'hui ne paraîtrait probablement ni moins longue, ni moins onéreuse, mais au lieu de payer en plusieurs endroits et en plusieurs fois, on n'a plus à payer qu'à la perception et chez les fournisseurs des denrées de consommation. C'est plus simple, si ce n'est pas moins lourd, et surtout ce n'est plus l'*ancien régime*.

D'autre part, nous avons pu constater aussi, par les quelques procès-verbaux d'assemblées des habitants que nous avons rencontrés et dont nous reproduisons quelques-uns, nous avons pu constater que la participation des habitants à l'administration de leurs affaires locales etait plus directe, et par conséquent plus démocratique qu'aujourd'hui. Il n'y avait alors, dans les paroisses rurales, ni conseil municipal, ni conseil de fabrique (1).

(1) Un édit du mois de juin 1787 avait bien modifié le régime municipal, sauf pour la Haute-Guyenne; il créait des assemblées municipales où le seigneur et le curé devaient prendre place a côté du syndic, avec six ou neuf membres élus, suivant le nombre des feux ; mais cet édit n'avait pas été appliqué en Berry. (Bruneau. *Les Debuts de la Révolution en Berry*, p. 74-98).

L'administration de la paroisse était gérée, pour les affaires « communales » par un syndic, et pour les affaires « fabriciennes » par deux procureurs fabriciens ; syndic et procureurs fabriciens étaient élus directement par l'assemblée des habitants. Cette assemblée se tenait fréquemment, à l'issue des offices religieux, après proclamation faite en chaire et convocation au son de la cloche, en la présence d'un notaire qui en prenait acte et des officiers publics qui en faisaient la police. Le syndic et les procureurs fabriciens avaient obligation de la consulter et de suivre son avis pour chaque affaire importante ou extraordinaire. C'était la pratique légale du régime si démocratique du *referendum*, qui est depuis quelque temps assez réclamé par un certain nombre, et non moins obstinément refusé.

On pourra constater encore, plus loin, *Vie paroissiale*. art. 2, comment, à ces époques anciennes, par la nomination de « l'homme vivant et mourant », l'établissement paroissial payait, comme tout particulier, sur ses biens et rentes, les impôts de succession et mutation.

Enfin nous inviterons à remarquer les divisions et partages de successions qui sont indiqués çà et là, dans la liste des seigneurs de Clemon, des Maisons de Sully, d'Albret et de Gauville, notamment aux années 1225, 1400, 1470, 1564 et 1688. Il sera facile de constater, et l'on pourra le faire plus tard, encore plus facilement, à la lecture de la notice sur Lauroy, comment ce n'est pas seulement de 1789, ce que l'on croit si généralement, que date le partage par succession des biens de famille.

Article 8. — Officiers de la chatellenie de Clemon

I. — *Baillys de la Justice*

En 1567. — Nottin, bailly et juge ordinaire de la terre et chastellenie d'Argent — en son siège de Clemon.

En 1580-1632. — Robert Margat, bailly et juge... d'Argent, Clemon et Villezon, — 1580, en notre siège de Clemon. (Août 1613, Jehan Margat, lieutenant au bailliage de Clemon).

En 1634-1641. — Estienne Millet, bailly et juge... et garde du scel estably au siège de Clemon.

En 1706. — Jean Villoin, bailly de Clemon.

En 1726-1730. — Messire François Gaurier, bailly de Clemon et procureur fiscal de Cerdon.

En 1740. — François Cirodde, bailly, juge ordinaire en cette justice et chastellenie de Clemon.

En 1743-1769. — Jean-Antoine Rousseau-Cirodde, sieur de Chasseigne, les Bois, etc..., bailly, juge... et garde du scel établi aux actes notuaires et judiciaires de la justice de Clemon ; en 1758, bailly des chastellenies de Clemon et de Brinon, demeurant en 1755,1769, au château et paroisse de Brinon.

En 1770-1779. — Pierre-André Cirodde, bailly, juge... et garde des sceaux des actes... de la justice de Clemon, demeurant à Argent.

II. — *Notaires et tabellions, greffiers, procureurs*

En 1525-1533. — Thomas Texier, dit en 1525 « lors notaire à Clemon », dit en 1529, greffier.

En 1563. — Toussaint Texier, « notaire à Clemon » demeurant proche le cimetière.

Notaires et procureurs de la Justice

En 1599-1610. — Pierre CAMUS, clerc notaire et tabellion-juré sous le scel d'Argent ; en 1599 « notaire à Clemon ».

De 1606 à 1636. — Pierre FERNAULT-Cirodde, notaire et tabellion en la Chastellenie d'Argent ; en 1622, notaire en la chastellenie de Clemon ; à son décès, notaire et procureur de la Justice.

En 1628. — Geoffroy HERVEAU, procureur de la Justice de Clemon.

De 1636 à 1638. — Jehan FERNAULT, notaire, tabellion et procureur en la Justice de Clemon.

En 1662. — Andre BOURDIN, procureur de la Justice.

En 1638-1664. — Adam ROUER, notaire-greffier... ; à son décès, 1672, « ancien procureur de la Justice ».

De 1672 à 1676. — Guillaume BRUSLÉ, notaire et greffier.

De 1689 à 1694. — Pierre BILLARD, notaire, tabellion et greffier.

En 1694. — François CHASTEIGNER, notaire et tabellion.

En 1700-1704. Cosme AUBOUTZ, notaire.

En 1705-1716. Euverte FONTAINE, notaire.

En 1720-1723. — François BELLU, procureur en ce siège, demeurant à Aubigny.

En 1725-1733. — Guillaume BRUSLÉ, procureur en cette justice.

De 1735 à 1736. — Jean-François HERVEAU, notaire.

En 1738. — Autre HERVEAU, notaire.

En 1742. — Guillaume DRAIS, notaire.

En 1747-1756. — François BOUQUIN, notaire.

1ᵉʳ janvier 1751. — Silvain BERGER, greffier de cette Justice.

En 1751. — Pierre LOISEAU, procureur de la Justice

en cette chastellenie, faisant l'office de procureur fiscal.

En 1758-1759. — François Brière, procureur en cette Justice.

En 1765-1788. — Jacques-Philippe Brière, procureur en cette justice ; en 1766, greffier de cette Justice.

Notaires et procureurs du fisc

En 1576-1608. — Geoffroy Lejay, clerc notaire juré en la chastellenie d'Argent ; dit en 1576 et 1599 « notaire a Clemon ».

De 1615 à 1638. — Jehan Villabon-Lejay, notaire et tabellion en la chastellenie d'Argent ; en 1629, procureur fiscal de la Justice de Clemon ; dit en 1639 « vivant notaire de la chastellenie de Clemon ».

En 1643-1647. — Denis Bougeret, procureur fiscal de la chastellenie d'Argent et garde du scel... aux contrats de la terre, Justice et chastellenie de Clemon.

En 1641-1648. — Ysaac Villabon, notaire... dit à son décès « procureur fiscal et notaire ».

De 1650 à 1684. — Charles Villabon, procureur fiscal de la Justice de Clemon.

De 1668 à 1689. — Jean Villabon, notaire ; en 1683, procureur au siège de Clemon ; à son décès, procureur en la Justice de Clemon et en la Justice de Brinon.

En 1683-1723. — François Brassin, sieur de Groschesne, etc... procureur fiscal ; mort en 1733, ancien procureur fiscal.

En 1690-1712. — Silvin Bourdon, notaire, tabellion et greffier (après son décès, dame Anne de la Ville, sa veuve, était cabaretière, demeurant au logis où pend pour enseigne la Corne de Cerf (Etude d'Argent, 15 mars 1723).

En 1717-1734. — Jean Drais, notaire, tabellion, greffier.

En 1725-1736. — François Brière, sieur de Guilbaudière, procureur fiscal.

De 1738 à 1778. — Martin Bruslé, notaire et tabellion, procureur fiscal ; à partir de 1756, il est seul notaire.

En 1779. — Joseph Cirodde, procureur fiscal de la chastellenie de Clemon, demeurant à Argent.

En 1783-1788. — François Brière, procureur fiscal.

Dès 1778 (après Martin Bruslé), les actes sont reçus par... Rousseau, notaire royal ès bailliages royaux de Concorsault, Orléans, Blois et Saint-Pierre-le-Moutier, résidant à Argent.

III. — RÉGIME COMMUNAL

LISTE DES MAIRES ET ADJOINTS

Le 7 février 1790, le citoyen François-Michel Degenne était nommé maire, et le citoyen Jacques-Victor Jullien, procureur de la commune.

Ont été ensuite nommés :

Du 2 décembre 1792 à 1803 : *Maire*, François Brière ; *Adjoint*, en 1802, Sébastien-Benjamin Potier.

De 1803 à 1831 : *Maire*, Margueritte de Gaudart d'Allaines ; *Adjoint*, Sébastien-Benjamin Potier.

De 1831 à 1837 : *Maire*, Nicolas Milet ; *Adjoints*, Florimond Rousseau et Moreau.

De 1837 à 1839 : *Maire*, Armand Dufour ; *Adjoint*, Florimond Rousseau.

De 1839 à 1855 : *Maire*, Martial Boyer ; *Adjoints*, Rousseau, Potier, Depardieu et Bertrand.

De 1855 à 1870 : *Maire*, Benoît Bertrand ; *Adjoint*, Amable Boyer.

De 1870 à 1871 : *Maire*, Romain Cœur ; *Adjoint*, Amable Boyer.

De 1871 à 1878 : *Maire*, Eugène Landragin ; *Adjoint*, Hubert Potier.

De 1878 à 1881 : *Maire*, Jean-Baptiste Agény ; *Adjoint*, Michoux.

De 1881 à 1892 : *Maire*, Jules de la Bully ; *Adjoints*, Lacoudre, Potier et Amable Boyer.

De 1892 à 1895 : *Maire*, Léon Chollet ; *Adjoint*, Pierre Bruandet.

1895 : *Maire*, 2ᵉ fois, Jules de la Bully ; *Adjoint*, Hubert Potier.

1° Municipalité. — *Faits municipaux, de police et politiques.*

Nota. — Pour cette partie de notre travail, nous avons expressément voulu, pour plus d'un motif, donner, autant que possible, dans leur forme originale, les documents qui nous ont servi. Respectant le style personnel et l'orthographe, même parfois avec tous leurs défauts, nous donnerons ainsi au lecteur plus de facilité pour goûter, autant qu'il lui plaira, la saveur particulière des écrits de certains greffiers intérimaires, comme aussi nous lui laisserons pleine liberté d'émettre les appréciations et jugements que pourront lui suggérer les faits qui vont lui être présentés.

7 février 1790. Formation de la municipalité. — Sur la convocation faite, conformément aux lettres patentes du Roi sur les décrets de l'Assemblée Nationale, par le sieur Gabriel Potier, syndic de la paroisse de Clemon, *quatre-vingt-trois habitants*, représentant la com-

mune de ladite paroisse, réunis dans l'église paroissiale, au son de la cloche, selon l'usage, procèdent à la formation de la municipalité, « pénétrés, dit le procès-verbal, » du plus grand respect pour les décrets de l'Assemblée » Nationale, et pleins de reconnaissance pour les soins » que prennent les Représentants de la Nation, unis avec » un Roi qui veut être le bienfaiteur de son peuple et le » restaurateur de la liberté française, pour la régénéra- » tion de ce royaume, la liberté publique et particulière, » et l'égalité politique des citoyens, voulant profiter des » biens inappréciables qu'ils veulent nous procurer et » prouver à l'Assemblée Nationale notre entière soumis- » sion à ses décrets ».

La population de la paroisse ayant été reconnue « monter à 750 âmes et plus », le corps municipal est composé de 6 membres, y compris le maire, et de 12 notables, tous réunis ensemble, devant constituer le Conseil général de la commune Six officiers municipaux sont élus : 1° le sieur François-Michel Degennes, maire ; 2° Gabriel Potier, tailleur ; 3° Pierre Colas, tailleur ; 4° Paul Joubert, menuisier ; 5° Jean Romion, marchand ; 6° Etienne Rivé, laboureur à la Dijonnière. Le sieur Jacques-Victor Jullien, président de l'Assemblée, est ensuite proclamé Procureur de la commune, « chargé de défendre ses inté- » rêts et de poursuivre les affaires de la communauté ». Puis sont proclamés les notables : 1° Jean Etieuve, laboureur à la Bourdinière ; 2° Estienne Diard, laboureur à la Babylonnerie ; 3° Jean Renat, laboureur à la Petite-Métairie ; 4° Louis Gaschelin, meunier au Colomier ; 5° André Gauché, laboureur aux Gevris ; 6° Joseph Evezard, laboureur à Bertry ; 7° François Barberousse, laboureur aux Rousseaux ; 8° Joseph Thyon, laboureur aux Michoux ; 9° François Bidault, laboureur à La Pinaudière ; 10° Hubert Bourdon, aubergiste à la Croix-

Blanche ; 11° Jean Herveau, marchand ; 12° Jean Bedu, meunier au Gué-Peron.

7 mars 1790. CABARETIERS ET MARCHANDS. — Défense est faite de ne donner à boire, ni vendre, « après l'heure de 9 en hiver, et 10 en été, à peine de 10 livres d'*amande* ». Défense aussi aux particuliers de « ne se trouver (après » l'heure) chez les aubergistes et marchands de liqueurs, » à peine de 5 livres d'*amande*. »

3 janvier 1791. SUPPRESSION DE LA JUSTICE. — La justice de Clemon étant supprimée, procès-verbal est dressé d'apposition des scellés sur les minutes anciennes et présentes du greffe, ainsi que sur la salle de l'auditoire de ladite justice.

6 février 1791. SECTIONNEMENT DE LA COMMUNE. — « En » application du décret de l'Assemblée nationale des 20, » 22 et 23 novembre », la commune est divisée en quatre sections : 1° de la Sauldre ; 2° de la Nerre ; 3° des Bois ; 4° de Lauroy, qui sont limitées :

La première, au levant, par les paroisses d'Argent et d'Aubigny ; au nord, par la rivière de Sauldre ; au couchant et au midi, par la rivière de Nerre. Superficie : 1.544 hectares 16 ares.

La deuxième, au levant, par la paroisse d'Aubigny ; au nord, par la rivière de Nerre ; au couchant, par la paroisse de Brinon ; et au midi, par la paroisse de Sainte-Montaine. Superficie : 1.061 hectares 34 ares 70.

La troisième, au levant, par le moulin, dit le moulin Dabas, et la maison de M. Brière, par le côté droit de la rue des Juifs et de la rue du Sauvage, et tout le côté droit du chemin qui conduit à Cerdon ; au nord, par le chemin dit de Mont-de-Mars ; au couchant, par la paroisse de

Brinon et la rivière de Sauldre; et au midi, par ladite rivière de Sauldre. Superficie : 1.041 hectares 51 ares.

La quatrième, au levant, par la paroisse d'Argent ; au nord, par ledit chemin de Mont-de-Mars ; au couchant, par le chemin de Cerdon, par les rues du Sauvage et des Juifs aboutissant audit moulin Dabas ; et au midi, par la rivière de Sauldre. Superficie : 1.070 hectares 81 ares 20 centiares.

11 février 1791. SERMENT A LA CONSTITUTION CIVILE DU CLERGÉ. — Promesse était faite « devant les officiers mu-
» nicipaux, par le sieur Jean-François Gabriel Vergnault,
» prieur de Saint-Martin, curé de cette paroisse, et par
» le sieur Yves Boutry, son vicaire, de prêter le serment
» à la Constitution civile du clergé, pour satisfaire au
» décret de l'Assemblée Nationale du 27 novembre
» 1790. »

Le dimanche suivant, 13, la prestation du serment était faite « par les susdits curé et vicaire, en l'église, à
» l'issue de la messe, en présence du conseil général de
» commune et des fidèles assemblés, à haute et intelli-
» gible voix, et la main levée, de veiller avec soin sur
» les fidèles de la paroisse confiés à ses soins, d'être fidè-
» les à la nation, à la loi et au roi, et de *maintenir de*
» *tout son pouvoir la Constitution décrétée par l'Assemblée*
» *nationale, et acceptée par le roi.* » Nous avons souligné la partie de ce serment, qui prêtait à en faire un acte schismatique, ladite constitution civile, dans plusieurs de ses articles, devant avoir pour effet de diminuer, près du clergé de France, l'autorité suprême du Chef de l'Eglise.

29 mars 1791. CONDAMNATION LAURENT, DE BRINON. — En conséquence d'un procès-verbal du 25, il est enjoint,

par délibération, à Charles Laurent, maréchal à Brinon,
de « porter respect aux officiers municipaux de Clemon
» en fonction, et, pour en avoir manqué en injuriant et
» disant qu'il se f.. tait de la municipalité et du ruban
» (écharpe ?), et, — qu'à présent tout est permis, — nous
» l'avons condamné (dit la délibération) en une amende
» de 20 livres, le condamnons en outre en une autre
» amende de 3 livres, pour *avoir entré* ivre à l'au-
» berge du sieur Bourdon, et s'être fait donner du vin,
» de force, sans nécessité, et à heure indue. *Et sera le
» présent jugement* lu à haute voix, à *l'issue des messes
» paroissiales* de Brinon et de Clemon. »

5 avril 1792. CHAPELLE DE NOTRE-DAME DE PITIÉ (Propriété de la). — Par devant les officiers municipaux « as-
» semblés.. pour prendre communication des titres et
» papiers concernant la propriété que le sieur Claude
» Dubuc de Lauroy prétend avoir de la chapelle de
» Notre-Dame de Pitié, annexée et faisant partie de cette
» eglise... », s'est présenté « le sieur Jacques-Philippe
« Brière, marguillier en exercice, tant pour lui que pour
» André Gauché, son confrère, qui nous a dit que,
» tous les priviléges étant abolis par l'Assemblée cons-
» tituante, il avait fait avertir ledit sieur de Lauroy que,
» s'il prétendait avoir la propriété de cette chapelle, il
» eût à lui communiquer ses titres par la voie de notre
» greffe, sinon qu'il la ferait crier (mettre aux enchè-
» res)...; s'est aussi présenté le sieur Vergnault, curé de
» cette paroisse... chargé du pouvoir verbal dudit sieur
» de Lauroy, pour... représenter... les titres concer-
» nant ladite chapelle... pour, par nous, ainsi que le dit
» le sieur Brière, en prendre communication... 1° les
» contrats d'acquisition de la terre de Lauroy, du 1ᵉʳ jan-
» vier 1613, 20 mai 1617, et 23 juin 1715, tous portant

» que le propriétaire du lieu et terre de Lauroy a une
» chapelle en l'église de Clemon, laquelle *leur* appartient,
» et où sont enterrés plusieurs propriétaires de ladite
» terre; 2° un acte, souscrit par un grand nombre d'ha-
» bitants de cette paroisse, du 8 septembre 1716, par
» lequel ils ont reconnu, en faveur des propriétaires de
» ladite terre de Lauroy le droit d'avoir ladite chapelle
» close et fermée. »

15 août 1792. SUSPENSION DU ROY. — En présence de la municipalité assemblée dans la chambre commune, il est donné lecture « de la loi relative à la suspension du
» pouvoir exécutif, de l'acte du Corps législatif, en date
» du 10 courant, et de l'adresse de l'Assemblée nationale
» aux Français. » Avis est donné que « le tout sera lu et
» publié, ce jourd'hui, issue des vêpres, sur la place pu-
» blique, et qu'à cet effet la garde nationale y sera invi-
» tée conformément au dit décret. »

2 décembre 1792. RENOUVELLEMENT DE LA MUNICIPALITÉ. — « Conformément à l'article 8 du décret de
» l'Assemblée nationale pour la constitution des munici-
» palités », nomination est faite, à nouveau, de tout le corps municipal. — Sont nommés : maire, le citoyen François Brière ; — Officiers municipaux : 1° Pierre Chassignol, laboureur à Boucherioux ; 2° François Lelouat, fournier ; 3° André Barberousse ; 4° Pierre Regnier, boulanger ; 5° François Hervault, drappier ; — Procureur de la commune : le citoyen Jacques-Victor Jullien ; — Notables : 1° Jean-François-Gabriel Vergnault, curé de cette paroisse ; 2° Simon Vannier, laboureur au Lieu-Ponin ; 3° Hubert Bourdon, aubergiste à la Croix-Blanche ; 4° Louis Gaschelin, meunier au Colomier ; 5° Etienne Diard, laboureur à la Babylon-

nerie ; 6° François Gaudry, sabotier; 7° Pierre Colas, tailleur; 8° Claude Maître, laboureur à Marchys ; 9° Jean Romion, marchand ; 10° Paul Joubert, menuisier ; 11° Barthélemy Garnier, maréchal ; 12° Joseph Gressin, ancien curé de Souesmes de janvier 1780 à novembre 1785. (Il était alors retiré dans sa propriété de Baudran)

Le 8 décembre suivant, les nouveaux officiers municipaux, « pour satisfaire à l'article 48 du décret de l'Assemblée nationale », prêtent, dans l'église paroissiale, le serment « de maintenir de tout leur pouvoir la liberté,
» l'égalité, la *seureté* des personnes et des propriétés, de
» bien remplir les fonctions qui viennent de leur être
» confiées, et de *mourir, s'il le faut*, pour l'exécution de
» la loi. »

Le lendemain, M. Vergnault est élu officier public de la commune. Durant l'année 1793, ses actes sont ainsi formulés : « Par devant moy, J.-F.-G. Vergnault, mem-
» bre du Conseil général de la commune de Clemon,
» élu le 9 décembre dernier pour dresser les actes... »

16 décembre 1792. Gateaux des Rois. — Defense est faite « à peine de 3 livres, à tous particuliers, depuis les
» fêtes de Noël jusqu'après les Rois, de vendre et dé-
» biter des gâteaux au public *pour rompre*, attendu qu'il
» est, dans le moment actuel, difficile de se procurer du
» pain pour la vie ». (Il était d'usage, dans le temps de Noël à l'Épiphanie, de faire des gâteaux qui étaient achetés, soit pour les offrir aux personnes à qui on voulait faire acte de politesse, soit pour les partager avec ses amis).

27 décembre 1792. Echange des billets de confiance. — Le Conseil général de la commune autorise l'échange projeté.

Au cours des agitations politiques de 1789, l'argent s'était caché, l'émigration avait rendu plus rares les acquéreurs, l'inquiétude avait suspendu les acquisitions. De plus, les privations causées par un hiver rigoureux, les déficits d'une récolte médiocre, n'avaient pu qu'ajouter à la crise monétaire. En avril 1790, l'Assemblée constituante s'était vue dans la nécessité de donner cours de monnaie aux assignats qu'elle avait imaginés en décembre précédent.

L'émission de 1.800 millions de papier-monnaie ne fut cependant qu'un remède inefficace. Les dernières coupures, de 50 livres, étaient d'un titre trop élevé pour les petits paiements, et les espèces métalliques déjà rares en 1790, étaient à peu près introuvables l'été suivant. De là, par décrets de mai, juillet, août 1791, une émission nouvelle de 5 millions d'assignats de 5 livres, en remplacement d'une pareille somme de titres de 2.000 et de 1.000 livres supprimées. Mais les envois ne s'en firent, en Berry du moins, qu'en petites sommes par chaque semaine, et les agioteurs, se portant en foule « au département », accaparaient ces nouvelles coupures, à peine émises, ainsi que les très modiques distributions de sous.

Pour remédier à la pénurie du petit numéraire, des municipalités votèrent alors la création d'une espèce « d'assignats municipaux » qui devaient, par la modicité de leur titre, jouer le rôle des pièces d'argent et des sous. La ville de Bourges, le 21 août 1791, mit en circulation pour 60 milles livres de ces « billets de confiance » de 10, 20 et 50 sous. Des associations même de citoyens en firent émission comme les municipalités (Société de 4 citoyens, à Lignières, (Cher).

Tout d'abord on ne vit que les avantages de ces « billets de confiance » ou « billets patriotiques ». Ils firent prime comme le numéraire. En décembre 1791, à Châteauroux, on ne les cédait qu'avec un bénéfice de 6 o/o. Mais un an n'était pas écoulé, que les défauts en apparurent, lorsqu'ils eurent franchi les portes de leur ville pour se répandre au loin. Leur valeur variait selon leur pays d'émission.

Il fallut les retirer de la circulation. C'est l'opération qui était décidée le 28 décembre 1792 pour Clémont par la formation d'une « caisse patriotique ». (1)

14 avril 1793. Recherche des suspects. — Le conseil général assemblé, lecture est faite de l'arrêt du conseil du département *en surveillance permanente*... « qui prescrit, dans chaque district, dans les 24 heures..., la formation d'une liste « 1° de tous les prêtres, non fonc-
» tionnaires publics, ni employés dans le culte salarié ;
» 2° de tous les ci-devant nobles, également non fonc-
» tionnaires publics, les uns et les autres domiciliés dans
» son territoire ; et 3°, parmi les autres citoyens de la
» commune, de ceux-là seulement qui sont suspects
» d'incivisme. » — Le conseil général arrête : « qu'il ne
» croit pas être dans le cas de faire aucune liste pour se
» conformer à l'arrêté du département, 1° parce qu'il ne
» connaît aucun individu dans son arrondissement qui
» soit suspect d'incivisme et qui, par ses actions et ses
» discours, ait donné lieu au moindre soupçon ; 2° parce
« qu'il n'y a dans cette commune qu'un seul prêtre non
» employé dans le culte salarié, nommé Joseph Gressin,
» que ce citoyen s'est conformé à l'arrêté du départe-
» ment du 23 mars dernier, et que pour cela il s'est

(1) *Extrait des débuts de la Révolution en Berry*, par Marcel Bruneau, 1902, p. 312 à 317.]

» rendu au ci-devant château d'Aubigny, lieu désigné par
» le district pour l'arrestation des prêtres, des ci-devant
» nobles, et des citoyens suspects, d'où il a été élargi par
» le département (voir plus loin, *Vie paroissiale*, art. 3. In-
» ternement du citoyen Gressin) ; 3° parce qu'il n'y a
» aussi dans cette commune qu'un seul ci devant noble,
» nommé Antoine Marguerite Godard d'Alaine, lequel est
» domicilié d'Orléans, bien qu'il passe la majeure partie
» de l'année dans cette commune, dans sa maison de
» Lauroy ; que ce citoyen, d'ailleurs, loin de donner lieu
» à le suspecter d'incivisme, a toujours paru dans les
» assemblées où il a été question de prêter le serment civi-
» que, et l'a prêté lui-même, et notamment le dernier, ce
» lui de la liberté et de l'égalité ; qu'il a contribué de ses
» deniers pour procurer des défenseurs à la République
» toutes les fois qu'il s'est agi de recrutement ; qu'enfin sa
» manière de se comporter dans cette commune est telle,
» que tous les citoyens n'ont d'autre regret que celui de
» ne pas le voir domicilié à Clemon. » Le conseil arrête
en outre « que copie du présent procès-verbal sera en-
» voyé sur le champ au district d'Aubigny pour lui don-
» ner *une preuve de notre soumission aux autorités consti-*
» *tuées* et de *notre attachement à la République.* »

9 mai 1793. Domicile Dalaine a Clemon. — Le citoyen Gaudart Dalaine comparait devant le Conseil gé
néral de la commune, déclarant qu'il entend « dès ce
» jour d'hui prendre son domicile dans cette commune ».

30 mai 1793. Certificat d'agriculture. — Surveillance Dalaine. — Le conseil de la commune arrête
« que la municipalité se conformera... à l'arrêté du dé-
» partement... relativement au citoyen Antoine Margue-
» rite Dalaine, qui, exploitant par ses mains depuis le

» mois de septembre dernier, époque de la mort du ci-
» toyen de Lauroy, son beau-père, une charrue, est
» dans le cas de la disposition de l'article Ier dudit
» arrêté. En conséquence, les citoyens officiers munici-
» paux instruiront le département, par la voie du dis-
» trict, que le *citoyen Gaudart Dalaine est consigné dans
» son bien de Lauroy...* qu'il exploite par ses mains, et
» qu'il est le seul dans le cas de l'arrêté. »

8 août 1793. Fête de la fédération. — Le citoyen
procureur de la commune représentait au conseil général assemblé « que l'époque du 10 août, *jour auquel toute
» la République, par une fête civique ordonnée ce jour-là
» par la Convention nationale* (est invitée) *à aller témoi-
» gner sa joie pour les grands événements qui, en ce jour,
» avaient consolidé la liberté et l'égalité*, approchait, et
» qu'il requérait que *nous prissions* des mesures pour
» faire célébrer cette fête par tous les citoyens de cette
» commune. » Le conseil arrête « que le 10 de ce mois
» les citoyens, assemblés fraternellement, célébreront la
» fête civique de la Fédération ; que nous donnerons
» l'exemple de l'allégresse publique ; que, rassemblés
» autour de l'arbre de la liberté, sur les cinq heures du
» soir, nous nous transporterons sur les places de la Be-
» zaudière pour y allumer un feu de joie... ; que le pré-
» sent arrêté sera lu et proclamé dans les lieux accoutu-
» més, et les citoyens de la campagne avertis par un
» exprès, le tout aux frais de la commune ». On appelait
Places de la Bezaudière, le terrain, alors non cultivé, qui
est limité au nord par la Sauldre, au levant par la Nère,
au midi par la route d'Aubigny, et au couchant par l'a-
venue du pont de la Sauldre.

6 octobre 1793. Violation du domicile de l'abbé Gressin. — A dix heures du soir, se présentait par-devant les officiers municipaux et le procureur de la commune, le citoyen Joseph Gressin, lequel exposait « que plusieurs
» *quidams* s'étaient présentés, à 9 heures du soir, à sa
» porte, et après avoir frappé à plusieurs reprises, et
» leur avoir répondu qu'on n'ouvrait pas à heure indue,
» lesdits *quidams*, au nombre de trois, avaient continué,
» avec beaucoup de jurements, à frapper, et étaient
» prêts à enfoncer la porte ; de sorte qu'il a été obligé de
» leur faire ouvrir ; qu'eux entrés, ils avaient impérieuse-
» ment demandé à boire et à manger ; qu'il leur avait
» répondu qu'il ne croyait pas qu'ils en eussent besoin,
» parce qu'il les voyait pleins de vin ; que leurs jure-
» ments et leurs menaces avaient redoublé, qu'il s'etait
» déterminé à leur faire donner à boire et à manger, et
» qu'ils étaient maintenant à table chez lui, qu'ils l'a-
» vaient insulté par leurs propos insolents ; qu'ils lui
» avaient demandé, avec menaces, de l'argent, et qu'ils
» avaient pris son domestique au collet ; qu'il s'était
» échappé avec peine, et qu'il venait nous requérir de
» prendre les moyens pour le délivrer de ces trois
» hommes, attendu qu'il craignait qu'il n'arrivât chez lui
» quelques scènes fâcheuses, n'ayant pour le défendre
» que des domestiques faibles et les nommés Fardeau et
» Leroy, ses manœuvres, qu'il a fait avertir. — Sur
» quoi, nous, officiers municipaux .. après nous être con-
» certés avec le procureur de la commune. avons requis
» le citoyen Hubert Bourdon, commandant de la garde
» nationale, de nous donner main-forte et de se trans-
» porter avec nous, et un nombre de gardes nationaux,
» chez ledit citoyen Gressin, et à l'instant, ledit citoyen
» commandant ayant fait avertir 12 citoyens garde natio-
» naux et les avoir armés de piques, nous nous sommes

» rendus, avec ladite garde nationale, son commandant,
» et le procureur de la commune, à Baudran, maison
» dudit citoyen Gressin, où, étant entrés, nous avons
» trouvé les nommés Laurent, maréchal et officier mu-
» nicipal de Brinon, le nommé Colas, charpentier, et le
» nommé Moyset Leby, cardeur, tous les deux domici-
» liés dans la commune de Brinon. Leur ayant demandé
» qui ils étaient, pourquoi ils étaient là, et de quelle au-
» torité ils étaient entrés, ils ont fait réponse *qu'ils se
» f.. taient de nous, du procureur de la commune et de la
» garde nationale.* Le nommé Laurent a ajouté, en par-
» lant au procureur de la commune, *qu'il se f..tait de lui,
» qu'il l'avait déjà plumé une fois* en lui faisant payer
» une amende de 10 livres, mais *qu'il ne le plumerait pas
» celle-ci.* Les sottises, les injures, les juremens ont duré
» pendant près d'une heure, et, quoiqu'ayant été requis
» par nous, plusieurs fois, au nom de la loi, de sortir et
» de *vuider* les lieux, ces trois citoyens, pleins de vin, fu-
» rieux et injuriant tous tant que nous étions, n'ont été
» mis dehors par la garde nationale qu'avec la plus
» grande peine, ayant été forcés d'en frapper un.
» Après avoir mis le calme et la tranquillité... nous nous
» sommes retirés avec la garde nationale et son com-
» mandant. Rendus dans la chambre commune à mi-
» nuit et demie, nous avons dressé le présent procès-
» verbal... (qui) sera... envoyé sur le champ au citoyen
» juge de paix du canton, comme renfermant un délit de
» police correctionnelle. »

Ledit procès-verbal ne demeura pas en effet sans résultat, pour la satisfaction des vigilants officiers municipaux de Clemon. Le jour même, 7 octobre, en séance publique, le procureur de la commune de Brinon donnait ordre au citoyen Blaise Farnault, capitaine de la garde nationale « de requérir six hommes citoyens de la garde

» nationale pour garder les citoyens Charles Laurent,
» Silvain Colas et Etienne Moyset *qui sont en arrestation*.
« Le citoyen Berton, délégué du Représentant du peuple
» (requérait) la municipalité de lui fournir d'une voiture
» à deux chevaux, et sur sa réquisition (était requis) le
» citoyen François Michoux, laboureur aux Guimonets ».
Le 13 du même mois, Charles Laurent était remplacé
comme officier municipal ; il revint, sans doute, à de
meilleurs sentiments, car en 1809, il prenait part à une
réunion « se tenant à l'église pour rechercher les titres de
» rentes qui pourraient rester à la Fabrique » de Brinon.

13 octobre 1793. ELECTION DALAINE, OFFICIER PUBLIC. —
Le citoyen Berton, membre du district d'Aubigny et délégué par le Comité révolutionnaire établi dans cette
ville par le Représentant du peuple, avait destitué « le
citoyen Vergnault » de sa place d'officier public, et pour
le remplacer, avait nommé le citoyen Pierre-Alexis Soyer
Celui-ci, le 9 octobre 1793, libellait ainsi son acte : « Par
» devant moy, Pierre-Alexis Soyer, élu révolution-
» nairement par le délégué du Représentant du peu-
» ple, le 8 du présent mois, officier public de cette
» commune, pour..... » Quelques jours plus tard, le citoyen Berton écrit à ce jeune citoyen que le directoire du
district avait observé qu'il n'a pas 21 ans, âge requis pour
l'exercice de cette fonction, et, dans cette même lettre, il
invite le « citoyen Vergnault » à continuer jusqu'à ce que
la commune ait envoyé au Comité le nom de celui qui le
remplacera (voir choix Brière et Gressin, dans *Vie paroissiale*, art. 3). L'assemblée fait alors choix (en 3ᵉ lieu), du
« citoyen Antoine-Marguerite Gaudart-Dalaine, dont
» elle connaît les talents et le patriotisme ».

10 novembre 1793. INVALIDATION D'OFFICIER PUBLIC ET DE NOTABLES. — Le decadi, 2ᵉ décade de brumaire, l'an II de la République Française, une et indivisible,..... le Comité révolutionnaire d'Aubigny ayant ordonné que « les ministres d'aucun culte ne pourraient remplir les » places d'officier public et de notables », le Conseil général de la commune nomme le citoyen Brière, maire, pour remplacer comme officier public le « citoyen Vergnault », curé de cette paroisse, officier public et notable ; il nomme en même temps les citoyens Fr. Bourdon, père, aubergiste de la Corne, et Benjamin Potier, tailleur, pour remplir « les deux places de notables que vont » laisser vacantes les citoyens Vergnault et J. Gressin, » ministres du culte ; le tout pour obéir à l'arrêté du » *Comité révolutionnaire* ».

9 décembre 1793. DESTRUCTION DES TITRES FÉODAUX. — Le nonadi, 19 frimaire an II, « le citoyen Antoine-» Marguerite Gaudart Dalaine, mari exerçant les actions » de la citoyenne Adélaïde-Louise-Victoire Dubuc de » Lauroy », déclarait au Conseil « avoir fait la remise de » tous les titres féodaux et censuels, et titres de noblesse, » étant en sa possession, sauf les aveux, dénombre-» ments, qu'il a gardés comme titres mixtes ». En conséquence, le Conseil faisait « brûler lesdits titres et pa-» piers sur la place publique en présence de tous les » citoyens de cette commune ». Le 2 nivôse (22 décembre), le procureur de la commune représentait que « le » citoyen Dalaine avait fait le dépôt de tous les papiers » qu'il avait réservés comme titres mixtes, comme aveux, » dénombrements, et autres titres féodaux et censuels ; » que ce citoyen requérait qu'ils fussent brûlés comme » ceux qu'il avait précédemment remis ». Le Conseil décidait « que ces titres et papiers seront brûlés le 5 ni-

» vôse prochain, ainsi et de la même manière que l'a-
» vaient été les autres ». Dix jours plus tard, le 12 nivôse
(1ᵉʳ janvier 1794), le citoyen procureur déclarait que « le
» citoyen Antoine-Marguerite Gaudart Dalaines, ci-de-
» vant noble..., lors de la remise qu'il a faite à la muni-
» cipalité de tous les titres féodaux, censuels et de
» noblesse, qui se sont trouvés chez lui, et qui, confor-
» mément à la loi, ont été brûlés en place publique le
» 19 frimaire, avait conservé les aveux et dénombre-
» ments, les foy et hommage, et quelques autres titres
» qu'il regardait comme titres mixtes ; qu'ayant pris sur
» cela les documents qu'il a crus nécessaires, ce citoyen,
» pour se conformer exactement à la loi, avait fait la
» remise de tous ses titres, ainsi que de quelques titres
» de noblesse de la maison d'Orléans qui s'étaient trou-
» vés dans d'autres papiers de propriété qu'il a trouvés
» dans sa maison de Lauroy ; pour quoi ledit citoyen
» procureur requiert que tous ces titres, *restes orgueilleux*
» *d'un régime exécré*, soient brûlés à l'instant.. et sur-
» le-champ tous ces titres, à la vue des citoyens assem-
» blés, ont été livrés aux flammes ».

15 janvier 1794. FÊTE DE LA FRATERNITÉ, A AUBIGNY.
— Le 26 nivôse an II... avis était donné aux officiers
municipaux que le Représentant du peuple, **Legendre**,
« a voulu consacrer le décadi prochain à la fête de la
» Fraternité ; qu'il invite cette commune à députer en
» son nom, à Aubigny, huit citoyens pour participer à
» la *joie commune* et au banquet civique préparé pour
» cette journée ». Le Conseil « jaloux de témoigner ses
» sentiments patriotiques et resserrer de plus en plus les
» liens d'amitié et de fraternité qui unissent les citoyens
» de cette commune avec *leurs frères* d'Aubigny, et vou-
» lant, autant qu'il est en lui, donner des preuves de la

» joie qu'il ressent du triomphe de la République sur ses
» ennemis », arrête que « sur le champ, la commune fera
» choix de huit citoyens qui, le décadi prochain, se ren-
» dront à Aubigny, à 9 heures du matin, pour prendre
» part à la fête et assister au banquet civique, au nom de
« la commune de Clemon ».

16 février 1794. Fête du décadi. — Le 28 pluviôse
an II, déclaration est faite par les officiers municipaux « à
» tous les citoyens présents et en grand nombre, que, en
» exécution de l'arrêté du citoyen Noël Pointe, Repré-
» sentant du peuple en ce département, il n'y aurait
» point d'autre fête que celle du décadi (désormais plus
» de dimanche) ; que nous invitons tous lesdits citoyens
» à y venir; que ce jour là, nous y lirons les lois et ce
» qui concerne la constitution que nous leur explique-
» rons; qu'ensuite on fera les arrêtés qui *auraient les*
» *intérêts* de cette commune, ainsi qu'au demi-décadi ».

23 mars 1794. Élection Dalaine, greffier municipal.
— Le citoyen Guillaume-Mathurin Loiseau, greffier de
la municipalité, avait dû partir dès la première réquisition pour les armées.

Dans la séance du 3 germinal an II, les citoyens officiers municipaux nomment définitivement, en cette
place, dont il a fait l'office provisoirement, le citoyen
Antoine-Marguerite Gaudart-Dalaine, et lui donnent
pour adjoint en ladite place le citoyen Gabriel Potier.
« Ces deux citoyens prêtent de suite, en cette qualité, le
serment républicain. »

30 mars 1794. Marques de royauté et de féodalité.
— Le 10 germinal an II, après lecture d'un arrêté du
comité de salut public en date du 12 ventôse (2 mars) ..

« les citoyens officiers municipaux arrêtaient que les
» mesures les plus promptes seraient prises afin de faire
» disparaître le plus tôt possible les emblèmes de royauté
» et de féodalité, *s'il y en eût* qui eussent échappé jus-
» qu'à ce jour à leurs recherches ». — Une seconde lettre
du 8 floréal (27 avril), survenait « à l'effet de faire dis-
» paraître les signes de féodalité et de royauté, *s'il en
» existe.* »

13 avril 1794. Montage de l'horloge. — Travail des fosses. — Le 24 germinal an II, les citoyens Pierre Colas et Benjamin Potier sont chargés par la municipalité « de monter, graisser et dégraisser l'horloge, moyennant » qu'on leur cédera l'herbe du cimetière. » Les mêmes sont aussi « chargés des fosses moyennant 15 sols pour » les grandes personnes, et 5 sols pour les enfants. »

27 avril 1794. Chasse aux loups. — Le district avait requis une chasse aux loups. Dans la séance municipale du 8 floréal an II, le citoyen maire observe que « les ci-
» toyens administrateurs ayant rendu la loi bienfaisante
» qu'il serait fait, dans toutes les communes, une chasse
» aux loups, et que *cette loi ayant été retardée* jusqu'à ce
» jour par l'indisposition du citoyen Dalaine, qui avait
» été nommé commissaire (par le district) pour surveiller
» ladite chasse, et que la santé du citoyen n'est point
» encore assez rétablie pour pouvoir remplir cette mis-
» sion, il requiert qu'il soit nommé d'autres commissai-
» res et que le jour de cette chasse soit enfin fixé. » Les citoyens Etiève, Chassignol et Motet sont alors nommés commissaires pour procéder à ladite chasse le 10 floréal suivant, et l'arrêté est envoyé aux citoyens administrateurs du district, avec prière « de vouloir bien remettre
» la poudre qui est nécessaire pour ladite chasse aux
» loups. »

4 mai 1794. Apothéose de Marat. — Le 15 floréal an II, lecture est faite du décret du 24 brumaire (14 novembre) qui décerne « les honneurs du Panthéon à Ma-
» rat, aux lieu et place de Mirabeau, et que le jour de
» son apothéose sera une fête pour toute la Républi-
» que. »

25 mai 1794. Être suprême. — Le 6 prairial an II, d'après un arrêté du Comité de Salut public de la Convention, le Conseil de la commune arrête qu'il sera inscrit « sur la porte d'entrée de la ci devant église, que le
» peuple français reconnaît qu'il y a un Être suprême,
» ainsi que l'immortalité de l'âme ».

8 juin 1794. Fêtes nationales. — Le 20 prairial an II, lecture est faite, une seconde fois, du décret qui institue les fêtes nationales d'après le rapport fait au nom du Comité de Salut public par Maximilien Robespierre, dans la séance du 18 floréal (7 mai).

5 octobre 1794. État des émigrés. — Le 14 vendémiaire an III, une lettre du district enjoint « de fournir
» les états des gens cito portés ou à porter sur la liste
» des émigrés, dont l'absence est reconnue pour le ser-
» vice dans les armées ».

19 octobre 1794. Biens des émigrés. — Le 28 suivant, lecture d'une autre lettre pour la déclaration des biens des émigrés, prêtres, déportés et condamnés à la confiscation de leurs biens.

9 novembre 1794. Information sur les officiers municipaux et les notables. — Le 19 brumaire an III, notification est faite au Conseil général de la commune que « le citoyen Lemaître, administrateur du district, en

» conformité de l'arrêté du citoyen Chevrier, Représen-
» tant du peuple en ce département, s'est présenté pour
» prendre des notes de l'opinion des citoyens sur les
» membres composant le corps municipal, ainsi que sur
» les membres composant le Conseil général ».

16 novembre 1794. COCARDE NATIONALE. — Le 26 brumaire an III, communication est donnée « d'un arrêté du
» Comité révolutionnaire d'Aubigny, relatif aux citoyens
» et citoyennes qui ne portent pas la cocarde nationale,
» sur lequel la municipalité arrête qu'il sera battu, au son
» de la caisse municipale, une injonction à tout citoyen
» *d'arborer ce signe des bons républicains*, sous peine d'en-
» courir les peines portées par la loi ».

28 décembre 1794. QUALIFICATIONS FÉODALES. — Le
8 nivôse, un arrête du Comité de législation défend « à
» toute autorité constituée de rappeler, dans aucuns
» titres, les qualifications féodales et nobiliaires, et de
» *les* désigner par d'autre nom que celui de leur famille
» et non porté dans l'acte de naissance ».

28 décembre 1794. NON-ÉMIGRATION GAUDART DALAINE.
— Dans cette séance du 8 nivôse, le citoyen Antoine-
Marguerite Gaudart, exposant au conseil de la commune qu'il est porté sur la liste des émigrés dans le
département d'Eure-et-Loir (l'ancien fief d'Allaines, aujourd'hui commune, était situé en ce département, à
quelques lieues de Patay et d'Artenay), demande un
certificat de résidence, conformément à la loi du 25 brumaire (15 novembre) concernant les émigrés. Ce même
jour, le Conseil lui délivre un certificat qui atteste que
« le citoyen Antoine-Marguerite Gaudard, cultivateur
» et domicilié en cette commune, ci-devant officier d'in-

» fanterie, âgé de 32 ans accomplis (ici signalement) a
» résidé sans interruption à Clemon, maison Lauroy à
» lui appartenant, depuis le 1ᵉʳ juin 1791 jusqu'à ce
» jour ». Le signalement, assez fantaisiste, n'était nullement ressemblant. Avait-il été inscrit en ces conditions, dans le but de permettre à M. de Gaudart d'Allaines, qui jouissait de l'estime générale, d'échapper à toute poursuite, si la nécessité devait s'en présenter ?

4 janvier 1795. NOMINATION DE LA MUNICIPALITÉ PAR LE REPRÉSENTANT DU PEUPLE. — Le 15 nivôse an III, l'agent national de la commune requiert lecture et enregistrement du tableau portant nomination et confirmation des officiers municipaux et des notables par le Représentant du peuple Chevrier. — Le maire, les officiers municipaux et les notables étant maintenus, Gabriel Potier est nommé secretaire-greffier ; Brière, l'aîné, Etiève, Hubert Bourdon, André Barberousse, sont nommés assesseurs.

24 mai 1795. ASSIGNATS A FACE ROYALE — Le 5 prairial an III, lecture était donnée de la loi du 27 floreal (16 mai), concernant la démonétisation des assignats de 5 livres et autres... à face royale.

5 novembre 1595. ÉLECTION DALAINE, AGENT MUNICIPAL. — Le 15 brumaire an IV, les citoyens composant l'assemblée générale de la commune, convoqués par l'administration du département et par un autre arrêté de la municipalité d'Argent, chef-lieu de canton, procèdent à l'élection de l'agent national et d'un adjoint, et nomment, par 12 voix sur 17, le citoyen Antoine-Marguerite Gaudart, agent municipal.

Cette élection était faite, en exécution de la Constitution républicaine du 5 fructidor an III (22 août 1795), Constitution du Directoire, qui, supprimant les municipalités de commune, établissait les municipalités de canton. Ces municipalités nouvelles fonctionnèrent (ou, ne fonctionnèrent pas) jusqu'à l'an VIII (1799-1800). Il n'y avait plus qu'un conseil municipal et un maire par canton, avec un agent municipal et un adjoint par commune (1).

IIe. — Service des armées

19 juillet 1792. Patrie en danger. — « L'an quatrième » de la liberté (2), » il était donné, à l'assemblée municipale, communication de l'avis adressé « par les adminis-
» trateurs du district d'Aubigny, par leur lettre du 16 cou
» rant, que la patrye était en danger par la qu'el letter
» ils onts adressér le déciét de la Semblée nationale des
» 3 et 4 ainci que l'actte du corps le gislatif du 11 de ce
» mois, qui porte et fectivement que la patrie est andan-

---

(1) *Justice de paix*. — Le 12 germinal an XII (1er avril 1804), invitation adressée par l'Assemblée municipale, au Conseil général du département, d'emettre de nouveau le vœu de suppression de la Justice de paix d'Argent, et de réunion des quatre communes qui le composent a la Justice de paix du canton d'Aubigny.
Canton d'Argent. — En 1814, 1817 et 1820, vote défavorable de l'Assemblée municipale sur la suppression du canton d'Argent et sa réunion a celui d'Aubigny.
Bureau de Bienfaisance. — Le 6 decembre 1811, decision prise pour « la formation d'un Bureau de Bienfaisance, composé de trois » particuliers notables de cette commune, lesquels seront invités a se » transporter chez les particuliers aisés pour y recevoir les secours » qui leur seront offerts, soit en blé, soit en argent, le produit de-
» vant etre employé a faire des distributions de pain, chaque se-
» maine, sur les bons delivrés par les membres dudit Bureau de
» Bienfaisance. »
(2) Nous reproduisons, avec un soin particulier, en son intégrité, le style et l'orthographe du secrétaire intérimaire qui a rédigé cette délibération.

» gée. et en même tant les mesures aprandre. En consé-
» quence nous avons décidée de fair assemblée le con-
» seill generale de cette commune pour avizée aux me-
» sure aprendre sur les auxdit dé crétz et faire avertirr
» la garde nationale de cette commune à sasemblée en
» ce bourg pour que le commandant de ladite gard na-
» tionale prennet les mesures nécessaire en pareille
» cas ».

22 juillet. Déclaration des armes. — Pour se conformer aux susdits décrets de l'Assemblée nationale, le 22
suivant, le conseil général de la commune déclare « être
» prêt de se rendre. toutes fois et quantes que besoin en
» sera, en la chambre commune, et être d'avis, pour ce
» qui concerne les armes et la garde nationale, qu'il soit
» publié, à l'issue de la messe paroissiale, afin que cha-
» cun fasse sa déclaration des armes qu'il a, à peine
» d'encourir la peine portee par lesdits décrets. et, à cet
» effet, d'ouvrir deux registres, dans un pour l'enrôle-
» ment des personnes qui voudront s'enrôler, et l'autre
» pour y recevoir la déclaration des armes *que cha-
» cun a* ».

7 septembre 1792. Volontaires. — En l'eglise parois
siale l'annonce est faite « à tous les citoyens, âgés de
» 16 jusqu'à 50 ans, sans distinction. aux deux messes,
» et encore, au son du tambour, issue desdites messes,
» de se rassembler audit lieu et heure, issue de la dite
» grand-messe ». Le sujet du rassemblement est « à l'ef-
» fet de par eux choisir et nommer deux sujets capables
» de porter les armes, ayant la taille de 5 pieds au
» moins, et sans infirmité, ce que les dits citoyens ont
» déclaré être prêts de satisfaire, mais que cette dite
» commune ayant fourni huit volontaires dans le mois

» d'août dernier, au lieu de quatre qu'on *leur* demandait
» et que deux d'entre eux étaient même restés dans le
» pays sans partir pour les frontières... il était beaucoup
» plus à propos de les nommer à cet effet, vu même que
» les travaux de la campagne sont considérablement re-
» tardés par le défaut de bras ; en conséquence ils nom-
» ment unaniment Pierre Bergin et Louis Maimbert
» pour servir dans le bataillon de Biron, conformement
» aux ordres adressés... par le directoire du district
» d'Aubigny ».

Le 8 may 1793, Silvain Mercier, soldat volontaire partant pour les frontières, donnait à Pierre Thibault, marchand tailleur d'habits, procuration pour régir et affermer tous ses biens (Archives de l'Etude d'Argent)

19 mai 1793. Dons patriotiques. — Devant le conseil de la municipalité se présente « le citoyen Joseph Gres-
» sin, prêtre, domicilié en cette commune, et faisant ex-
» ploiter son lieu de Baudran, qui, quoiqu'ayant employé
» une somme assez considérable pour fournir des dé-
» fenseurs à la patrie, fait don de la somme de 120 li-
» vres ». — Le même jour se présente aussi « le citoyen
» Antoine Marguerite Godard-Dalaine, domicilié de
» cette commune, et faisant valoir son bien de Lauroy,
» lequel, pour donner des preuves de son civisme et de
» son respect pour les autorités constituées, quoiqu'à
» différentes époques il ait contribué de ses deniers
» pour procurer des soldats volontaires, et donné une
» somme de 100 livres au district d'Aubigny pour leur
» fournir des souliers, fait don à la patrie de la somme
» de 200 livres pour contribuer au fonds extraordinaire
» d'un million arrêté par le conseil du département ». —
Le 18 octobre suivant se présente encore « le citoyen
» Antoine Marguerite Gaudart-Dalaine lequel... dit que,

» lorsque la municipalité avait fait enlever de sa maison
» de Lauroy les armes qui y étaient, il s'était trouvé
» parmi ces armes une paire de pistolets d'arçon dont il
» vient faire présent à la nation et qui pourraient servir
» dans l'équipement demandé au canton d Argent... de
» 6 chevaux équipés ».

17 août 1794. RÉFRACTAIRES. — Le 30 thermidor an 11,
par devant les officiers municipaux comparaissaient « les
» citoyens Paul Joubert et Gabriel Potier, membres du
» comité de surveillance, lesquels ont exposé que les
» citoyens Benjamin Potier et Hubert Bourdon, tous les
» deux de la garde nationale, ont conduit la veille au
» district le citoyen Pierre Girard, soupçonné de s'être
» soustrait à la réquisition. Le dit Girard leur ayant dé-
» claré que le citoyen Baujard, domestique chez le ci-
» toyen Gauché, laboureur au Gevry, était dans le même
» cas que lui, les citoyens Benjamin Potier et Bourdon
» se sont, en conséquence, transportés le matin au Ge-
» vry pour amener le citoyen Baujard ; s'étant présentés
» chez le citoyen Gauché, il leur a dit qu'il ne savait où
» il était, à moins qu'il ne fût mener une jument dans
» un pâtureau. Sur cette déclaration, les deux citoyens
» gardes nationaux et ceux qui demeurent dans la mé-
» tairie l'ont cherché partout et dans le pâtureau aux
» chevaux, et, ne l'ayant pas trouvé, les citoyens Potier
» et Bourdon sont venus en rendre compte au comité de
» surveillance Sur ce, .. ont été requis les citoyens Thi-
» baut et Bartholin, tous deux gardes nationaux, de se
» transporter de nouveau avec le citoyen Paul Joubert,
» membre du comité de surveillance, chez le citoyen
» Gauché, afin de tâcher d'arrêter l'accusé ; lesquels ci-
» toyens, étant arrivés sur les huit heures du matin au
» lieu désigné, ont trouvé à dîner les individus de la

» maison, et, ne connaissant pas le citoyen Baujard, ils
» ont demandé s'il n'était pas avec eux : sur cette de-
» mande le citoyen Gauché et ses domestiques ont ré-
» pondu qu'ils ne l'avaient pas vu. Sur cette réponse
» lesdits citoyens ont dit au citoyen Gauché, que s'il re-
» venait, de l'amener à la commune, et que, dans ce
» cas, ils le mettaient sous sa responsabilité. Et là-des-
» sus le père Gauché, et le *quidam* qu'ils ne connais-
» saient pas, ont répondu que, s'il revenait, ils l'amène-
» raient. — Les citoyens Joubert, Bartholin et Thibaut,
» croyant leur mission finie, le citoyen Joubert a offert
» audit citoyen Gauché de lui remettre la quittance qu'ils
» avaient reçue d'Argent pour le payer du cheval qui lui
» avait été requis, et lui ayant demandé dix sous qu'ils
» avaient payés pour la quittance, le citoyen Gauché
» s'est levé pour aller chercher les dix sous, et en
» se levant il a dit au *quidam* d'aller chercher ses che-
» vaux, et le dit Baujard s'est levé et *a sorti* par la porte
» de derrière ; et dans l'instant ledit citoyen Joubert,
» s'étant aperçu que le garçon était sorti, il a demandé
» au citoyen Gauché qui était le jeune homme qui était
» à sa table ; il lui a répondu que c'était son domestique,
» et les filles de la maison ont répondu que c'était un de
» leur voisins qui avait ramené les chevaux qu'il avait
» trouvés dans ses prés. Là-dessus le citoyen Joubert
» ayant demandé au citoyen Gauché *si c'était pas* celui
» qu'ils cherchaient, il lui a répondu que c'était pas la
» peine de le cacher ; et que c'était lui. — Le dit citoyen
» Joubert a dit sur le champ qu'il fallait courir après, et
» sur cet ordre, les citoyens qui accompagnaient le ci-
» toyen Joubert, *ont sorti* pour aller le chercher, et par
» après, le citoyen Joubert étant revenu, il a dit au nom
» de la loi au citoyen Gauché qu'il fallait qu'il envoie au
» Lieu Ponin afin de le trouver. Il lui a répondu qu'il ne

» le pouvait, et ses filles, qui étaient dans la maison,
» ont répondu qu'ils étaient assez pour courir après... »
En conséquence, sans doute, de cette recherche infructueuse, une délibération du 14 fructidor suivant (31 août), 14 jours après, mentionne le citoyen Chodde, batteur aux Gevry, pour le *citoyen Gruché détenu.*

12 octobre 1794 — Le 21 vendémiaire an III, lecture était donnée d'une lettre « des citoyens officiers munici-
» paux de la commune de La Celette, district de Boussac,
» département de la Creuse, qui réclamaient le citoyen
» Sylvain Penneroux, déserteur de la première réquisi-
» tion, qu'ils avaient appris être dans la commune de
» Clemon. Sur la réquisition du citoyen agent national,
» la municipalité..., d'après les informations. faites,
» ayant eu connaissance que l'individu réclamé pouvait
» être compagnon chez le citoyen Gaultier, charpentier
» de cette commune, le dit citoyen Sylvain Penneroux,
» ayant été mandé, il s'est rendu aux ordres de la muni-
» cipalité, et, loin de nier le fait dont il était accusé, il
» en est convenu et a demandé par grâce de partir pour
» rejoindre les armées de la République du district
» d'Aubigny. — La municipalité ne pouvant lui accor-
» der sa demande, et (devant) remplir les vues de la mu-
» nicipalité de La Celette en le faisant conduire par la
» gendarmerie, a arrêté que ledit citoyen Penneroux se-
» rait conduit dans ce jour à l'administration du district,
» qu'il serait fait réponse à la municipalité de La Ce
» lette, et que extrait du présent procès-verbal serait en-
» voyé aux administrateurs du district d'Aubigny ».

19 octobre 1794. DÉPART DE CONSCRITS. — Un arrêté du département avait été publié relativement « aux jeu-
» nes gens de 18 à 25 ans, qui avaient été renvoyés pour

» cause d'infirmités ou de faiblesse corporelle ». Les administrateurs du district, en reponse à une demande d'interprétation, demandent « tous ceux, sans exception, » qui ont été renvoyés ». Le conseil arrête, le 28 vendémiaire an III, que « tous les jeunes gens qui se trouve-
» raient dans ce cas, seront avertis de se trouver en la
» salle commune le dernier vendémiaire prochain (21 oc-
« tobre) afin de se rendre à Aubigny » (1).

(1) ARMEE DE LA LOIRE, 1816. — Le 23 mai 1816, l'assemblée municipale repondait à l'administration supérieure « que la commune
» de Clemont, d'une faible population, était une de celles qui avaient
» été le plus surchargées, tant par le passage d'une colonne de l'Ar-
» mée de la Loire, que par un cantonnement de cavalerie qui avait
» duré six mois ». — A ce cantonnement de cavalerie il faut ajouter plusieurs batteries d'artillerie qui établirent leur campement sur les Places de la Bezaudiere. C'est durant leur séjour a Clémont que ces troupes reçurent l'annonce du deuxieme avenement de Louis XVIII, avec l'ordre d'arborer la cocarde blanche a la place de la tricolore. Cet ordre ne rencontra pas l'agrément de tous ceux auxquels il etait donné. Plus d'un se contenta d'appliquer la nouvelle cocarde sur l'ancienne, voulant conserver l'espoir que *bientôt* reparaîtrait *encore* l'aigle qui les avait conduits si souvent à la victoire.

ARMEE DE LA LOIRE 1870. — Durant la funeste guerre de 1870-71, les passages de troupes françaises, et aussi allemandes, furent plus fréquents.

Plusieurs compagnies de francs-tireurs, de la Seine et d'autres départements, une troupe de 150 à 200 chasseurs d'Afrique, ne firent que passer.

Durant tout le mois d'octobre, pendant la formation du 15ᵉ corps d'armée qui devait opérer en novembre et décembre aux alentours d'Orleans sous le commandement du général Martin des Pallières, le bourg et ses environs furent occupés par le quatrieme bataillon de marche de chasseurs à pied qui fit partie de la premiere division du 15ᵉ corps. Le commandant Sicco residait a Bertrix. La première compagnie etait cantonnée a Lauroy. Le capitaine de cette compagnie dirigeait ses rondes et patrouilles sur la Babilonnerie, La Brosse, Bertrix et Marchys. Le poste de Lauroy était de 90 hommes celui de la Babilonnerie de 60, celui de la Brosse de 29, et celui de Bertrix de 120.

Apres la desastreuse issue de la bataille de Beaune-la Rolande et la nouvelle occupation d'Orleans, Clémont fut traversé au moins huit a dix fois par des eclaireurs allemands. Le lendemain de Noel, apres vêpres, alors que plusieurs habitants étaient partis pour

III. — Réquisitions diverses

15 septembre 1793. Fers, Marine. — Une visite est décidée dans le cimetière de la commune « pour voir s'il y a des fers inutiles ou superflus pour être envoyés au district, pour entrer dans les vues du Comité de salut public de la Convention Nationale ». — Le 2 thermi-

se porter en embuscade, au bois des Courtins, dans le but de surprendre des uhlans qui avaient traversé le bourg durant la matinée, il arrivait une troupe allemande, composée en grande partie de 5 à 600 dragons, avec deux pièces d'artillerie. Elle repartit le lendemain matin, se dirigeant vers Argent, puis Aubigny. — Quelques jours auparavant étaient passés, venant d'Isdes et se dirigeant aussi vers Aubigny, plusieurs éclaireurs. Un seul était revenu dans l'après-midi, au galop le plus rapide, son cheval blanc d'écume ; un certain temps il attendit sur la place Saint Martin (aujourd'hui place Boyer), semblant examiner avec anxiété si ses compagnons revenaient le rejoindre ; puis, las d'attendre, et paraissant s'inquiéter des attroupements qui étaient causés par sa présence et qui s'accroissaient, il repartit, soudainement, et non moins rapidement, par la route d'Isdes. — On a supposé que ses compagnons pouvaient être les mêmes éclaireurs allemands qui seraient tombés à Aubigny, dans la rue du faubourg d'Argent, sous les coups adroits du fusil d'un zouave, récemment sorti de l'hospice comme convalescent, qui s'était posté au milieu de la rue. D'autre part il est aussi affirmé par quelques-uns, que, vers le même temps, deux uhlans entrant dans Aubigny le cheval de l'un d'eux fut abattu, dans cette même rue du faubourg d'Argent, par un nommé Jules Cerveau, qui s'était embusqué dans la boutique du maréchal Sineau. Les deux uhlans purent s'échapper montés sur le seul cheval qui leur restait. La troupe des dragons allemands qui venait de traverser Clémont et celle qu'elle rejoignit à Argent étaient-elles venues tirer vengeance de ces faits ? Il arriva du moins que la ville d'Aubigny se vit imposer une contribution de guerre de la somme de 17 mille francs. Le paiement n'ayant d'abord été consenti et versé que de la somme de 7 mille francs, les Allemands se faisaient des otages, emmenèrent avec eux MM Dussapt-Gault, maire, Lourdet, notaire, Brucy, ancien notaire, et Tremeau, propriétaire. A leur retour à Clémont ils les tinrent consignés dans la maison du menuisier Alexis Fahuet, trésorier de la fabrique, et ne les rendirent à la liberté qu'après avoir reçu le complément de dor an II (20 juillet 1794), lecture des bulletins... arrives de la veille, « du comité du département qui ordonne » l'enlèvement des fers, inutiles aux citoyens, pour les » employer au service de la marine ». — Le 5 brumaire an III, (26 octobre 1794), une lettre de la Société populaire d'Aubigny engage « les bons citoyens à contribuer » pour la confection d'un vaisseau ». — Le 15 nivôse an III, (4 janvier 1795), une lettre du district d'Aubigny réquisitionne « les voitures de cette commune pour con- » duire les barres de fer à Moulins le 12 du courant ».

dix mille francs, que les habitants d'Aubigny, aussitôt après leur départ, s'étaient empressés de chercher. Ce complément, avancé par M. Auger, alors fournisseur de la troupe, leur fut apporté assez à temps à Clemont, avant leur remise en marche, par MM. Gaucher-Nerot, Penin, curé, Serré Emile Bucy et Dussapt-Licet. (Ces détails sont extraits, en partie, d'une délibération municipale d'Aubigny)

Le 20 janvier 1871, une compagnie de francs-tireurs, qui était de passage, rendit les honneurs au passage de la procession de la fête patronale de Saint-Sébastien.

Le 29 suivant arrivait, dans l'après-midi, la compagnie des francs-tireurs du Bourbonnais dont le séjour, bien que de courte durée, laissa néanmoins un pénible souvenir des cruelles nécessités de la justice martiale. Durant le séjour précédent à Bunon, et dans le trajet sur Clemont, une discussion s'était élevée entre deux hommes de la troupe ; l'un d'eux, gradé, caporal ou sergent, avait menacé de faire son rapport à l'arrivée au lieu du cantonnement. La compagnie n'avait pas encore terminé ses évolutions d'arrivée sur la place Saint-Martin, que l'incriminé, toujours sous l'emprise de la colère, visant son adversaire à la tête, le tua sur le coup. Déjà peu estimé de ses compagnons d'armes, le criminel fut condamné à la peine de mort, après avis reçu du chef de détachement qui se trouvait alors à Argent. On lui imposa l'affreux supplice de passer la nuit, ligotté, face à face au cadavre de sa victime, dans la maison de la gendarmerie, où aujourd'hui demeure Antoine Derouette, ayant reçu l'assistance et accompagné de M. Lubières, curé de la paroisse, il fut fusillé, dès le lendemain matin, vers 10 heures, dans un pâtureau qui fait suite à l'ancien pré de la Fabrique, situé rue de La F.., et qui appartenait alors au menuisier Alexis Fahuet. On se souvient encore des honneurs religieux et militaires qui furent rendus à la victime (Geneste Auguste Gilbert, âgé de 34 ans, de Saint Germain-des-Fossés, — Allier) comme aussi de la sépulture honteuse, sans aucune cérémonie, sans cercueil, du malheureux criminel.

Une délibération du même district, du 9 précédent (29 décembre 1794), avait établi « la distribution des fers
» pour chaque commune ».

18 octobre 1793. CHEVAUX, HARNAIS, ARMES. — Le citoyen maire d'Argent fait part « des ordres qu'il a reçus
» et des mesures que la municipalité d'Argent a *pris*
» pour parvenir à se procurer les six chevaux qu'on de-
» mande au canton, et les objets d'équipement qui doi-
» vent en être la suite, ainsi que l'avoine que le canton
» d'Argent doit fournir à Aubigny pour la nourriture de
» ces six chevaux pendant un an... » Le conseil arrête que « tous les citoyens de cette commune qui ont des
» chevaux de l'âge de 4 ans et au-dessus, devront les
» conduire dans ce bourg... pour les présenter au com-
» missaire qui s'y trouvera pour faire son choix. »...
« que tous les citoyens qui ont des brides, selles, bottes,
» pistolets, sabres de 30 pouces de lame, sont invités de
» les présenter... et qu'ils peuvent compter sur une juste
» indemnité ». — Le 1er floréal an II, (20 avril 1794), le conseil arrête « qu'on écrira au district qu'il n'y a dans
» la commune aucun sabre ».

23 février 1794. CENDRES, VOITURES. — Le 5 ventôse an II, il est arrêté par le conseil, que « en vertu de la let-
» tre de l'agent national près le district, du 2 du courant,
» les citoyens de cette commune viendront au décadi
» prochain (28), au plus tard, faire leur déclaration des
» cendres qu'ils ont, pour le service de la République ».
— Le 3 germinal (23 mars), sur le réquisitoire de l'agent national sont requises « les voitures des citoyens Hubert
» Bourdon, François Bourdon, et André Barberousse,
» pour conduire, le 5, au district d'Aubigny, les chanvres
» et cendres que les citoyens.. ont déclarés ».

19 janvier 1794. CHANVRES, FILS ET TOILES, LITERIE.
— Le 30 nivôse an II, le conseil reçoit communication de
l'arrêté du département, du 15 brumaire (5 novembre),
qui prescrit « à tous les citoyens possesseurs de *chanvre*
» mâle, d'en faire la déclaration à leurs municipalités,
» ainsi que de la quantité qui leur est indispensable de
» réserver pour la fabrication des cordes destinées à
» leurs charrettes et charrues ». — Le 26 ventôse
(6 mars), l'agent national invite à la nomination de deux
commissaires « à l'effet de se transporter chez les ci-
» toyens pour y requérir les *gros fils* et *grosses toiles* »
Le 20 prairial (8 juin), une lettre... du district ordonne
la livraison des *toiles et fils* mis en réquistion. — Par
une lettre du 17 brumaire an II (7 novembre 1794), les
citoyens, composant la commission militaire du district,
invitent les officiers municipaux « à requerir dans cette
» commune 36 paires de drap, 30 traversins, 30 cou-
» vertures, et 10 matelas ou lits-de-plumes, pour le ca-
» sernement des citoyens de la première réquisition, et
» de les leur faire passer sur le champ ». Le décadi,
2e décade (10 novembre), le conseil arrête « 1° qu'il
» sera ouvert un registre où les citoyens viendront s'in-
» cure volontairement... 3° que le troisième jour... le
» conseil s'assemblera pour prendre connaissance des
» offres qui auront été faites et donner les réquisitions
» nécessaires pour compter les fournitures demandées ».

6 avril 1794. PAPIERS INUTILES, PARCHEMINS. — Le
17 germinal an II, lecture est donnée d'un arrêté.. du
district, en date du 14, portant « que les officiers muni-
» cipaux feront rassembler dans un dépôt et mettre les
» scellés sur les *parchemins et papiers* offerts librement
» par les citoyens, jusqu'à ce que la convention natio-
» nale ait prononcé sur leur destination ». — Le 20 prai-

rial (8 juin), lettre « de l'agence de la conservation des
» armées... relative aux parchemins propres à faire des
» gargousses ».

13 avril 1794. POUDRE, SALPÊTRE. — Le 24 germinal
an II, lecture... « d'un arrêté de la commission des ar-
» mes et poudres... à l'effet de mettre en réquisition les
» bois de Bourdennes de 3 à 9 ans · le sanguin rouge et
» blanc, le coudrier ou noisetier, la tige de laurier, la
» tige d'aulne de 18 pouces au plus de diamètre ». En
conséquence le conseil arrête « que les citoyens officiers
» municipaux préviendront les citoyens propriétaires que
» leurs bois, mentionnés dans l'arrêté de la commission
» des armes, sont dès ce moment-ci en réquisition, et
» qu'ils ne pourront les faire couper pour leur usage ; et
» qu'au contraire ils sont tenus de les faire exploiter, au
» premier ordre qu'ils en recevront de l'agent national
» du district ». — Le 1ᵉʳ floréal (20 avril), lettre dudit
» district « à l'occasion des bois de Bourdennes, osier,
» coudre, aulne et saule, mis en réquisition pour faire
» du charbon pour les poudres et salpêtres ». — TRA-
VAIL DU SALPÊTRE. — Le 30 floréal (19 mai), le citoyen,
chargé de pouvoirs pour l'extraction du salpêtre, ayant
demandé un emplacement « convenable, et des citoyens
» pour tirer les terres propres à cet usage », la municipalité arrête que « la ci devant église sera destinée à cet
» usage ». — Le 1ᵉʳ prairial (20 mai), le conseil « con-
» sidérant que son arrêté, pris hier pour donner la ci de-
» vant église à l'effet du travail du salpêtre, est sujet à
» l'inconvénient du manque d'eau par l'éloignement de
» la rivière », arrête « que la grange, qui servait ci-de
» vant à *sarrer les dîmes* sera requise pour ce travail ».

20 avril 1794. Foins. — Une lettre du district du
29 germinal (18 avril) concernant la réquisition des voi-
» tures de cette commune, pour transporter les foins
» bottelés de cette commune au port de Gien, pour le
» 4 du courant et jours suivants, enjoint à tout citoyen
» ayant du foin requis, de le faire botteler sur le champ
» et le tenir prêt pour le temps ci-dessus : à quoi il a été
» répondu par les particuliers qu'il leur était impossible
» de le faire, n'ayant pas été avertis à temps, et que
» d'ailleurs ils en ont prévenu le citoyen Cirodde-Du-
» péron, qu'il eût à leur envoyer des botteleurs, n'en
» ayant pas en cette commune à suffire, et que ceux qui
» en bottelaient à l'ordinaire en petites bottes, ne le sau-
» raient pas faire en grosses bottes, et le faisaient fort
» mal et de différents poids, ce qui était contraire aux
» règlements, attendu qu'elles devaient être de 10 à
» 11 quintaux ». — Le 10 nivôse an III (7 janvier 1795),
il était fait réquisition de 250 quintaux de foin sur « les
» individus en possédant, dont cette commune est grevée
» pour sa *cote part* suivant l'arrêté du district,… en
» exécution de l'arrêté de la commission de commerce et
» et approvisionnement de la République, du 13 fri-
» maire (3 decembre) ». — Le 27 pluviôse (15 février),
nouvelle réquisition de 150 quintaux de foin, « avec
» ordre de livrer le plus promptement possible, ainsi
» que celle ci-devant requise (aussi de 150 quin-
» taux) ».

20 avril 1794 Cochons. — Le 1ᵉʳ floréal an II, en exécution d'un arrêté du district… à l'effet de requérir le
huitième des cochons de la commune… sont nommés
« pour commissaires, les citoyens… *pour, par eux*, le
» lendemain faire le tour de ladite commune et y pren-
» dre le recensement desdits cochons, en distinguant *par*

» *eux* les cochons mâles et femelles, les gras et les mai-
» gres, pour ensuite en faire leur rapport.. ».

27 avril 1794. CHIFFONS, LAINES. — Le 8 floréal an II...
arrêté du district « par lequel les citoyens sont engagés
» de faire don à la République des chiffons qu'ils ont en
» leur possession, et surtout que ceux qui sont compris
» sur la liste des impôts mobiliers... sont tenus d'en
» donner au moins une livre, et, *afin d'éviter aux égois-*
» *tes les moyens de dire qu'ils n'en ont pas ils doivent,*
» pour fournir leur contingent, *échanger leur linge, s'ils*
» *n'en ont pas de trop linger, contre ceux des indigents* ».
— Le 9 thermidor (27 juillet), un arrêté du comité de Salut public de la Convention « ordonne un recensement de
» toutes les laines ».

8 août 1894. FOUGÈRES, BOIS MORT, VOITURES. — Le
21 thermidor an II, s'est présenté devant la municipalité
« le citoyen Lapayre, lequel a représenté qu'il était un
» des commissaires nommés par la Société populaire
» d'Aubigny-intérieur, à l'effet de surveiller et hâter le
» *brûlement des fougères, bruyères, herbes inutiles, bois*
» *mort* et *broussailles*, dont les cendres deviennent d'un
» très grand secours pour l'établissement des *hôtelliers*
» *du Salin* (le transport devait s'en faire à la verrerie
» d'Ivoy-le-Pré, chez le citoyen Grenouillet, chef de l'hô-
» tellerie du Salin), et qu'il était porteur d'une lettre de
» l'agent national du district... qui convaincra de l'avan-
» tage qui doit nécessairement en résulter ; le directoire
» dudit district, d'après ces observations, a arrêté que
» toutes les municipalités sont requises de fournir à cet
» effet tous les bras dont *ils* peuvent disposer, notam-
» ment les femmes, enfants, et tous ceux qui ne sont pas
» directement employés à l'agriculture, et, pour cela, le

» commissaire a demandé qu'il lui fût adjoint un nom-
» bre suffisant de bons patriotes, pour, conjointement
» avec lui, surveiller et hâter ce genre de travail... Le
» conseil arrête qu'il sera nommé quatre commissaires
» adjoints... les citoyens Gressin, pour la section de la
» Nère ; Brière le jeune, pour celle des Bois ; Gaudard
» Dalaine, pour celle de Lauroy ; et Buret, pour celle de
» la Sauldre ». — MAIN-D'ŒUVRE. — « En conséquence du
» susdit arrêté, dit le procès-verbal du surlendemain
23 thermidor, « nous avons mis en réquisition tous les
» ouvriers de cette commune, qui ne sont pas utiles à
» l'agriculture, savoir : les maçons, tailleurs, charpen-
» tiers, tisserands, cardeurs sur laine, scieurs de long,
» menuisiers et sabotiers, ainsi que les femmes et en
» fants, pour commencer dès demain matin ; pour quoy
» avons ajourné tous ceux y sujets à se trouver à notre
» seance de relevée, qui sera à 6 heures du soir, pour y
» faire dans cet instant la division desdits individus en
» quatre parts, pour être répartie chacune d'icelles dans
» les quatre sections de cette dite commune, lesquels se-
» ront surveillés par les commissaires nommés par nous
» à cet effet,... aux peines, contre les réfractaires, d'en-
» courir les peines portées par les lois ». — PAIEMENT
DES CENDRES. — Le 21 vendémiaire an III, (12 octobre
1794), l'agent national ayant fait part « à la municipalité
» qu'il avait reçu du district la somme de 600 livres, à
» compter sur les cendres des fougères que les citoyens
» de cette commune ont brûlées et amenées à la cham-
» bre commune », le conseil arrêtait « que, cette somme
» ne suffisant pas pour payer complètement ce qui pour-
» rait revenir à chaque individu, il serait fait une avance
» d'un sol par livre à chaque citoyen ». — VOITURES. —
» Le 5 brumaire an III (26 octobre), le conseil arrêtait
» que pour conduire les cendres des fougères de cette

» commune pour la verrerie d'Ivoy-le-Pré, les citoyens
» X.X. seraient requis pour la semaine prohaine.. ».

21 décembre 1794 SABOTIERS. — Le 1ᵉʳ nivôse an III, lecture d'un arrêté du « comité de Salut public de la
» Convention... du 15 brumaire (5 novembre), concer-
» nant les *réquisitions des bois* pour faire des sabots, *en-*
» *semble des sabotiers* de cette commune ».

10 octobre 1795. VENTE DES USTENSILES DU SALPÊTRE.
— Le 19 vendémiaire an IV, il est fait communication
« d'un arrêté du troisième jour complémentaire (19 sep-
» tembre), relatif à la vente des ustensiles qui ont servi
» à la confection du salpêtre ». — Le 10 brumaire (31 octobre) se faisait « la criée et mise à prix des poinçons,
» futailles, qui ont servi au lessivage des terres salpê-
» trées de cette commune ».

IV. — SUBSISTANCES

30 juin 1793. COMMISSAIRES — Le conseil de la commune choisit deux de ses membres « pour accompagner
» les commissaires, nommés l'avant veille au chef-lieu
» de canton, pour faire la visite dans tous les greniers de
» cette municipalité, pour savoir s'il y a des grains,
» dans cette commune, pour sa subsistance ».

4 août 1793. GRAINS REQUIS. — Le conseil de la municipalité reçoit avis d'un arrêté du district... portant
« que les municipalités de son arrondissement fourni-
» ront du blé, le vendredi suivant, au marché d'Aubi-
» gny, et notamment celle-ci y est comprise pour
» 20 septiers de blé seigle. — Le dit arrêté avait en-

» joint...de requérir les « colons, qui ont fini leur récolte,
» de battre de suite leurs grains ». — Le 11 août suivant
il est observé en séance « que les boulangers d'Aubigny,
» munis de permissions émanées on ne sait de quelle
» autorité, ne sont transportés chez plusieurs des colons
» requis par la municipalité et se sont fait donner ce
» même blé destiné à garnir le marché d'Aubigny....
» Plusieurs habitants de cette commune, qui manquaient
» absolument de blé, ont été le même jour à Aubigny,
» pour s'en procurer, et, quelques instances qu'ils aient
» pu faire, ils n'en ont pu avoir... ». Pour obvier à ces
difficultés, le conseil arrête « 1°... que le directoire du
» district sera prié de suspendre ses réquisitions.. jus-
» qu'à ce que la municipalité ait pris une connaissance
» exacte des grains qu'elle renferme... 2° que les offi-
» ciers municipaux prendront toutes les mesures qui sont
» en leur pouvoir pour procurer du blé... : 4° qu'ils
» aient la plus grande surveillance, pour que les journa-
» liers ne se coalisent pas pour se faire payer au-dessus
» du taux fixé par l'usage pour le battage des grains,
» ce qui retarderait encore l'approvisionnement ». —
Recensement du grain. — Le 15 septembre suivant, le
conseil arrête... « qu'il sera procédé sans retard au re-
» censement des grains récoltés dans cette commune à
» la récolte dernière ».

18 octobre 1793. Maximum des denrées et des journées. — Après la médiocre récolte de 1789, le pain étant devenu rare et cher, en nombre d'endroits, particulièrement à Bourges, à Châteauroux, les municipalités avaient dû en taxer le prix, ainsi que celui de la viande. La misère n'ayant fait qu'augmenter, cette mesure reçut encore une plus grande extension. Le 18 octobre 1793, en exécution de la loi du 29 septembre qui chargeait les

conseils généraux des communes de déterminer le plus haut prix des denrées et marchandises de première nécessité. le conseil arrêtait le prix maximum des objets suivants.

Nota. — On estime que la livre, de cette époque, correspondait à 3 francs ou 3 fr 50 de notre présente monnaie.

1° Le prix des journées

	livres	sols	deniers
Les hommes, nourris, en été	»	15	»
— — en hiver	»	12	»
Les faucheurs	2	5	»
Les moissonneurs	1	10	»
Les femmes, pour lessives et tontes	»	12	»
— pour tout autre ouvrage	»	10	»
Les maçons	1	10	»
Les charpentiers et scieurs de long	1	17	6
Les charrons, nourris	1	2	6
— non nourris	1	17	6
Les tailleurs, nourris	»	12	»
Les filtoupiers, nourris, par livre	»	1	6
— non nourris, —	»	2	3
Les botteleurs, par 100 bottes de 5 livres	»	15	»

2° Les gages des domestiques (à l'année)

Valet, laboureur	120 livres
Charretier	90 »
Bouvier	72 »
Vacher	30 »
Servante de maison	45 »
Bergère	48 »
Raguelière, gardienne des jeunes agneaux	27 »
Dindonnière	15 »

3° Le prix des denrées

	livres	sols
Vin, pinte de Clemon	»	18
Vinaigre...........................	»	15
Bœuf, veau, mouton (tué et vendu à Clemon) livre	»	6
Porc frais.........................	»	9
Le boisseau de glands	»	12
Pommes de terre, rouges, le boisseau..	»	18
— blanches, — ..	»	15
Bois à brûler, pris au bois, la corde de brin.......................	9	10
Cimeau, pris au bois la corde	8	»
Bourrées, de 36 pouces de tour, le cent	7	7

Nota. — Nous n'avons pu découvrir quelle était la contenance de la pinte de Clemon — La pinte de vin d'Aubigny, de 1 litre 221, se subdivisait en huit parties. (*Annuaire du Cher*, an 7-1798).

3 novembre 1793. — Secours aux indigents — Cette commune « est comprise dans les secours aux indigents « pour une somme de 90 livres par mois ».

10 novembre 1793. Mandats de blé. — Le 2ᵉ decadi de brumaire an II, « plusieurs personnes de cette com-
» mune s'etant presentées plusieurs fois à la municipa-
» lité, dans la même semaine, pour recevoir des man-
» dats pour avoir du blé, et, par ce moyen, la même per-
» sonne s'étant procuré pour elle seule six boisseaux de
» ble en moins de huit jours », le conseil arrête « qu'il ne
» sera donné de mandats que par le secrétaire greffier. ,
» qu'il ne pourra donner qu'un mandat d'un boisseau
» par personne ; que cette provision sera pour huit
» jours... ; que les citoyens, qui voudront se pourvoir

» de blé au marché d'Aubigny, viendront le vendredi de
» chaque semaine chez ledit secrétaire pour se pourvoir
» d'un permis ».

15 décembre 1793. COMITÉ DES SUBSISTANCES. — La précédente mesure, sans doute, avait été insuffisante. Le 25 frimaire, le conseil général de la commune « considé-
» rant qu'il est d'un intérêt majeur de mettre de l'ordre
» dans la distribution des subsistances... ; que, pour
» que les citoyens, qui requièrent du grain, puissent s'en
» procurer, il faut que les laboureurs fassent battre... » ;
» arrête « 1° qu'il sera établi une commission composée
» de quatre membres qui seront seuls chargés de déli-
» vrer des mandats pour le grain ;... 6° que seront ins-
» crits sur le registre le nom des citoyens, la population
» de leurs familles, l'espèce de grain qui leur sera déli-
» vré, et la date de la livraison ; 7° qu'il ne sera donné
» de mandat, pour chaque semaine, qu'à raison d'un
» boisseau par personne, les enfants au-dessous de 7 ans
» n'en ayant qu'un demi-boisseau ; 8° que la commis-
» sion... comprendra du blé noir dans ses mandats en
» proportion de la quantité du mélange qu'on a coutume
» d'en faire dans le pays ».

30 décembre 1793. — BATTAGE DU BLÉ BIDAULT. — Le 10 nivôse an II, le comité des subsistances portait plainte contre « le refus du citoyen Bidault, laboureur à la Nau-
» dinière, de fournir la réquisition de 5 septiers de blé
» seigle,... lequel, lors de la remise à lui faite de la ré-
» quisition, répondit que le comité pouvait... !! *s'en tor-*
» *cher le nez...* » Le conseil arrête « qu'il sera envoyé
» deux citoyens chez ledit citoyen Bidault pour faire vi-
» site dans tous ses bâtiments.. , autorisation donnée
» aux dits deux citoyens de battre le blé dudit Bidault

» jusqu'à concurrence de la dite réquisition,... qu'ils se-
» ront accompagnés de quatre gardes nationaux... aux
» dépens dudit Bidault, ainsi que lesdits deux batteurs...
» à chacun des gardes nationaux 3 livres par jour, et
» aux deux batteurs la rétribution ordinaire..,, et s'il ne
» se trouve pas de batteurs de bonne volonte, il sera
» mis deux citoyens en réquisition aux fins de battage ».

23 février 1794. CULTURE DES TERRES. — Le 5 ventôse an II, il est arrêté « que les citoyens, négligeant de cul-
» tiver leurs terres, seront avertis de les cultiver, aux
» peines portees par les lois ».

2 mars 1794. BLÉ REQUIS SUR BRINON. — Le 12 ventôse le conseil arrête que « le citoyen Mercier, meunier,
» se transportera chez le citoyen Latrait, laboureur au
» (Rouhé) commune de Brinon, pour y chercher les qua-
» tre septiers de blé et autant de blé noir, que la com-
» mune de Brinon est chargée de nous délivrer dans les
» huit jours, en vertu de l'arrêté du district d'Aubigny,
» laquelle quantité du blé est la seconde *qu'ils nous aient*
» *fourni* depuis ledit arrêté ».

11 mai 1794. LABOUR DES TERRES. — Le 22 floréal an II, sur la plainte présentée par le citoyen agent « que
» plusieurs citoyens de cette commune ne trouvent per-
» sonne qui veuille labourer et emblaver leurs terres ;
» qu'il demande, en conséquence, que les officiers muni-
» cipaux prennent les moyens, pour que les terres de
» ces citoyens soient labourées, afin d'être emblavées
» lors de la saison », il est arrête, « à l'unanimite,... que
» les citoyens *dans le cas de la plainte* aient à se présen-
» ter au conseil genéral de la commune, afin qu'il puisse
» avoir connaissance de la quantité de terres à labou-
» rer ».

8 juin 1794. Nouveau maximum. — Le 20 prairial an II un deuxième tarif des denrées et marchandises, plus étendu, arrêté par le conseil général, était publié et affiché.

1° Denrées

		livres	sols	deniers
Bœuf, veau, mouton, la livre		»	8	»
Porc-frais	—	»	12	»
Harengs	le cent.	7	»	»
Pois blancs	le quintal.	20	7	4
— rouges	—	18	10	10
—	—	16	13	4
Pommes de terre	—	6	5	»
Lait de vache, (Pinte du pays)		»	4	»
Beurre frais	la livre.	»	17	»
Fromage	la pièce.	»	3	»
Œufs frais	la douzaine.	»	8	»
Vin de St-Denis et Jargeau, (pinte du pays)		1	2	»
Vin de Loir-et-Cher		»	18	6
Eau-de-vie (pinte de Paris)		1	10	9
Fromage de gruyère	la livre.	1	1	6
Riz	—	»	12	»
Miel du pays	—	»	4	6
Sucre en pain	—	1	18	»
Huile d'olive	—	2	2	»
— de noix	—	»	15	6
— de rabette ou navette	—	»	13	3
Vinaigre, pinte du pays	—	1	»	»
Sel	—	»	3	9
Chandelle	—	1	4	»
Cire jaune	—	2	13	6
Savon	—	1	1	»

		livres	sols	deniers
Amidon	—	»	14	»
Chènevis	—	4	13	8
Tabac à fumer	—	1	19	3
— en carotte........	—	2	1	4
— en poudre........	—	2	3	6

2º LAINES ET DRAPERIES

Laine en surge .... la livre.		1	4	»
— blanche et fine.........	—	2	16	»
— commune...............	—	2	6	8
— cuisseau...............	—	1	17	4
— d'agneau, en surge.....	—	1	4	»
— — blanche......	—	3	6	8
Droguet de couleur l'aune rayé. depuis.		4	16	»
— blanc et bège	—	4	»	»
— de pays, de couleur....	—	6	13	4
— couleur de la bête	—	5	6	8
— blanc.................	—	5	6	8
— brun et blanc..........	—	6	»	»
Serge blanche, l'aune .... depuis.		4	»	»
« 2º «................	—	5	6	8
« bège.....	—	4	13	4
Tiretaine rouge et blanc......	—	4	13	4
« brune.............	—	3	13	4

Le 27 prairial (15 juin) un nouveau maximum était aussi arrêté pour la récolte prochaine, pour le prix des journées et pour le service des travaux ruraux.

18 juillet 1794. CONFISCATION DU BLÉ GAUCHÉ. — Le 30 messidor an II « un membre ayant fait observer que » la fournée de différents citoyens avait été requise chez » le meunier de La Talle (moulin sur la Nerre, com-

» mune de Sainte-Montaine, proche la limite de Cle-
» mon), notamment celle du citoyen Gauché, qui y avait
» donné sept septiers de blé », la municipalité... arrête
que « ledit citoyen sera mandé à la séance qui doit avoir
» lieu à 2 heures ». — « D'après les raisons qu'a don-
» nées ledit citoyen Gauché, la municipalité ayant re-
» connu qu'il y avait des écorsures dans son blé, et
» ayant vu qu'il n'y avait que quatre septiers et deux
» boisseaux de surplus que ledit citoyen avait soustraits
» au dernier recensement », le conseil... arrête que
» conformément à la loi du 11 novembre 1793, lesdits
» 4 septiers et 2 boisseaux sont confisqués au profit de
» la commune ».

20 juillet 1794. MOISSONNEURS, BATTEURS, MEUNIERS.
SEMENCES. — Le 2 thermidor an II, une « proclamation
» du citoyen Ferry, représentant du peuple en ce dépar-
» tement, engageant — les citoyennes — à se livrer aux
» travaux de la moisson... », considérant « que les me-
» sures les plus promptes devaient être prises pour le
» battage des grains, afin de pouvoir fournir à la subsis-
» tance de cette commune et aux différentes réquisitions
» que pourrait faire le district », la municipalité arrête
« qu'il sera mis deux batteurs dans les granges des Ge-
» vry, Lieu-Ponin, Dijonnière, Rondelière, Gué-Peron,
» Les Charriers, Boucheriou, La Pinaudière, Les Gue-
» nots, Les Bois, Les Michoux, Marchys ». La municipalité s'occupait ensuite « de procurer des moissonneurs
» à ceux des cultivateurs dont la moisson n'était pas
» finie ». — Le 9 thermidor (27 juillet) la loi du 8 messidor (26 juin) ordonnant que chaque cultivateur sera
tenu de déclarer ses récoltes de grains et de fourrages,
le conseil communal arrête « que la commission sur-
» veillera les — *meuniers* — pour que... ils aillent cher-

» cher la fournée des citoyens... » — Le premier jour des cinq sans-culottides an II, (17 septembre 1794), l'agent national déclare que différents cultivateurs, manquant absolument de *semences*, l'ont prié « d'engager la
» municipalité de leur procurer du blé pour les semen-
» ces, attendu la saison urgente d'ensemencer les terres,
» *pendant les guérets* et *craignant la moute* » La matière mise en délibération, le conseil décide de mettre « des
» batteurs dans les granges de La Rondelière, les Ge-
» vry, La Bourdinière, La Pinaudière, Les Morins, La
» Naudinière, Bertry, qui sont les citoyens x... et x... »,
enjoignant « au surplus, aux autres cultivateurs de ne
» pas discontinuer de battre, aux peines contre les uns
» et les autres d'encourir les peines contre les réfractai-
» res. Et en outre » sont requis les citoyens x... et x...
» pour Les Bois et La Dijonnière, aussi aux mêmes pei-
» nes, et ce pour raison des semences et autres ouvrages
» *pressantes pour l'agriculture...* ».

5 octobre 1794. ORGES. RIZ. SEMENCES — Le 14 vendémiaire an III lecture de l'arrête du 8 fructidor (25 août) qui « défend d'employer la récolte des *orges* à autre
» chose qu'approvisionnement des marchés et de la con-
» sommation » — Lettres du district qui « accordent à
» cette commune 75 litres de riz et 100 quintaux de blé
» pour les *semences* ».

19 octobre 1794. RÉQUISITION DU BLÉ LA TURAUDIÈRE.
— Le 28 vendémiaire an III, considérant que « le blé est
» fort rare dans cette commune », le conseil arrête « que
» la part des blés de cette récolte du citoyen La Turau-
» dière, propriétaire des Michoux et de La Naudinière,
» est dès ce moment en réquisition pour la subsistance
» de cette commune, et que la présente réquisition sera

» notifiée aux fermiers de ces métairies, le citoyen La
» Turaudière pouvant en enlever pour sa consommation,
» moyennant qu'il sera muni d'une attestation de la mu-
» nicipalité *comme quoi* il en aura besoin ».

6 novembre 1794. BLÉ NOIR. QUARTE DE VILLEZON. —
Le 16 brumaire an III, communication « d'une lettre du
» district... portent réquisition sur cette commune de
500 quintaux de blé noir pour le district... dans le plus
» bref délai possible » Le conseil s'occupe de la question posée par le district « concernant la *quarte de Villezon*, dépendante de cette commune ».

Comparaison faite avec le boisseau de cette municipalité il se trouve qu'il faut « 6 quartes 1/2 pour *compléter juste*
» le septier de blé seigle, dite mesure d'Aubigny ». —
(La mesure de Villezon était de huit quartes au septier.
— Archives d'Argent. Terrier de Villezon, de 1579, année 1578 article La Bagonauldery). — Le 26 (16 novembre), la municipalité s'occupe « de la réquisition de
» 500 quintaux de blé noir.. » et considérant « qu'il
» n'est pas possible de fournir, à la fois, cette quantité,
» les cultivateurs de cette commune étant aussi obligés
» de battre pour la consommation de cette commune »,
elle arrête « qu'il sera requis dans ce moment 110 sep-
» tiers ». et pour les fournir elle requiert les citoyens...
x. . x... — Le 10 frimaire (30 novembre) « sur une nou-
» velle invitation du district qui presse d'envoyer ladite
» réquisition de 500 quintaux de blé noir..., 78 ayant été
» déjà menés », la municipalité requiert « les citoyens..
» x... de mener cette semaine dans les greniers du dis-
» trict ».

7 décembre 1794. DÉPÔT DES GRAINS DANS L'ÉGLISE. —
Le 17 frimaire an III, sur la demande qui en était faite

par nombre de citoyens... le conseil arrête « que les cul-
» tivateurs de cette commune seront tenus, *à fin et me-*
» *sure* qu'ils seront mis en réquisition, d'amener en la
» ci-devant église, leurs grains, *tant en* froment, blé
» seigle, orge et blé noir ».

21 décembre 1794. Police pour la distribution des
grains. — Le 1er nivôse an III, sur la représentation faite
par les citoyens distributeurs... « qu'ils *sont écrasés* par
» les citoyens ayant besoin de grains, qu'ils demandent
» la nomination de deux gardes nationaux pour garder
» les deux entrées (de la ci-devant église) où sont les
» grains... », le conseil nomme « les citoyens gardes
» nationaux... x... x... qui, pour cet effet, vont se met-
» tre, l'un à une porte, et l'autre à l'autre, afin d'empê-
» cher les citoyens d'entrer en foule, et de ne laisser
» entrer que celui qui sera appelé ».

11 janvier 1795. Libre circulation des grains, Suppression du Comité. — Le 22 nivôse an III, le conseil
déclare aux citoyens « qu'il n'y aura plus de Comité des
» subsistances... attendu qu'il n'a plus le droit de requé-
» rir... attendu que *la liberté* de toutes denrées, grains
» et marchandises, *est libre* dans toute la République ».

8 février 1795. Pénurie de grains. — Le 20 pluviôse
an III, vu la pénurie de grains causée par une grêle dé-
sastreuse qui a détruit les 3/4 de la récolte, la municipalité arrête que « 1° l'administration du district sera in-
» vitée à prendre en considération cette pénurie de
» grains, et à faire, au profit de cette commune, une ré-
» quisition sur celles de son arrondissement qui ont de
» l'excédent ; 2° pour le cas où elle ne serait pas autorisée
» à prendre cette mesure, l'administration sera invitée à

» solliciter, auprès de la Convention nationale, des se-
» cours en argent pour faciliter les achats que pourra
» faire cette commune dans d'autres parties de la Répu-
» blique »... — L'observation ayant été faite que « d'ici
» à ce que l'administration du district et la Convention
» aient pu répondre à cette pétition, il est urgent de
» *prendre provisoirement des moyens* de se procurer des
» subsistances », la municipalité... arrête « qu'il sera
» fait sur-le-champ une invitation aux citoyens aisés de
» cette commune, de faire des avances, afin de pouvoir
» faire acquisition de grains ». — Avances de fonds.
— Le maire ayant donné l'exemple « en offrant de verser
» 500 livres, les autres citoyens ont ensuite fait leur of-
» fre : le citoyen Jean Victor-Jullien, 500 livres ; Gau-
» dard, mille livres ; Gressin, 200 livres... etc. »

15 février 1795. Extrême pénurie Réquisition. — Le
27 pluviôse, un de ses membres observant « qu'il est ins-
» tant de requérir du blé. ., des individus de cette com-
» mune en ayant un besoin pressant et ne sachant où en
» prendre, attendu qu'ils ne peuvent en trouver ni dans
» cette commune, ni dans celles voisines... », le conseil
arrête « qu'il en sera requis chez les citoyens.. X...X.. ».

20 février 1795. Acquisition de grains en Loiret. —
Le 4 ventôse an III, « les citoyens commissaires, nom-
» més à l'effet de se transporter dans le département du
» Loiret pour y acheter des grains pour la consomma-
» tion de cette commune, ayant rendu leurs comptes... »
le conseil arrête « que le froment et l'orge seront mêlés
» ensemble, afin de diminuer le prix du froment ».

1ᵉʳ mars 1795. Prix excessif du Grain. — Le 11 ventôse, ce grain devant être provisoirement vendu sur le

pied de 118 livres le septier (en assignats), ce qui met le boisseau à 14 livres 15 sous (2 livres 19 sols en numéraire), le conseil décide « qu'il sera député deux membres
» de cette municipalité vers le district pour savoir com-
» ment elle se comportera pour la délivrance du grain
» qu'elle s'est procuré, et à quel prix elle doit le déli-
» vrer, la majeure partie des citoyens se trouvant dans
» l'impossibilité de le payer le prix auquel il revient,
» surtout les veuves, infirmes, vieillards et les indigents
» et manouvriers. Ils devront encore s'informer, s'il
» n'est pas venu des secours de la Convention, soit en
» argent, soit en nature ». — Le prix de 118 livres, en assignats, correspondait, vu la dépréciation du papier-monnaie à cette époque, à celui de 23 livres 12 sous en numéraire, ce qui mettrait l'hectolitre, aujourd'hui, à la somme d'environ 70 francs (évaluation faite d'après le tableau qui fut dressé en exécution de la loi du 5 messidor an IV. — 23 juin 1796 — Archives du Cher).

8 mars 1795. Nouveau prix du grain. — Le 18 ventôse an III « considérant la cherté excessive du grain acheté
» par la commune », le conseil général arrête « qu'il
» sera diminué la somme de 3 mille livres sur le prix de
» l'acquisition (11 mille 967 livres 5 sols) afin de pro-
» curer aux citoyens leur subsistance à un prix plus mo-
» dique ». Il est arrêté en autre « qu'il sera fait trois
» classes pour le prix du grain ; que le prix le plus bas
» sera délivré, à ceux que la municipalité désignera, sur
» le taux de 57 livres 10 sols le septier (11 livres 10 sols
» en numéraire), ce qui mettra le boisseau à 7 livres
» 5 sols (1 livre 9 sols en numéraire) ; la deuxième classe
» sera délivrée sur le taux de 89 livres 10 sols (17 livres
» 9 sols en numéraire), ce qui mettra le boisseau à 11 li-
» vres 5 sols ; la troisième livraison sera sur le taux de

» 144 livres le septier (28 livres 16 sols en numéraire),
» le boisseau à 18 livres (3 livres 12 sols en numéraire).
« (Le septier représentait un hectolitre ; le boisseau était
» le huitième.) »

NOUVEAU PRIX POUR LA TROISIÈME CLASSE. — Le 25
(15 mars), prenant en considération les plaintes du public sur ce que le prix du blé de la plus haute classe avait été arrêté à un taux plus élevé *auquel il revenait*, le conseil arrête que « le blé de cette classe ne sera vendu que
» 16 livres le boisseau (3 livres 4 sols en numéraire), et
» qu'à ceux qui en ont payé 18 livres il sera remis le surplus »

17 mai 1795 RÉQUISITION IMPOSSIBLE. — Le 28 floréal an III, un arrêté du Comité de Salut public « demandant le cinquième de tous les grains, farines, et légumes, *sus-existants* dans la commune, . » il est arrêté par le conseil « que, vu le manque de subsistances dans
» cette commune, il sera écrit au district que, bien loin
» d'en pouvoir donner, *nous sommes* sur le point d'aller
» en chercher de nouveau ».

AUGMENTATION CONSIDÉRABLE DU GRAIN. — En la même séance, un de ses membres représentant au conseil « que
» le tas de blé de cette commune diminue considérable-
» ment, qu'il ne pourra suffire jusqu'à la mi-juin, si on
» ne met une augmentation sur les deux plus fortes clas-
» ses, afin que les individus d'icelle s'en procurent ail-
» leurs ; que d'ailleurs il est une loi qui porte que les
» communes s'approvisionneront par elles-mêmes ; et,
» comme cette commune a reçu du district une somme
» de 10 mille livres, il est à craindre que cette somme ne
» soit redemandée, et alors *ce serait un grand coup, s'il*
» *fallait en compter* ». En conséquence il est arrêté « que

» le blé de cette dite commune sera, le boisseau, pour la
» première classe à 10 livres (15 sols en numéraire), pour
» la deuxième à 20 livres, pour la troisième à 30 livres ».
— Les assignats étaient alors davantage dépréciés. Le
1er mars 1796, ils n'étaient estimés que le 237e d'une livre en numéraire.

(L'année précédente, le prix des grains avait été bien plus élevé encore dans la commune voisine, Brinon). Par suite d'un terrible orage du 15 floréal an II, — 4 mai 1794 — qui avait anéanti presque la totalité des grains, et par suite de toutes les réquisitions qui avaient été faites, le grain y fit défaut. Deux commissaires furent désignés pour aller en chercher dans la Beauce. Ce grain fut revendu à quatre prix différents, suivant l'aisance des habitants. La première classe paya le boisseau 60 livres (28 livres 16 sols en numéraire) ; la deuxième 70 livres ; la troisième 80 livres ; la quatrième 90 livres 15 sols, (43 livres 4 sols en numéraire), le prix coûtant. — C'était l'acquisition du septier à 726 livres, en assignats (348 livres 10 sols en numéraire). Cent livres en assignats représentaient, en mai 1794, 48 livres en numéraire.

28 mai 1795. Tumulte pour le Grain. — Le lendemain 29 floréal, le conseil était convoqué « à l'occasion du
» tumulte qui s'est passé hier lors de la livraison du grain,
» en une chambre de ce bourg, *par différents particu-*
» *liers de cette commune, ce qu'ils accompagnaient de mena-*
» *ces si on ne leur donnait pas le blé au même prix que ci-*
» *devant*, et, pour tâcher d'apaiser ce tumulte, les officiers
» municipaux, présents à la livraison, ont fait mander
» la garde nationale, qui a tâché de mettre le calme, ce
» qui n'a produit aucun effet, quelque représentation
» qui *leur* ait été faite : *néanmoins* Michel Martin, Vil-
» loin, Martin-Genty, Ravau, manœuvre aux Truyes,

» et surtout Simon Leduc a désarmé un desdit *gardes-*
» *nationales*, et s'est muni d'un levier pour entrer dans
» la chambre et frapper en jurant, ce qu'il aurait *valable-*
» *ment* fait, s'il n'eût été désarmé et empêché par Bergin,
» père et fils ; et de suite voulait se transporter dans le
» bourg, dans différentes maisons, sous prétexte d'y faire
» des recherches ; et le matin, ledit Villoin, l'un d'eux,
» a fait le tour du bourg pour rassembler ses camarades
» pour se transporter avec lui au district d'Aubigny. Sur
» quoi ayant délibéré le conseil et approuvé le contenu
» ci-dessus, il a été arrêté qu'expédition en sera envoyée
» au district. Ce fait, le commandant de la garde natio-
» nale ci-présent a été requis de tenir 12 *gardes-nationa-*
» *les* pour se trouver à chaque livraison de grain et y
» mettre le bon ordre ».

IV. — VIE PAROISSIALE

Article premier. — Notice générale

1° *Origines de la paroisse*

La paroisse de Clémont (doyenné d'Argent, archiprê-
tré de Sancerre, diocèse de Bourges), sous le vocable de
saint Etienne, diacre et premier martyr, était déjà ancienne au XI° siècle ; elle fut restituée en 1088, par
Richard II, archevêque de Bourges, à l'abbaye de
Vierzon. Nous avons cru devoir préférer cette date de
1088 à celle de 1079, donnée par M. de Kersers, dans sa
statistique monumentale du Cher. On lit dans la *Gallia*

Christiana, tome II, colonne 138, que « Humbaud gou-
» verna l'abbaye de Dèvres (plus tard Vierzon), de 1082
» à 1095, et qu'il fut témoin, en l'année 1088, aux lettres
» de Richard, archevêque de Bourges, qui restituait des
» droits au monastère de Saint-Denys ». Il est parlé, au
même tome, col. 43-44, de deux chartes de Richard,
dont la première restitue un grand nombre d'églises ; ces
deux chartes sont attribuées aux années 1088 et 1089. —
Au Cartulaire de Vierzon (Bibliothèque Nationale, cote
Latin, 9.865, folios XXV et XXVI), il est fait mention
élogieuse dans la charte « *quæ incipit : Miserante omni-*
» *potenti Deo cui cura est de omnibus....* que, dans le
» cours de sa vie, Richard ne cessa d'augmenter et enri-
» chir notre église de Vierzon, autant par amitié que
» pour satisfaire aux prières de dom Bérenger, abbé du
» monastère », et que, de plus, du consentement de
Gilon, seigneur de Sully (*soliacensis castri*), il rendit plusieurs églises que dans le cours des siècles, des laïcs
avaient envahies, parmi lesquelles l'église de Clémont
(*ecclesiam videlicet Clemontensem*, etc...), et la *Gallia
Christiana*, en marge de la colonne 44 du tome II, a cette
note : Clémont « *prope Suliacum, diocesis Bituricensis*
» *prioratus cum parochia abbatiæ Virzionensi subjacet*. —
» Le prieuré et la paroisse de Clemont, diocèse de
» Bourges, proche Sully, dependent de l'abbaye de
» Vierzon ».

A quelle époque doit remonter la création même de la
paroisse et celle de son prieuré ? — L'abbaye de Dèvres,
d'après la *Gallia Christiana*, Tome II. col. 133, remonterait à l'an 843. Le cartulaire de Vierzon la fait remonter
plus loin, au delà de 781 ; l'une des chartes qu'il contient
produit une donation faite par Centulfe à l'abbaye de
Dèvres, en la treizième année du règne de Charlemagne
(*regnante Karolo rege anno tertio decimo*). La création de

la paroisse de Clémont se rapprochait-elle de la création de l'abbaye? Aucun document ne permet de rien affirmer. L'abbaye de Vierzon conserva du moins le droit de patronage et la nomination jusqu'à la Révolution.

La paroisse a conservé saint Etienne comme patron titulaire de son église ; le patron local est le martyr saint Sébastien, dont le culte sera l'objet d'un article spécial. Le titulaire de l'église a donné son nom à plusieurs endroits de la paroisse ; on a le Clos Saint-Etienne, la Taille Saint-Etienne, les Hayes Saint-Etienne.

2° *Eglise paroissiale*

L'église paroissiale est un monument d'assez vastes proportions (longueur intérieure totale, $32^m 50$; du sanctuaire, 6^m30 ; du chœur, 6^m70: de la nef, 19^m70 — largeur intérieure totale, 15^m50 : de la grande nef, 5^m65, de la nef du nord, 3^m15 ; de la nef du midi, 5 mètres). Elle était entourée, jusqu'en 1876, d'un cimetière qui fut alors transféré sur la route de Cerdon au lieu appelé, d'ancienneté, clos Saint-Etienne. — Au dehors, par suite des accroissements inintelligents de toiture qui lui ont été surfaits (notamment, sans doute, en 1768), elle souffre d'un regrettable aspect de lourdeur; mais, à l'intérieur, elle jouit de nombreux caractères d'une belle architecture. Le 5 juin 1768, les procureurs fabriciens remontraient aux *habitants assemblés* « qu'il y a réparations urgentes aux
» couvertures du clocher, grande et petite tour, corps et
» noues de l'église, — qu'il faut *rabiller* les carrelages....
» recrépir notamment la petite tour, dans laquelle est
» l'escalier qui monte au clocher, dont la principale charpente est pourrie ». — L'avis des habitants fut donné
« de démolir la petite tour, de n'en laisser ou refaire que

» ce qui sera nécessaire pour monter et entrer dans la
» voûte qui se trouve au-dessous du clocher, lui remet-
» tant le même chapeau, clochetons, et refaisant la pa
» reille couverture qui y sont ». — Etude d'Argent —
Sans doute, on ne rétablit, même sur la tour, ni son
chapeau, ni ses clochetons, et, par économie, on aura
fait les allongements de toiture qui cachent les entable-
ments de la grande nef et alourdissent tant le monument.

Vers 1875, l'église fut comprise dans les propositions
de classement des monuments historiques du Cher,
3e classe, n° 18, (*Mémoires des Antiquaires du Centre*,
vol. V, p. 35). Son clocher, au-dessus des voûtes, est en
bois, garni et revêtu de murs en briques : si l'on peut
tenir compte d'une inscription, grossièrement exécutée,
que montre le bandeau de la porte de son escalier et que
nous donnerons plus loin, la flèche actuelle daterait de la
fin du XVIe siècle, la précédente ayant été renversée par
le vent en 1583. Elle a trois nefs : celle du milieu est sé-
parée des latérales par de larges arcatures de 4m70, dont
le sommet atteint presque la hauteur de la voûte, 9 à
10 mètres ; cette voûte est faite de briques debout ; les
nervures, en pierre, sont supportées par des colonnes
fort légères (cannelées à la travée du clocher) dans lesquelles elles viennent se perdre insensiblement ; les chapiteaux en sont richement et finement sculptés : l'un
d'eux, au milieu de la nef, présente deux colombes bec-
quetant un raisin (symbole, sans doute, des vertus de la
Victime Sainte, de la source vivifiante où sait venir pui-
ser l'âme fidèle ?) ; un autre, près de la grande porte,
présente un oiseau de proie qui dévore une colombe
(A-t on voulu symboliser l'esprit du monde, avec ses
abus de la force ? Serait-ce un avis donné à l'âme chrétienne pour la prémunir contre les dangers qui sont à
redouter au sortir de la maison de Dieu ?)

CLÉMONT (Cher).

Portail de l'Église.

Cette église a subi de nombreux refaits, dit M. de Kersers. En effet, le chœur et le sanctuaire, dont le chevet est à pans coupés, paraissent être de la fin du XIII⁰ siècle ; les nervures de la voûte comprennent « un tore à arête médiane presque détaché (de Kersers) ». Le clocher fut construit postérieurement, dans le cours ou vers la fin du XIV⁰ siècle. Les deux travées de la nef centrale ont suivi ; puis, les nefs latérales, qui ont été construites, à la fin du XV⁰ ou au commencement du XVI⁰ siècle, par le chevalier, seigneur de Lauroy, Jean de Gamaches : elles sont d'inégale largeur, à cause, assurément, de la présence de l'escalier du clocher dans la nef du midi. Nous dirons, dans la monographie de Lauroy, art. 2. par. 1ᵉʳ, comment, par l'existence des armes de Jean de Gamaches et de celles de la famille de dame Marguerite de Blet, son épouse, nous sommes fondé à leur attribuer cet agrandissement et l'embellissement de l'église.

La porte de la façade est d'un beau travail ; elle est à doubles vantaux et à linteau droit, porté par un pilier. Le classement de cette porte fut proposé vers 1875, comme monument du XV⁰ siècle (*Mémoires des Antiquaires*, vol. V⁰, page 29). Au sortir de la Révolution, ce pilier n'existait plus. Avait-il été détruit alors, afin de permettre l'entrée des voitures dans l'église, pour l'emmagasinement du blé, ou, comme le veut une tradition, pour l'extraction du salpêtre ? Sa destruction daterait-elle de plus loin ? L'état de vétusté des vieilles portes, qui étaient de même construction que la petite porte actuelle, nous ferait adopter la deuxième hypothèse. Le pilier fut rétabli et les portes remplacées vers 1890. Le tympan qui surmonte le linteau est semé de fleurs de lys et de fleurons. Les fleurs de lys avaient été martelées en 1794, comme signes de Royauté ; elles ont été adroitement reprises dans l'épaisseur de la pierre. « Au milieu du tympan est une élégante

» niche, dont le petit dais est formé d'un très fin assem-
» blage d'accolades à choux frisés et de pinnicules se
» dégradant, suivant l'usage du XVIe siècle. Les mon-
» tants de la porte, à très fines moulures. supportent un
» arc brisé surmonté d'une accolade, et encadrent le tym
» pan. Cette accolade est elle-même surmontée d'un
» double etage d'arceaux aveugles, plaques, termines
» par des decoupures fines et elegantes ; ces arceaux
» sont sépares par de minces colonnettes se divisant et
» se subdivisant en pinacles successivement amincis
» Notre planche XI », dit M. de Kersers (dont nous
aimons à transcrire, presque en entier, la savante descrip
tion), « donne une exacte idée de cette décoration que son
» *élégance et son parfait travail* élèvent au-dessus de la
» banalité. Un bandeau de rinceaux, hardiment fouillés,
» couvre le tout (planche X), et un oculus rond, à belles
» moulures, complete la décoration de la façade ». Il ne
reste plus, helas ! un mètre entier de ce bandeau, et
nous avons trop à craindre que les rigueurs hivernales ne
fassent bientôt disparaître complètement ce magnifique
reste de fine sculpture.

Une autre porte, au midi, présente une decoration ana-
logue, mais moins vaste et moins compliquee. M. de Kersers en a dessine un fragment dans sa planche IV. Le
tympan portait, avant 1794, un large ecusson qui fut
alors martelé, comme signe de feodalité, et que nous
supposons avoir porte les armes de Jean de Gamaches.

Deux chapelles encadrent le cœur. L'une, celle du
nord, a-t-elle eu pour fondateurs Guillaume de Gamaches
et Philiberte de Foucaud, dame de Lauroy, d'Esterre et
de Sury-au-Bois, son épouse ? A-t-elle été construite
pour leur servir de sepulture vers 1480 ? Sa croisee, qui
doit être celle de la construction primitive, est d'un style
anterieur au XVe siecle ; de plus, des aretes d'angle, en-

core très visibles à l'extérieur, démontrent qu'elle a existé antérieurement à la nef du nord. (Par là même, elle a pu causer l'exiguité de cette nef). Elle a servi, jusqu'en 1760, pour la sepulture des propriétaires de Lauroy. Nous exposerons, dans la notice sur la seigneurie de ce lieu, la question de sa propriété et jouissance. Elle a toujours été dédiée à Notre-Dame de Pitié. — L'autre chapelle, celle du midi, etait dédiée, au cours du XVIIe siècle, comme le témoignent les actes de sépulture, à saint Blaise, martyr (patron des laboureurs). Plus tard, elle fut mise sous le vocable de saint Hippolyte (que l'on vient invoquer des paroisses environnantes et de plusieurs assez eloignées, pour la santé des petits enfants) ; vers 1875, on la fit passer encore sous un autre vocable, celui du Sacré-Cœur de Jesus. Elle avait autrefois une porte extérieure qui est encore apparente, surtout au dehors, et qui, probablement, était destinée aux représentants du seigneur local, le seigneur d'Argent et Clémon : elle a servi de sépulture, dans le cours du XVIIe siècle, à la famille de Maubruny (1), qui habitait la Motte d'Ar-

---

(1) Cette famille était issue de Jean de Maubruny, écuyer, qui faisait hommage, le 14 mai 1471, à Jean de la Trémoille, de son hôtel d'Aubusset, paroisse de Brinay, canton de Vierzon (*Chronique de la Châtellenie de Lury*, par J.-B.-E. Tausserat). Il portait : échiqueté d'or et d'azur, au chef d'argent.

M. le comte de Toulgoet, dans son travail sur les comparutions de noblesse du Berry, de 1660 à 1715 (*Memoires des Antiquaires du Centre*, vol. XXIV), dit le chef « chargé de trois roses de gueules ».

Le terrier de la paroisse de Sainte-Montaine, de 1533, mentionne aussi, pages 238 et 313, son petit-fils, « noble homme et sage maistre Gilbert de Maubruny, licencié en lois, lieutenant de M. le Bailly du Berry au siege et ressort de Vierzon, seigneur d'Aubusset et du lieu et métairie de Tillou, assis en la terre et seigneurie dudit Sainte-Montaine ».

Jean II de Maubruny, représentant de la famille à la Motte-d'Argent, etait uni à dame Catherine de Potin. Une de leurs enfants, Gasparde, avait eu pour parrain, le 3 avril 1621, Henry de la Chastre, seigneur de Nançay. le 8 décembre 1641, les actes paroissiaux la présentent elle-même pour marraine avec son mari, Charles Bienne de Bouguiers, seigneur de Brinon.

gent et possédait les fiefs de La Fontaine, de la Grande et de la Petite Planche (1). (Archives de Lauroy. Titre du 2 février 1625. — Actes paroissiaux). L'autel de la nef latérale du nord était sous le vocable de l'Assomption de Notre-Dame (Actes paroissiaux du XVIIe siècle). L'église possède encore le tableau (sans valeur artistique) qui garnissait le retable de cet autel. Nous dirons, dans la monographie de Lauroy, comment l'autel de la nef latérale du midi, dédié à saint Joseph, était précédemment autel de sainte Marguerite.

3° *Inscriptions murales*

La chapelle du nord contient les pierres tombales, avec épitaphes, des chevaliers Guillaume et Jean de Gamaches, seigneurs de Lauroy et Sury-au-Bois (Voir ces épitaphes après la notice sur Lauroy). Celle du midi porte sur la paroi de son mur extérieur, l'inscription suivante en minuscules gothiques très ornées : « Cy dessouls gist feu
» venerable et discrete personne messire Jehan Rousseau,
» en son vivant p^{bre} de ceste paroisse de Clemon lequel
» trespassa le IIIe jo^r de descembre, l'an MV^c trente-neu
» Priez Dieu p^r son ame ».

Deux autres inscriptions funéraires existent aussi, l'une au premier pilier de gauche dans la nef centrale, l'autre dans le mur occidental du bas côté du midi. Celle de la nef centrale est doublée : « Au nom de Dieu a la memoire
» de deffu-^{te} honneste femme Lucresse Jaupistre, vi-

---

(1) Les fiefs de la Motte-d'Argent et de la Grande Planche etaient assis en la paroisse d'Argent, celui de la Petite-Planche, a proximité, sur celle de Clemon (*Archives d'Argent*, une Ciiodde du 22 avril 1711). Le fief de la Fontaine nous est resté inconnu Le lieu de la Petite-Planche, mentionné en la censive de Villaine, en l'année 1666, ne l'était plus en 1716.

» vante, fe-m° de M° Adan Rouer N^{re} et procureur en
» la justice de Clemon laq^{le} decedda le XXVIme mars
» 1642 et le d-M° Adan Rouer, le Xme oct^{bre} 1672. Priez
» Dieu po^r leur^s ames ». — L'inscription du bas-côté
méridional est gravée sur une pierre qui est encastrée
dans le mur, encadrée et divisée en croix par des bandes
saillantes: au milieu de la croix est un cœur; sur la bande
extérieure, il est écrit : « Cy gist feu Jehan Martin en son
» vivant foullon. Priez Dieu pour son ame ». Cette inscription, placée près du pilier qui sépare les deux nefs,
est couverte, depuis 1897, par un placard.

La porte de l'escalier du clocher présente enfin, à son
bandeau, nous l'avons dit une inscription dont la com-
position et l'exécution dénotent plus de bonne volonté
que de science. Elle indique d'abord, assez lisible-
ment, que « l'an mil cinq cent quatre-vingt trois, la *velle*
» *saint Nicola*, le cinq (decembre), le ian jeta le *cloche*
à bas ». La suite est presque illisible. On peut y voir la
date de 87, et, à la fin, les mots « faire le *cloher* ». L'auteur, à prétentions de calligraphie murale, aura voulu
dire, probablement, qu'en 1587, il fut décidé de refaire
le clocher.

Dans les siècles précédents, la jeunesse n'aimait pas
moins qu'aujourd'hui, sans doute, faire montre de sa
science en lecture et écriture. De nombreuses inscriptions
sont encore tracées çà et là sur les murs. L'une d'elles,
tracée dans une gorge du doubleau, qui est près de la
porte du clocher, relate, en lettres courantes minuscules,
que « l'an 1767, le 17 avril, le feu a brûlé le bourg
» de Neufvy ». (Il s'agissait, c'est la tradition du
lieu, du bourg de Neuvy-sur-Barangeon). — Dans une
autre, placée au doubleau du pilier auquel est appliquée
la chaire, un certain Clavier a cru utile de faire savoir à
la postérité qu'il a été « confirmé le 2 may 1768 à

» Aubigny ». — Certaines inscriptions de noms de famille, Drais et autres, avec dates, nous ont fait connaître que les boiseries du chœur, dont les dernières pièces ont été enlevées en 1897, n'avaient été placées qu'après 1753.

4° *Chapelle, fontaine et place Saint-Martin*

Au midi du bourg, entre la rue d'Argent et la rivière de la Sauldre, il y eut une seconde église ou chapelle, qui était dédiée à saint Martin. Etait-ce une précédente église paroissiale ? En dehors des vestiges et du souvenir du cimetière qui l'entourait, rien ne le donne à supposer. Au contraire, le vocable de saint Etienne, que porte l'église paroissiale actuelle, nous porterait à répondre négativement. Devrait-elle son origine à une station des reliques de saint Martin qui aurait été faite à Clémont lors des insurrections normandes ? M. de Kersers en émet l'idée : nous ne pouvons que lui en laisser toute liberté.

Le titre du prieuré Saint-Martin (nous l'avons dit en donnant les origines de la paroisse) était, comme celui de la paroisse, à la nomination de l'abbé de Vierzon. Le 10 octobre 1607 « messire Pierre Nauldin, prêtre, bachel-
» lier en théollogie, prieur du prioré Saint-Martin de
» Clemon, demeurant en la ville de Bourges », ancien curé de la paroisse de Clemon, « baillait et délaissait, au
» tistre de rente annuelle et perpétuelle, à maistre Jehan
» Villabon, procureur fiscal dudit Clemon, demeurant
» audit Clemon, ... un quanton de place et mazure...
» .... contenant de long quatre thoises et demye, et de
» large trois thoise et demye, ... bail et arrentissement
» fait ..... à la charge de payer par chacun an ung de-
» nier tournois de cens envers ledit Nauldin, prieur du-

» dit Clemon, et ses successeurs..... ledit cens portant
» proffits de lots et ventes, deffault et amande, sy le cas
» y eschet, ... et moyennant la somme de cinq sols
» tournois de rente foncière, annuelle et perpétuelle ».
Le terrain « jouxtait d'un long et d'un bout à la court
» des toits à porcs ou estables de la maison dudit Villa-
» bon, d'autre long à la maison dudit prioré et à
» l'eglise, au levant d'icelle maison et d'autre bout au
» verger deppendant de ladite maison priorale ». (Archives de la Fabrique).

En 1687, le titulaire était messire Claude Lamy, prêtre, bachelier en théologie de la faculté de Paris.

Le 14 juillet 1722, heure de quatre de relevée, paraissait devant l'Auditoire de la Justice de Clemon, le sieur Simon Girard, prestre bénéficier du prieuré Saint-Martin dudit Clemon La chapelle dudit prieuré, située au bourg, disait-il, « a été interdite depuis longtemps de
» celebrer le service divin par rapport au mauvais estat
» où elle estait, comme les réparations n'ont este faites
» par le précédent titulaire .. il demande permission
» de faire voir et visiter par masson, charpentier et cou-
» vreur, et estimer les réparations à faire dans leur
» loyauté, conscience... . — heure de quatre (séance) de relevée. — Jean Berger, masson, et Gabriel Lapine, charpentier, après visite, estimèrent la réparation à 60 livres pour la maçonnerie, à 210 livres pour la couverture, a 24 livres pour la charpente, estimation acceptée comme valable par les officiers de la justice. (Archives du Cher, série B. 4 011).

En 1732, messire Simon Girard résignait le prieuré en faveur de « messire Estienne Cherrier, prestre, curé de
» la paroisse Dampierre-en-Crocq », qui en prenait possession le 1er novembre.

Le 18 novembre 1782, messire Nicolas Eloy Cherrier,

« prestre, chanoine de l'église collégiale de Saint-Ythier-
» des-Aix », reconnaissait une rente de trois septiers,
due par son prieuré Saint-Martin à l'église et fabrique
Saint Etienne de Clemon.

Dès 1786, l'abbé Vergnault, curé de Clemon, exerçait
les droits que lui conféraient le titre et le bénéfice de ce
prieuré (Voir *Déclaration de ses revenus*, plus loin, art. 3°).
La chapelle, en 1790. était en ruine, n'ayant plus, à peu
près, que les quatre murs ; elle était interdite depuis bien
des années Le nouveau titulaire, en prenant possession,
avait fait une sommation aux héritiers de M Chenier,
son prédécesseur, pour qu'ils eussent à la réparer et la
munir des objets nécessaires à la célébration du culte :
les choses étaient restées en suspens, Monseigneur l'Archevêque de Bourges ayant eu le projet de réunir ce bénéfice à la cure Ce projet lui-même ne fut pas davantage réalisé, vu les circonstances. Le 21 mars 1791, devant les administrateurs du district d'Aubigny et deux
commissaires délégués par l'assemblée municipale de
Clemon, pour assister aux criées d'enchères, la chapelle
Saint-Martin, avec les héritages du bénéfice de son
prieuré, était vendue, au nom de la Nation. moyennant
la somme de 4 mille 125 livres, au profit de demoiselle
Françoise Bourdin, veuve de M. Etienne Abicot, demeurant en la ville d'Aubigny. — Si le payement s'en fit en
assignats, c'était le prix de 3 mille 878 livres en numéraire. La dépréciation du papier monnaie ne faisait que
commencer ; 100 livres en assignats valaient encore
94 livres en argent monnaye. — La propriété passa ensuite, après acquisition, aux trois cohéritiers Imbault,
qui la vendaient, par acte du 28 novembre 1817, au sieur
Etienne Romion, aubergiste. demeurant à Clémont. Le
jardin et l'emplacement de l'ancien prieuré, — appelé la
chapelle Saint-Martin de Clemon, dit l'acte, — tenait du

midi à M. Brière (maison Boyer), du levant au sieur
Charton, du couchant au chemin qui conduit à la rivière,
et du nord audit acquéreur. Dans cette vente étaient réservées « les pierres qui dépendaient de la démolition de
» ladite chapelle » D'après cette pièce de 1817 et celle
du 10 octobre 1607, la maison « priorale » et la chapelle
du prieuré Saint-Martin occupaient donc une partie de la
cour et des dépendances de l'hôtel actuel le Dauphin, à
la limite de la maison Boyer.

En 1662, le prieuré Saint-Martin avait un revenu sur
une contrée appelée Terre Métaize, située entre la limite
actuelle de la paroisse de Brinon et le bourg de Pierrefitte-sur-Sauldre. Cette contrée comprenait les métairies
ou moulins de Hallicourts, L'Epinière, La Vesvre, Le
Bouchot et Huberderye, Villemignon, Le Bois, moulin
Bourdon, Longats, Le Corbois, moulin des Fossés, de
Bouste, La Bouguerye, Maubertin, Levy et briqueterie
de Levy. Les habitants, tout en étant justiciables, en
tous temps, de la justice de Brinon, et payant au seigneur dudit lieu les droits seigneuriaux, comme fiefs,
cens et terrage, étaient, alternativement par année, paroissiens de Brinon ou de Pierrefitte. Le dîme de cette
contrée était levé en deux parts, celle de Brinon et celle
de Pierrefitte appelée dîme Paulmier. Ce dîme Paulmier appartenait pour moitié au seigneur de Pierrefitte,
et pour un quart au seigneur d'Etampes-les-Coudray.
Le dernier quart était levé, moitié par le chambrier de
Vierzon, moitié par le prieur de Saint-Martin de Clémon.

Le droit de dîme sur Brinon était de 36 gerbes l'une ;
pour le dîme de laine et agneaux, de 13 l'un ; pour le
terrage, de 12 gerbes l'une. (Terrier de la seigneurie de
Brinon, 1662).

Les titres de propriété des biens du prieuré furent remis aux administrateurs du département, par le titulaire, en décembre 1791, bien que la lettre des administrateurs qui réclamait ceux de la cure n'en fît pas une mention spéciale. « La cure de Clémon étant à portion congrue, » répondait M. Vergnault, je ne possédais aucun fonds. » Il n'en a pas été aliéné, qui dépendît de ce bénéfice. » Je ne peux conséquemment avoir aucuns registres, pa » piers ou titres, relatifs à ce bénéfice, à vous faire pas- » ser.

» Il n'en est pas de même du prieuré Saint-Martin » dont j'étais titulaire et dont vous ne me parlez pas dans » votre lettre du 12 du courant. J'ai cru que j'entrerais » dans vos vues en vous adressant le peu de titres qui » m'ont été remis sur cet objet. Le premier et le plus » essentiel est un bail judiciaire du 2 mars 1717 ..... »

Le prieuré, à l'entrée en possession de M. Vergnault, possédait deux cloches qui furent alors déposées au presbytère. Au mois d'avril 1788, la fabrique de la paroisse faisant refondre l'une de ses cloches qui était *cassée*, M. Vergnault donna une de celles de son prieuré « pour » suppléer au déchet du métal et épargner par là des » frais à cette fabrique qui avait besoin qu'on vînt à son » secours, ayant d'ailleurs bien des réparations à faire et » peu de moyens. » (Archives du Cher, série L. 508. Lettre Vergnault, du 18 décembre 1791). — L'autre cloche du prieuré fut remise à la municipalité, à cette même époque, décembre 1791. et transportée à l'administration du district d'Aubigny. Il en coûta, pour la rémunération du conducteur, la somme de cinquante sols. (Archives du Cher, série L. 509. Lettre Brière, maire).

Il ne reste plus qu'un léger souvenir de la chapelle du prieuré Saint-Martin.

A l'entrée du bourg, près du moulin, il existe une fontaine dont l'eau est d'une qualité très appréciée, et qui porte encore le nom du vénéré thaumaturge des Gaules.

La place de l'entrée du bourg, qui était à une faible distance, devant l'entrée de la chapelle, au-dessus de cette fontaine, fut longtemps appelée place Saint-Martin. Cette dénomination était tombée dans l'oubli. Elle a reçu, en 1900, le nom de feu M. le docteur Boyer Albert, qui lui fut donné en reconnaissance du legs de sa terre des Morins, fait en faveur du bureau d'assistance. La demeure du testateur (ancienne maison Villabon, Brière, qui joutait la chapelle Saint-Martin au midi), est devenue, en octobre 1900, selon ses dernières volontés, le logement de Religieuses pour servir « au soin des » malades pauvres et à l'éducation chrétienne des jeunes » filles ».

5° *Presbytère*

Le lieu du presbytère a probablement sa destination présente depuis la construction de l'église paroissiale. Un vieux plan de « l'église et ses alentours », dressé d'après un adveu de 1644, donne le dessin de la partie centrale du bâtiment qui fut récemment démoli en décembre 1902. Il joint au levant, devant la face de l'église, la place publique ; au couchant, la route d'Isdes (dite autrefois, route de Clemon à Jargeau) ; au nord, un jardin que le terrier de 1563 dénommait la Terre du presbytère (voir art. 3, Terre de la portion congrue) ; au midi, une terre avec jardin, qui fut baillée, le 11 février 1538, après les trois proclamations faites au prône, à charge d'une rente « annuelle et perpétuelle » de 15 sols et 2 deniers tournois, pour le profit et utilité de ladite cure, par Bertrand Bribard, curé de l'église paroissiale de Clemon, représenté en la cause par son père, Jehan Bribard, marchand au bourg (voir Annexes · Notices curiales).

Le bâtiment curial précédent, construit en bois et torchis, remontait-il à cette même date de 1538 ? Ce n'est pas improbable, attendu son état de vétusté, qui l'avait fait estimer. en 1900, comme n'étant pas reparable. Le 28 fevrier 1790, dans la déclaration de ses revenus, le curé en présentait déjà l'entretien comme très coûteux. « parce que, disait-il, il est fort ancien et tombant en » ruines ». — Le 19 septembre 1717, une assemblée des habitants, à cette remontrance « que la maison curiale » menasse ruyne. que des grosses réparations sont né- » cessaires », avait répondu en décidant « requeste à » l'Intendant de cette généralité de Bourges, pour per- » mettre à iceux habitans de nommer des massons et » charpentiers pour faire le devis et estimations des re- » parations et de le faire crier en bail au rabais, et estre » fait un rosle...... estre cotizes par icelluy et austres » proprietaires des biens qu'ils ont en cette paroisse, au » sol la livre du revenu desdits biens. et estre nommés » deux habitans de cette dite paroisse pour faire la levée » d'iceulx deniers pour estre employés au paiement des- » dites réparations.... » (Archives du Cher, série B, 4.011).

Le bâtiment nouveau, construit en rez-de-chaussee avec étage mansarde, a reçu la benediction de l'Eglise le 6 juin 1904.

6" *Croix des processions*

Les croix qui sont visitées aux processions des Rogations et autres, ont été érigées en l'honneur · 1° de saint

André, sur la route d'Aubigny, à l'entrée du chemin du gué de la Sauldre ; 2° des saint Philippe et saint Jacques au domaine de La Fin, près du chemin de la procession qui est mentionné au terrier de Villaines de 1563 ; 3° de sainte Marguerite, au lieu des Ardillats ; 4° de saint Marc au lieu de la Maladrerie ; 5° de saint Louis, sur le chemin de Lauroy. — Cette dernière croix, alors qu'elle était de bois, portait un double croisillon ; était-ce en souvenir de l'heureuse préservation d'un double coup de feu qui fut tiré en cet endroit contre messire Claude-Joseph Dubuc ? La tradition de la famille mentionne ce fait — Dans l'adveu de 1497, une croix est appelée la croix Boissée. L'adveu de 1645 parle de la « rue par la » quelle on va du four bannal au lieu où *soulait* être la » croix Boissée. » Une maison de la rue de Cerdon, d'après cet adveu et d'après le terrier de Villaines de 1563, joûtait « la terre de la fousse où *soulait* estre la croix » Boissée dudit Clemon ». L'adveu de 1716 la mentionne aussi. Nous n'avons pu en préciser l'emplacement.

Il existe une autre croix au lieu de la Rondelière, en un endroit retiré, où passait l'ancien chemin de Clemon à Aubigny. Elle était dénommée autrefois Croix Bellegary, en mémoire de la mort accidentelle (une tradition dit : de l'assassinat) de messire Pierre Innocent Bellegary, curé de Clemon, âgé de 45 ans, qui aurait été trouvé là, sinon mort, du moins grièvement blessé ; il fut transporté en sa demeure curiale, et fut inhumé le 26 avril 1766, dans l'église paroissiale Saint-Martin d'Aubigny (ses parents demeuraient en cette ville). — Un propriétaire du lieu de la Rondelière, ayant plus tard relevé cette croix, lui aurait donné le nom de son patron saint Pierre.

La croix, qui existe au milieu de la place de l'entrée du bourg, fut érigée en 1865, comme mémorial de la mission qui venait d'être prêchée, avec d'heureux fruits. par le R. P. Joseph, religieux Barnabite de la résidence d'Aubigny, mort l'une de ces dernières années en Suisse.

Celle qui est dressée au fond de la grande place, communément et de si longue date appelée la Peluie (la Peleuze, en 1497), est dédiée à saint Sébastien. Elle portait autrefois, dans son fût, enfermée dans une petite niche et protégée par un grillage, la statuette du saint (qui, malgré sa forme grossière, est toujours si religieusement vénérée, que la procession de la fête patronale semblerait, pour quelques-uns, avoir perdu toute efficacité, si elle n'y avait été portée). Cette statuette fut retirée de là et transportée à l'église paroissiale par la vigilance de M. Dugenne, curé de Clémont. de 1821 à 1830, pour qu'elle fût préservée de toute irrévérence.

7° *Culte et reliques de saint Sébastien*

La dévotion à saint Sébastien est, depuis un long temps, très vivace à Clémont. On l'y invoque particulièrement contre les maladies épidémiques, et plus spécialement contre les angines. Les actes paroissiaux du XVIIe siècle donnent à croire que l'autel majeur de l'église paroissiale était alors sous son vocable (voir Annexes : Sépultures devant l'autel de saint Sébastien).

A quelle époque pourrait-on fixer l'origine de ce culte local? Les souvenirs des grandes calamités épidémiques portent sur les années 1875, 1857, 1832 et 1694.

En 1875, une violente épidémie d'angine fut l'occasion d'une fervente neuvaine de prières à saint Sébastien, et du vœu d'une procession annuelle, qui, depuis, se fait très solennellement chaque premier dimanche de juillet, après vêpres, avec un très grand concours de fidèles, malgré l'urgence, à cette époque, de la récolte des prairies qui produisent un revenu si important pour cette commune. Le nombre des décès ne fut, malgré l'épidémie, que de 35 pour toute l'année, la moyenne décennale ayant été du chiffre de 23.

En 1857 et 1858, une même épidémie, de plus longue durée, avait produit une mortalité considérable, 109 décès. Le pénible souvenir qui en était gardé avait fait décider les prières solennelles de 1875.

En 1832 « au mois de novembre (1), les fièvres palu-
» déennes qui sévissaient en ce pays, couvert alors
» d'étangs et de marais, avaient développé d'autres ma-
» ladies dont souffrait beaucoup la population du bourg
» et de la campagne ». (Clémont était sans doute atteint par l'épidémie de choléra qui fit, en l'année 1832, de si grands ravages en France). « Melle d'Allaines, châtelaine
» de Lauroy, vint trouver M. Gaucher, lui disant :
» M. le curé, les médecins ne peuvent conjurer la mort,
» ni guérir nos pauvres *Clémontais* ; ne serait-il pas
» temps de nous adresser à Dieu et à ses saints ? Je vous
» demande d'annoncer des messes célébrées à cette inten-
» tion et d'y convoquer tous ceux qui pourront encore
» venir à l'église, en l'honneur de saint Roch, ou de saint
» Sébastien dont nous possédons une statue qui a été
» reléguée à la sacristie, après l'établissement des grilles,
» sous votre prédécesseur, M. Dugenne, mais que je dé-

---

(1) Récit écrit à Clémont, en 1893, par M. l'abbé Milet, prêtre du diocèse du Mans, qui avait séjourné en cette paroisse, dans le cours de son adolescence, de 1831 à 1834, et qui était venu passer quelques jours près de ses parents « encore une fois, écrivait-il, en ma 76ᵉ année, avant mon grand voyage ». — Il ne disait que trop vrai. Dans les premiers mois de l'année suivante, la mort le surprenait, presque subitement, en son domicile du Mans, dans sa paroisse d'origine, N.-D. de la Couture, quelques instants après la célébration du Saint Sacrifice.

» sirerais voir reparaître, comme autrefois, *sur la cor-*
» *niche du grand autel.* Dès le dimanche suivant, une
» messe en l'honneur de saint Sébastien fut annoncée, et
» le jour où elle fut célébrée, l'église fut pleine comme
» un jour de fête. L'ancienne statuette du saint avait été
» sortie de la sacristie et placée en évidence, à côté du
» grand autel, sur une pièce de *pilier élevé* que — les
» jeunes étudiants en clericature. Chassignol (1) et Mi-
» let — avaient décoré, et qui devint resplendissant de
» cierges allumés par les paroissiens. Mais ce qui fit le
» plus d'impression, ce fut une amelioration très sensible
» et très remarquee de la population, dans la santé ge-
» nerale des *Clémontais.* » (Les années 1832 et 1833 n'atteignirent ensemble que le chiffre de 41 decès, la moyenne
decennale ayant été de 24).

Le souvenir n'est pas davantage effacé encore, bien
qu'il soit de beaucoup plus eloigné, de la grande peste
qui sevit, disent les traditions familiales, il y a environ deux
cents ans. Nous en avons parlé, p. 59 : nous avons dit
alors comment les deces atteignirent, en l'espace de
16 mois, le nombre effrayant de 213 sur un chiffre de population de mille à onze cents âmes.

La devotion des paroissiens de Clemont à saint Sébastien remonte donc assurément au delà de 1832 ; l'exis
tence de la croix de la grande place et de sa statuette
le demontre avec assez d'évidence. Eut-elle une origine
dans l'épidémie de 1694 ? ou même remonte-t-elle plus
loin ?

Les anciens se souviennent encore qu'*autrefois* (au

(1) Louis-Marie Chassignol devint aussi un pictre tres estimé,
fut vicaire d'Henrichemont, cure des paroisses de Ruffec (Indre),
Dampierre-en-Crot et Thou (Cher). Il se retira en 1889, en sa paroisse
natale de Clemont. où il mourut en décembre 1892. Son corps
repose dans le caveau destiné à recevoir les restes des curés de la
paroisse de Clemont.

commencement du XVIII siècle) dans les temps de sécheresse, on allait en pèlerinage à Saint-Benoît-sur-Loire, distant d'environ 7 lieues, prier sainte Scholastique, pour obtenir, par son intercession, le bienfait de la pluie. Il nous semble que les fervents paroissiens de Clémont ont dû acquérir, en ces pieux pèlerinages, la salutaire pensée du culte de saint Sébastien, qui, à Saint-Benoît, remontait bien plus loin.

Le 21 juin 835, le monastère avait reçu de celui de Saint Denys, avec d'autres précieuses reliques, des ossements de saint Sébastien, martyr (dont le corps avait été récemment découvert), à la condition que, tous les ans, sa fête serait célébrée avec solennité. A cette occasion, le vocable Sainte Marie, de l'église du vieux Fleury-sur-Loire (1) (aujourd'hui Saint-Benoît sur-Loire), avait été changé en celui de Saint-Sébastien. Le trésor de Saint-Benoît, très riche en saintes reliques, possède encore un ossement de notre saint, d'une longueur de 25 à 30 centimètres, un *femur* presque entier.

Le 6 décembre 1597, le pape Clément VIII avait consacré le culte rendu par le monastère à saint Sébastien et à saint Benoît, en accordant, par un Bref « indulgences » *plénières* à tous ceux qui visiteront dévotement » l'église de l'Abbaye de Saint-Benoist-sur-Loire, les » jours et festes de M. saint Sebastien, 20ᵉ de janvier, » et de la translation du corps de M. saint Benoist; (cette » translation est fêtée très solennellement le 2ᵉ dimanche de juillet) ». Nous estimons que les Religieux de l'Abbaye de Saint-Benoît-sur-Loire ont dû répandre,

---

(1) Le bourg du vieux Fleury était éloigné du monastère d'environ un kilomètre. Son église, qui avait été bâtie vers 630, fut détruite en 1810. Elle avait été cédée par la commune, sous forme d'échange, à l'acquéreur (1791) de l'église de l'abbaye, qui devint ainsi l'église paroissiale d'aujourd'hui.

dans un rayon assez étendu, le culte de notre saint martyr.

Ce culte a pris un nouvel essor à Clemont, en 1897, par l'inauguration, faite solennellement le 20 janvier, de reliques de notre saint patron. La plus importante, du volume d'un centimètre, fut donnée à la paroisse par l'évêché d'Orléans, par l'obligeante entremise de M. l'abbé d'Allaines, vicaire général de ce diocèse, qui vint en présider la fête.

En 1899, la solennité de la procession du premier dimanche du mois de juillet fut rehaussée par la présence de Monseigneur Béguinot, évêque de Nîmes. Depuis longtemps la paroisse de Clémont avait fréquemment l'honneur de la visite de Sa Grandeur, à cause du séjour de sa sœur, notre excellente institutrice, et de sa vénérable mère. Après deux années d'éloignement à Aubigny, M{le} Béguinot ayant fixé son lieu de retraite à Clémont, son retour nous vaut de nouveau la visite annuelle de Monseigneur l'evêque de Nîmes ; et cette année 1904. en janvier, cet honneur fut encore grandi par la présence de Monseigneur du Curel, évêque de Monaco, son ancien vicaire général, qui l'accompagnait comme les années précédentes

C'est grâce à l'honneur de ces relations que la paroisse reçut, en 1896, une seconde relique de saint Sébastien Elle lui fut offerte par Monseigneur le cardinal Boyer, qui l'avait obtenue du cardinal-sacriste du Vatican (son ami), au voyage qu'il venait de faire à Rome à l'occasion de sa promotion à la dignité cardinalice Monseigneur Béguinot, alors préconisé évêque de Nîmes, avait accompagné Son Éminence dans son voyage *ad limina*.

Puisse Clémont persévérer toujours dans son culte pour son puissant patron, prenant leçon de sa générosité pour l'honneur de Dieu, et de sa charité pour ses frères en Jésus-Christ.

Article II. — Syndics et procureurs fabriciens de la paroisse.

1° *Syndics*

1656. Denys Thiersault. et Jean Marchain, « procureurs syndics ».

1670 à 1671. Louis Foubert et Pierre Cirodde, « procureurs syndics ».

Septembre 1675. Jean Rat, « thailleur d'habits » et Pierre Fouquet, manœuvre, « procureurs syndics ».

Octobre 1675. Jacques Collin et Pierre Bureaulx, « procureurs syndics ».

1677 à 1708. Jean Herveau-Clément.

1725 à 1728. Jacques Geoffrenet.

1745 à 1757. François Bouquin, « syndic du général de la paroisse ».

1760 à 1764. Jean Herveau.

1765 à 1767. Pierre Bazin.

1771. Jean Lapine.

1783. Jacques Victor Jullien, « syndic ».

1786 à 1790. Gabriel Potier, tailleur.

2° *Recepveurs, procureurs et gouverneurs de l'escuelle (ou boueste) aumosnière des trespassez.*

1556. Pierre Bery, et Benoist Blondeau, « marchant drappier ».

1567. Denys Buzon, et Jehan Bristeau, « sergent en la Justice de Clemon ».

1579. Jehan Cavard.

1597. Paul Rouer.

1608 à 1609. Estienne Imballt.

1620 à 1622. Jehan Leclerc.

1683. Jean Leclerc, « marchant drappier ».

3° *Procureurs fabriciens*

(Liste dressée, pour la plus grande partie, d'après les actes de l'Etude d'Argent)

1556. Guillaume CAUQUY « marchant drappier, gagier et procureur de l'Eglise ».

1608 à 1609. Pierre FERNAULT et André CHIFFLET.

1620. Jehan SOYER.

1621. Guillaume GUIGUAIN et Gabriel HODEAU, « procureurs et gagiers ».

1622 LAVIGNE et Guillaume GUIGUAIN.

1623 Guillaume GUIGUAIN et Jean CHESNEAU.

1641 à 1644. Silvain VILLABON et François CHESNEAU.

1667 Gentien HODEAU et Silvin BOURDIN, « gagiers ».

1671 à 1672. Gabriel BILLARD, « marchant foullon », et Etienne VASLOT.

Juin 1675. Estienne ROUER.

1683. Jean SAVART, marchand, et François JOUANIN, marchand.

1692. Silvain VALLOT, marchand, et Pierre BILLARD, notaire et tabellion.

1694 à 1697. Jean HERVEAU, maître maréchal, et Georges JOUBERT, « marchand laboureur ».

1697. Georges JOUBERT, maître maréchal, et Louis JOUBERT, menuisier.

1712. Estienne VOISIN et Jean SOYER, marchands.

1714 Georges BAZIN, « marchand meusnier » au moulin Dabas, et Estienne AZAMBOURG.

1717 à 1718. Georges BAZIN, « marchand meusnier » au moulin Dabas, et Louis BARBELLION, laboureur.

1720. Jean BARDIN, meusnier au Gué-Peron.

1725. Henri GUILLON et Pierre GIRAULT.

1726 à 1727 Jean FERRIEUX, charron, et Georges CHOLLET, laboureur.

1728 à 1729 Jean BAZIN, marchand meusnier, et Louis NAUDINET, laboureur.

1730 à 1731. Gabriel LAPINE, charpentier, et Jean MICHON, laboureur, « pour dresser les comptes, l'un de 1730, l'autre de 1732 ».

1732 à 1733. Jean BERGER, « masson », et Pierre BARBELLION, laboureur, « Berger pour le compte de 1732, et » Barbellion pour celui de 1733 ».

1734. Estienne AZAMBOURG, meusnier, et Jean BOURDON.

1735. Estienne AZAMBOURG, meusnier, et Annet BERGER, « cabarettier »

1736. Estienne AZAMBOURG, meusnier, et Pierre BOULLAULT, laboureur.

1737 Pierre BOURDON, aubergiste, et Pierre CHAUDRON, laboureur.

Août 1738. Jean HERVEAU, « en place de deffunt Pierre Bourdon »

1739 à 1740. Silvain BERGER et Jean NAUDINET.

1741 à 1742. Pierre BOURDON, aubergiste, et François SOYER, laboureur.

1743 à 1744. Pierre LAVILLE, marchand, et François MILLET, laboureur, « procureurs fabriciens gagiers »

1745 à 1746. Philippe CHAUVEAU, maître chirurgien, et Pierre LECLERC, laboureur.

1747 à 1748 Jean BOUGERET, charpentier, et Jean SOYER, « gagiers, procureurs fabriciens ».

1749 à 1750. Maître Jean-Antoine ROUSSEAU, bailly en cette Justice, et Jean MOUSSET, laboureur.

1751. Pierre BARBELLION, cy-devant laboureur, et Jean GIRAULT, laboureur.

Mars 1756 Charles COURTIN, marchand, et François SOYER, laboureur.

1757. Maître André CIRODDE, bourgeois, et sieur Joseph GRESSIN DES FLEURIERS.

1760. « Anthoine » Michau, maréchal de forge, et Pierre Tellier, laboureur.

1762 à 1763. François Bourdon, aubergiste, et Guillaume Senée, laboureur.

1764. Louis Beaufrère, laboureur, et Jean Aubert, manœuvre.

Mars 1767. Hubert Bourdon, aubergiste, et Jean Griveau, laboureur.

Avril 1767. Pierre Joubert, meusnier du Gué-Péron, « en place de Jean Griveau, décédé ».

1768. Pierre Loiseau, maitre chirurgien, et Etienne Vannier, laboureur.

1771. Louis Lapine, chairon, et Pierre Pointard, laboureur.

1774. Jean Herveau, marchand

1775. Guillaume Renat, laboureur.

1780 à 1782. Barthélemy Garnier, maréchal de forge.

1783. François Champion, laboureur, et André Grajon, marchand.

1786 à 1787. François Brière, procureur fiscal, et François Barberousse, laboureur.

1792. Jacques-Philippe Brière, et André Gaucher.

1802. Jacques Etiève et L. Barberousse, gagiers.

L'examen de la période de 1726 à 1751, qui fournit une série complète d'élections, donne lieu de constater que le renouvellement des procureurs fabriciens était bien plus fréquent au XVIIIe siècle, qu'aujourd'hui.

L'élection était faite par l'assemblée des habitants, en la présence du syndic et des officiers de la paroisse, assistés d'un notaire, à l'issue de la messe paroissiale, « pour deux années, pour rendre bon et fidèle compte de » leur recette et mises d'administration des biens et de» niers de la fabrique ». La réélection était-elle interdite ?

Il semble que ce fut la règle, car on ne voit guère la répétition du même nom. Chacun des élus (élections de 1730 1732) avait la charge du règlement des comptes pour une année. Ils recevaient « plein pouvoir de faire et
» intenter telles demandes qu'ils aviseront bon estre à
» l'occasion des biens et intérêts de la fabrique pardevant
» tel juge qu'il conviendra ; et poursuivre, défendre contre
» celles qui pourraient être dirigées contre eulx ; comme
» aussi de passer reconnaissance, présenter *homme vivant*
» *et mourant*, sy besoin est, à qui il appartiendra ; faire
» passer les reconnaissances des rentes dues à la fabrique,
» quand besoin sera ; de faire, pour ce, toutes poursuites
» requises et nécessaires » (Etude d'Argent Acte d'assemblée du 24 janvier 1762).

Les procureurs fabriciens devaient donc, entre autres obligations, présenter un *homme vivant et mourant* (un chargé d'affaires, un représentant) pour les biens et rentes de la fabrique aux seigneurs des censives dans lesquelles ces biens et rentes étaient assis. Aussitôt élu, l'*homme vivant et mourant* rendait l'adveu au seigneur pour les biens et rentes qu'il représentait, afin que le seigneur pût jouir de son droit de percevoir le cens, et la fabrique, après le décès de son *homme vivant et mourant*, avait à solder au seigneur les « proffits de desherence et biens vaccans ». C'était, alors, la pratique de la déclaration faite et soldée aujourd'hui à l'enregistrement. Généralement, cela se comprend, le choix des procureurs fabriciens se portait sur des sujets d'un âge peu avancé.

Les fabriques paroissiales payaient ainsi l'impôt pour leurs biens selon la forme ordinaire, au lieu de le payer, comme il se fait aujourd'hui, depuis 1850, pour tous les établissements publics, sous la forme d'une moyenne annuelle qui porte le nom spécial d' « impôt de main-
» morte ».

Le 30 avril 1718, « pour raison de la rente d'un septier de
» bled seigle, que l'église de Clemon » avait le droit « de
» prendre sur le lieu et métairie de Lestang, assise en la
» paroisse de Pierrefitte, relevant de la censive de Tracy
» appartenant à dame Anne Lamirault, veuve de deffunt
» M. François Dorléans, vivant chevalier, seigneur de
» Tracy » qui était « dans le *dessin* (sic) de faire des pour
» suites, afin qu'il luy soit donné — un homme vivant et
» mourant — pour raison de ladite rente », était nommé
« au lieu et place de feu Estienne Vaslot, qui estait —
» homme vivant et mourant pour la dite rente, — Jacques
» Geoffrenet, ... aagé de 18 à 20 ans ».

Le 25 avril 1732 avait été nommé. « en place de deffunt
» sieur François Geoffrenet, Silvin Berger, *aagé de 19 à*
» 20 ans, pour *homme vivant et mourant*, pour *la déclara-*
» *tion de propriété des biens et rentes* pour le cens, au nom
» de l'église et fabrique envers messire Dubuc, seigneur
» de Lauroy et Collommier, afin d'avoir pour ledit sieur
» Dubuc ses droits de proffits lors du décéds dudit Silvin
» Berger ».

Le 28 juillet 1765, à la « demande de messire Claude
» Dubuc, de Lauroy, chevalier, seigneur des censives
» de Lauroy, Vilaine et Collommier, que, en place de
» Silvain Berger, nommé par les habitants pour *homme*
» *vivant et mourant* par acte reçu Diais, notaire, le 25 avril
» 1732, ledit Berger étant décédé au mois de décembre
» dernier, soit nommé autre nouvel *homme vivant et mou-*
» *rant* à luy passer reconnaissance censuelle de la directe
» et mouvance des biens et rentes de la Fabrique, situés
» et à prendre en cette censive. ... et, pour le paiement à
» luy dû, conformément à la coutume de Berry, desdits
» biens et rentes », choix était fait de « Paul Joubert, fils
» de Pierre Joubert, meusnier, et de Marie Bardin, que
» les procureurs fabriciens nommeront et présenteront

» pour *homme vivant et mourant* avec obligation de payer
» proffits audit seigneur au déceds dudit Paul Joubert ».

Le 23 février 1783, les habitants étant assembles, les procureurs fabriciens « exposent que Monseigneur le duc
» d'Aubigny leur demande — un homme vivant et mou-
» rant — pour raison de la rente de six livres sur une
» maison du faubourg Sainte-Anne, paroisse et censive
» dudit Aubigny, aux lieu et place du dernier décédé, de
» luy payer les proffits de mutation de lad-rente, de luy
» en fournir acte en forme, et de luy en passer reconnais-
» sance aux depens de la Fabrique ». Nomination fut faite « pour *vicaire homme vivant et mourant à ladite sei-
» gneurie d'Aubigny*, de Sébastien-Benjamin Potier, aagé
» de 15 à 16 ans, fils de Gabriel Potier, tailleur d'ha-
» bits. ... » — (Actes de l'Etude d'Argent).

Biens et rentes de la Fabrique

Le 8 mars 1792, le maire, Brière, déclarait aux administrateurs du district que « notre église, fabrique et les
» pauvres de cette paroisse ne possèdent rien sur le trésor
» public ». (Archives departementales, liasse L 510).

Aux XVIIe et XVIIIe siècles, l'administration foncière des procureurs fabriciens portait sur 20 journees (cinq hectares) de pré, avec 2 pièces de terre et 1 pastureau. Ces biens, le 7 avril 1671, étaient livres, séparement, à ferme, aux plus offrants et derniers enchérisseurs pour la somme totale de cent et quelques livres. Le 30 mars 1728, ils étaient ascensés (affermés) pour six années à M. Guillaume Brusle, procureur en la justice de Clemon, pour la somme annuelle de 150 livres ; le même jour, une maison du bourg était donnée à loyer pour la somme de

15 livres, avec la charge des cens et droits seigneuriaux Le 10 décembre suivant, les procureurs donnaient encore à bail, pour neuf années, au même Brusle, les rentes en bled seigle, et une autre maison, dite de la Croix-Rouge. le tout pour la somme annuelle de 90 livres. C'était donc, pour tous les biens de l'église et fabrique de Clemon, en 1728, un revenu annuel de 255 livres (Etude d'Argent).

De 1717 à 1727, le taux des enchères avait varié de la somme de 220 à celle de 359 livres qui avait été atteinte en 1720 (Archives départementales B 4011).

Les 14 mars 1756 et 6 mars 1767, les mêmes prés et rentes (20 septiers de bled de rente) et la maison de la Croix-Rouge étaient donnés à ferme, à un même preneur, pour la somme de 230 livres « par chacun an ». — (Etude d'Argent) Une des rentes, constituée par contrat du 7 juillet 1454, reposait sur la maison de la Croix-Blanche. Elle était reconnue encore le 30 août 1726 par Pierre Bourdon, marchand aubergiste, comme époux de Magdeleine Virgine, reconnaissant « qu'il est sei
» gneur, propriétaire, possesseur et détempteur du logis
» où pend la Croix-Blanche, tenu, sujet et redevable : 1°
» de la rente de 35 sols donnée à l'eglise et fabrice de
» Clemon, par testament Jean Fernault, du 27 octobre
» 1638, à lui due sur un pré appellé le pré du Moulin de la
» Ville, autrement pré le Cloudy Vaslot ; 2° de fournir de
» vin, tant qu'il en faudra, le jour de *Pasques charnel*,
» aux communiants de la paroisse de Clemon... seulle-
» ment qui ont receu le corps de Notre-Seigneur ». — (Etude d'Argent). Le symbolisme de la communion sous les deux espèces était donc pratiqué encore en 1726, ou, du moins, le service de cette rente en conservait le souvenir.

Le revenu des biens et rentes n'était pas net pour la caisse fabricienne. La plupart etaient grevés de charges. Le 14 avril 1720, par acte fait en la Justice de Clemon, les procureurs fabriciens et habitants avaient dû consentir « qu'il fût payé, par chacun an, par la fabrique, au » sieur curé, au lieu de la somme de 158 livres, celles de » 200, pour l'acquittement des fondations de services re» ligieux ». — (Etude d'Argent). L'assemblée des habitants qui accorda l'augmentation précisait « la charge, pour » messire Armand Baucheton, curé, et ses successeurs, » de dire, tous les lundis de chaque semaine, pendant » l'année, un service à un nocturne et grand-messe, et le » premier de chaque mois, un nocturne et deux grand» messes, pour le repos des âmes des trépassés de ladite » paroisse ». (Archives départementales, B 4011).

Au rôle des impositions de l'exercice 1790, la Fabrique était inscrite, sur la maison de la Croix-Rouge, pour la somme de 1 livre 14 sols 7 deniers. (Archives départementales C 248).

A l'époque de la tourmente révolutionnaire, les biens fonciers de la Fabrique de Clémon, comme ce fut le sort commun à tout établissement religieux, lui ont été enlevés. Seules, quelques-unes des rentes en nature, assises sur des propriétés privées, ont pu survivre, avec leurs charges de fondations, au changement de régime administratif En dehors de ces quelques rentes, grevées pour une grande part, la Fabrique n'a plus de ressources pour son administration, que dans les contributions volontaires versées par les fidèles, pour la jouissance des bancs et chaises.

La cure n'avait aucun bien-fonds. Elle était essentiellement à portion congrue, depuis l'abandon de sa portion de dîmes fait au seigneur décimateur, le 5 juillet 1687 (Archives départementales L. 508. Lettres Vergnault des 7 janvier et 18 décembre 1791).

DIME ET PORTION CONGRUE. — Il faut remonter au moins jusqu'au VIII⁰ siècle pour avoir l'origine de la dîme ecclésiastique de l'ancien régime Charles Martel, pour *soudoyer* ses gens de guerre dans la défense de la chrétienté contre les Sarrasins (732), avait dépouillé les églises. Charlemagne, d'accord avec la nation, établit qu'une partie des fruits de la terre, la dîme, serait affectée chaque année aux besoins des paroisses et à leurs pasteurs. Les capitulaires de 802 et 804 portent qu'elle doit être payée aux « *églises anciennement baptismales* » Durant l'anarchie féodale, les dîmes des paroisses furent usurpées. De nombreux canons des conciles du XI⁰ siècle en ordonnèrent la restitution. Au XVI⁰ siècle seulement, l'accord de la puissance spirituelle avec la temporelle en reconnut et détermina le droit. Un édit de Charles IX, du 16 avril 1571, attribua aux curés, sur les dîmes de leurs paroisses, une partie congrue de 120 livres. Louis XIII, en 1629, l'éleva à la somme de 300 livres ; Louis XIV, en 1686, à celle de 500 livres ; Louis XVI, en 1786, à celle de 700 livres pour les curés, et de 350 pour les vicaires. (Chassin. — Les cahiers des curés. Procès-verbaux de 1789, page 336 —, citant lettres d'un curé d'Anjou à l'assemblée des Etats de la Nation, sur le droit exclusif des curés aux dîmes de leurs paroisses) Enfin, par son décret du 2 novembre 1789 qui déclarait mis à la disposition de la Nation les biens des monastères et des paroisses, l'Assemblée nationale fixait à un minimum de 1200 livres la *dotation des ministres de la Religion, non compris le logement et les jardins en dépendant.*

— Les règlements royaux étaient parfois modifiés par des conventions locales. En 1666, le curé de Clemon avait droit à recevoir pour sa subsistance un sixième des dîmes seigneuriales. En 1735, cette situation était modifiée. La seigneurie de Clemon reconnaissait alors avoir la charge, envers le curé de l'eglise paroissiale, de 300 livres de rente pour la *pantion* congrue, et de 150 livres pour le vicaire, suivant la transaction passée le 5 juillet 1687. (Château d'Argent Procedure de la vente de la seigneurie d'Argent, Clemon et Villezon, p. 611 et 612. — Mairie d'Argent, liasse FF9. Greffe de la Justice de Clemon. 27 avril 1766. Apposition des scellés après décès Bellegary). En plus de cette charge, l'acte de vente de 1765 reconnaît envers le curé de Clemon celle de « 12 » sepriers de bled seigle, mesure d'Aubigny, payable par » chacun an, au jour de Saint-Remy, pour lui tenir lieu » des Novales (droit sur les terres nouvellement defri- » chees), faites ou à faire, desquelles novales il a fait ces- » sion à perpétuite audit seigneur de Clemon par tran- » saction du 23 juillet 1761 ». Cependant le seigneur décimateur dut, en exécution de l'édit royal de 1786, porter la portion congrue à la somme de 700 livres qu'il versa jusqu'au 1er janvier 1791.

De plus, pour l'année 1790, un supplement de 500 livres fut accordé, après avis du district du 14 may 1791 (Arch. depart. L 521), par un arrêté de l'administration départementale du 2 juin 1792 (Arch. depart. L 504) pour parfaire la somme de 1.200 livres, minimum fixé par l'Assemblée nationale après la nationalisation des biens ecclésiastiques. Les autres cures du canton, dont la population dépassait le chiffre de mille âmes, recevaient de leur côté la somme de 1500 livres.

Article 3. — Evénements paroissiaux de 1790 a 1795

Déclaration des biens de la cure et du prieuré Saint-Martin. — Le 18 fevrier 1790, M. Jean-François-Gabriel Veignault « prêtre, cure de Clemon et prieur de Saint Mar-

» tin au diocèse de Bourges, pour satisfaire aux lettres pa-
» tentes du roy sur un décret de l'Assemblée nationale
» du 18 novembre 1789, portant que tout titulaire de bé-
» néfices et tous supérieurs de maisons et établissements
» ecclésiastiques seront tenus de faire, dans le délai de
» deux mois, la déclaration de tous les biens dépen-
» dant desdits bénéfices, maisons et établissements »,
faisait pardevant les officiers municipaux, la déclaration
suivante : « ... Je suis titulaire de la cure de Clemon
» dont le revenu consiste :

» 1º La portion congrue de 700 livres payée par M. Du-
» pré de Saint-Maur, conseiller d'État, seigneur décima-
» teur de ladite paroisse de Clemon ;

» 2º Une rétribution annuelle de 211 livres 10 sols,
» payée par la Fabrique de l'église paroissiale, pour l'ac
» quittement des fondations ;

» 3º Une rente foncière de 2 septiers de bled seigle,
» mesure d'Aubigny *pesant* 144 livres, *deus* à ladite cure
» de Clemon, sur les lieux de La Bourdinière, et Gué-
» Peron et Grimousseaux, sis dans la même paroisse,
» pour une fondation affectée à ladite cure et qui s'ac-
» quitte annuellement ;

» 4º Enfin la maison curiale et le jardin qui y est joint
» et qui est de médiocre étendue.

» Les charges de ce bénéfice sont : les décimes de
» 42 livres, l'entretien du presbytère qui, *étant fort an-*
» *cien et tombant en ruines*, me coûte beaucoup tous les
» ans pour le faire subsister le plus longtemps possible »

« Il y a toujours eu un vicaire dans cette paroisse, qui
» est logé et nourri chez moi. Il me paie pour sa nourri
» ture 100 livres sur sa portion congrue et m'abandonne
» l'honoraire de ses messes dont je manque souvent,
» ce qui fait une charge considérable pour ce béné-
» fice.

» La paroisse étant étendue, on doit compter pour une
» charge l'entretien d'un cheval nécessaire pour aller
» administrer les sacrements dans la campagne.

» Je déclare encore que je suis titulaire d'un autre bé-
» néfice simple, nommé le prieuré de Saint-Martin, sis
» dans le bourg dudit Clemon (voir exposé de son état à
» cette époque).

» Les biens dépendant de ce bénéfice sont : 1° 30 ar-
» pents ou environ de bruyères appelées les Salines
» (l'arpent de terre est de la contenance d'un demi hec-
» tare ; la journée de pré, d'environ 25 ares) ; 2° 8 sep-
» trée (1) de terre, mesure d'Aubigny ; 3° un pastureau,
» appelé le pastureau du Bois, contenant 5 à 6 arpents ;
» 4° 2 pièces de terre contenant 12 à 13 arpents ; 5° une
» autre pièce de terre, appelée la Minée, contenant, avec
» un petit pastureau, 15 ou 16 arpents ; 6° une autre pe-
» tite pièce de terre, appelée la Terre de la Nerre, conte-
» nant une septrée ; 7° un pastureau, appelé le pastureau
» de la Minée, de la contenance de 6 ou 7 arpents ; 8° un
» petit pastureau ou jardin derrière la chapelle ; tous
» lesquels héritages, situés dans la paroisse de Clemon,
» ont été affermés, par bail du 2 novembre 1786, ...au
» sieur François Bourdon, aubergiste à la Corne, pour
» et moyennant la somme de 80 livres par an, et à la
» charge, en outre, de payer 7 septiers de seigle de
» rente foncière, mesure d'Aubigny, à différents parti-
» culiers à qui ils sont dus sur ledit bénéfice.

» J'ai aussi fait réserve, par ledit bail, d'un petit pas-
» tureau, appelé le pastureau de la planche Nérot, con-
» tenant 3 arpents, ou environ, qu'au moyen de beau-

---

(1) La septrée de terre représentait l'étendue nécessaire pour semer un septier de blé. Le septier, mesure d'Aubigny, contenait 144
livres pesant, celui d'Argent, 160. La septrée d'Aubigny mesurait
13 ares 73 ; celle d'Argent, 45 ares 58.

» coup de dépenses, j'ai converti en nature de pré, et que
» j'estime 40 livres par an.

» Je ne connais d'autre charge à ce bénéfice, que les
» décimes pour lesquels je suis imposé à la somme de
» 13 livres ; les heritiers de mon predecesseur ne m'ayant
» remis pour tout titre, concernant ce benefice, qu'un
» bail judiciaire, je n'ai pu savoir s'il y avait des char-
» ges ou des fondations à acquitter. (Les 13 livres de décimes devaient être converties, par le rôle du 7 août, en
la somme de 27" 15ˢ 4 ainsi répartie art. 220 et 221. 21"
18ˢ 11 à la charge des fermiers du prieuré, et art. 222, 5"
16ˢ 5 à la charge du titulaire pour son droit de propriété).

» En foy de quoi j'ai signé à Clemon, le 28 février
» 1790 ».

Le 17 septembre suivant, les officiers municipaux envoyaient à l'administration du district cette declaration, ainsi que celle des procureurs fabriciens pour les biens qui dépendaient de la Fabrique. Ils reconnaissaient que cet envoi avait été demandé *autrefois* par l'Assemblée provinciale du Berry, mais que ces declarations étaient restées, par oubli, au greffe de la municipalité (Arch. dep., L. 510)

Le 7 août, les charges du benefice curial avaient été fixées à un taux bien supérieur. Le « rôle fait et arrêté
» par les officiers municipaux, de la répartition de la
» somme de 4.661 livres 5 sols 6 deniers, en exécution
» du département, des impositions ordinaires pour la
» presente annee 1790 », taxait le curé : 1° art. 182, sur sa portion congrue, ses fondations et sa cure à la somme de 97 livres 18 sols 8 deniers (37" pour l'imposition principale, 19" 14ˢ 8 pour les impositions accessoires, 30" 19ˢ pour la capitation, 10" 5ˢ pour la prestation des chemins), et 2° art. 183, sur le droit de propriété, à la somme de 43 livres 9 sols 3 deniers (16" 9ˢ pʳ l'imp.

prince. 8" 15° 5 p' imp acc . 13" 15° 7 p' capitation, 4" 9° 3 p' prest. chem.). (*Arch. dép.*, C. 288)

Le 13 mai 1791, l'abbé Vergnault réclamait près du district. contre le receveur de l'impôt, dit du Vingtième, qui l'avait porté pour l'exercice 1790. au supplément du rôle, sur sa cure, à la somme de 44 livres, et sur le prieuré Saint-Martin à celle de 7 livres 14 sols. Il dut obtenir satisfaction, l'Assemblée nationale ayant décrété que les fonctionnaires publics, dont le traitement n'excéderait pas 1200 livres, ne seraient *cotizés* qu'au vingtième de ce traitement (Arch dep., L 508).

11 février 1791. SERMENT A LA CONSTITUTION CIVILE DU CLERGE (voir p. 76).

27 février 1791. VENTE DU PRIEURE SAINT-MARTIN. — Deux commissaires sont nommés pour assister aux criées d'enchères du prieuré Saint-Martin de Clemon qui « se firent » les 7, 14 et 21 mars suivants, à Aubigny.

Le 17 décembre suivant, dans une lettre au district (Arch. dép. L. 509), le maire Brière, et le procureur de la commune Jullien, faisaient cette déclaration « Nous
« avons oublié dans notre dernière lettre de vous mar-
« quer quil ny a aucuns biens nationaux en cette muni-
« cipalité a vendre actuellement *sous* quelques heritages
« dependant du domaine de Flame situés municipalité
« de Binon. dépendant ledit domaine cy devant des
« Jésuites d'Orléans et actuellement réuni au collège de
« la même ville. » (Il s'agissait plutôt du collège de Blois, voir p.   ).

Le même Brière, le 25 ventôse an X (15 mars 1802), écrivait au *citoyen sous-préfet* du département : « En ré-
« pondant à votre lettre du 5 pluviôse (24 janvier) n° 556
« par laquelle vous me demandez le nombre d'églises

« qu'il y a en cette commune une seule qui n'a pas été
« aliénée ; il y avait une vieille chapelle interdite *ipso*
« *facto* qui a été vendue et presque entièrement dé-
« molie. » (A rapprocher de ce qui a été dit page 137.)

5 juin 1791. Propos Gressin contre le clergé assermenté. — Le procureur de la commune de Brinon informe l'assemblée municipale (dudit lieu) « que le sieur
» Gressin, prêtre, résidant en son lieu de Baudran, *répand*
» *dans le public* que la religion est perdue, que les messes
» des prêtres qui *ont fait* le serment, telles que celles du
» curé et du vicaire de cette dite paroisse, ne produisent
» plus, auprès de Dieu, aucun effet, et que ceux qui les
» entendent ne sont nullement quittes envers Dieu des
» obligations que leur impose la religion, qu'il vaut au-
» tant rester au coin de son feu que d'aller à aucun des
» offices célébrés tant par des prêtres assermentés que
» par ceux qui remplacent les réfractaires ; que ce dis-
» cours a été tenu à plusieurs citoyens de cette commune
» (de Brinon), notamment à André Muzeau, qui en a
» fait part à Pierre Blanchard et Silvain Durand, en outre
» en leur disant qu'il était décidé à ne plus aller aux
» messes de Brinon et qu'il irait à celle dudit Gressin,
» qui se célèbre dans sa chapelle, située dans cette muni
» cipalité, qu'il lui paraît que les *incendiaires* discours
» du susdit sieur Gressin ont déjà eu quelques succès,
» que plusieurs personnes se dispensent d'entendre leur
» messe de paroisse, pour préférer celle dudit Gressin... »
Considérant « que la conduite du sieur Gressin, *absolu-*
» *ment répréhensible, est contraire au bon ordre et à la*
» *tranquillité publique, qu'il* peut même exciter *aux âmes*
» *faibles,* dans ce pays où il règne la plus grande sécu-
» rité. des *inquiétudes dans les consciences,* et y faire
» naître des divisions qui sont déjà si multipliées dans

» toutes les paroisses où il se trouve des *prêtres réfrac-
» taires*, que le trouble naît surtout à l'instant où il y a
» moins *le droit* de s'y attendre », l'assemblée arrête
« qu'elle *improuve* la conduite du sieur Gressin, auquel
» elle fait défense de tenir à aucun individu de cette mu-
» nicipalité, des propos semblables .. à peine d'être dé-
» noncé comme *perturbateur du repos public* et poursui-
» vis conformément aux decrets de l'assemblée natio-
» nale... que messieurs les administrateurs du district...
» seront pries .. d'écrire audit sieur Gressin une lettre
» *convenable en pareilles circonstances*... qu'une autre
» copie de l'arrête sera envoyée à Monsieur Torné, évêque
» de la metropole du Centre, pour le prier... de requerir
» que ledit sieur Gressin se soumette à la Constitution
» civile du clergé, et *fasse le serment*, requis par la loi du
» 27 novembre, en présence de la municipalité, à peine
» de voir interdire sa *prétendue* chapelle »

Le 13 juin suivant, le procureur de la commune (de
Brinon) dit à l'assemblée « que le sieur Gressin, informe
» indirectement de l'arrête pris contre lui.. paraît af-
» fecte, sans trop convenir du *propos mauvais* dont il a
» été accusé. *pourquoi* il propose qu'avant de faire pas-
» ser à l'évêque copie du susdit arrête, il soit remis un
« écrit à Messieurs... du district, à l'effet de *le prier de se
» réunir à nous pour le prier* d'être plus circonspect à
» l'avenir, ce que l'assemblee a adopte ».

5 avril 1792. Chapelle de Notre-Dame de Pitié. —
(Question de sa propriété, p. 77.

16 septembre 1792. Serment de liberté et d'égalité.
« L'an 4me de la liberté et le 1er de l'egalite, ...le sieur
» Vergnault » se presentant devant les officiers munici-
paux, « les a requis de recevoir son serment, prescrit par

» la loi du 14 août, et.... la main droite levée, *a prononcé*
» *la formule*, et juré d'être fidèle à la nation et de main-
» tenir la liberté et l'égalité, ou de mourir en la défen-
» dant ». Le 23 du même mois, ce serment était prêté
« par le sieur Gressin, prêtre, ancien curé de Soucsmes,
» retiré depuis plusieurs années en sa propriété de Bau-
» dran ».

28 octobre 1792. Mobilier du culte. — Sur l'invitation adressée par le district, il est dressé un inventaire
« des meubles, effets et ustensiles en or (ou plutôt en
» vermeil) et en argent, employés au service du culte, qui
» sont dans cette église ».

2 décembre 1792. Election. notables Vergnault et
Cressin (voir p. 78).

11 décembre 1792. Transfert de l'état civil. — « Pour
» obéir à la loi du 20 septembre... sur le mode de constater
» l'état civil des citoyens.... » il est fait « remise par le
» citoyen J.-Fr.-Gabriel Vergnault, curé de cette paroisse,
» et transport aux archives de la municipalité, de tous les
» registres de baptême depuis 1609, de mariage et de sé-
» pulture de ladite paroisse depuis 1622, jusqu'à l'année
» 1791 inclusivement ».

Même jour. Vergnault, officier public. — Remise
est faite « entre les mains dudit citoyen curé, nommé offi
» cier public par le conseil général de la commune, des
» registres courants servant à la présente année pour y
» inscrire les naissances, mariages et sépultures, *qui*
» *seront faits par lui*, en sa dite qualité d'officier public ».

3 février 1793. Mobilier du culte. — Sur les instances faites par le directoire du « district, pour l'envoi des effets » d'or ? et d'argent appartenant à la *fabrique de cette* » *église* », le conseil arrête « que les citoyens officiers mu- » nicipaux se conformeront à la loi à cet égard ».

Cependant une lettre du 8, adressée aux citoyens administrateurs du district, nous apprend que l'envoi complet ne se fit pas sans réclamations. « Il est fait mention dans » le procès-verbal d'inventaire, dit cette lettre, d'une » croix processionnale que nous ne croyions pas être » dans le cas de vous faire parvenir, d'après les raisons » qui y sont alleguées. Vous avez voulu la voir. et vous » avez renvoyé le tout à notre municipalité : nous ne se- » rons jamais réfractaires à la loi ; nous respectons les » authorites constituees ; en consequence, le tout vous » sera remis avec la presente. Nous vous observerons » seulement que nous n'avons pu faire peser la croix, » qu'il aurait fallu deffaire pour cela. et que, si vous ne » jugez pas être dans le cas de nous la renvoyer, après » que vous aurez pris connaissance de nos raisons dé- » taillées dans le procès verbal, nous vous prions de faire » peser et de donner un reçu à la personne qui vous re- » mettra le tout ». (Arch. dép. L. 511).

10 février 1793. Titres des Biens de Fabrique. — L'assemblee du conseil général arrête « que les officiers » municipaux se conformeront aux ordres qu'ils ont reçus » en plusieurs lettres, de la part... du district... : qu'en » conséquence, ils feront dresser un etat, detaillé et cir- » constancie. des biens nationaux réservés qui sont dans » l'etendue de cette commune ; qu'ils joindront à cet etat » les titres des biens dependant de la Fabrique de notre » eglise dont ils feront faire un inventaire sommaire, » dans le même etat, qu'ils fourniront au directoire, dont

» ils tireront une copie qui sera déposée dans les archives
» de cette municipalité pour y avoir recours en tant que
» besoin ».

24 février 1793. Acquisition d'une croix. — ... « At-
» tendu l'obligation que l'on a subie d'envoyer la croix
» processionnale de cette eglise paroissiale, *qui était*
» *plaquée d'argent* ainsi que d'une burette d'argent, ce
» qui était toute l'argenterie de cette église, au directoire
» du district d'Aubigny. par ce moyen ladite église se
» trouvant sans croix », considerant qu'il est à propos de
« faire l'amplette d'une croix argentée le plus tôt possi-
» ble » la municipalité. pour cet effet, donne pouvoir « au
» citoyen curé de cette paroisse d'en faire venir une de
» Paris, de la valeur de 150 livres au plus, et de lui passer
» le coust d'icelle dans son compte ».

1ᵉʳ avril 1793. Arrestation du citoyen Gressin. — Le
30 mars 1793. les citoyens officiers municipaux de Clemon, Briere, maire, Chassignol, Herveau et Jullien,
procureur de la commune, ayant eu connaissance d'un
arrêté du département du 23 mars, concernant l'arrestation des prêtres non assermentés, écrivaient au procureur syndic du district d'Aubigny : « Nous vous adres-
» sons ci-inclus deux certificats du civisme le plus pûr
» du citoyen Gressin, que nous, comme maire et officiers
» municipaux et notables, luy avons donné, et que tous
» les citoyens en general se sont assembles, sur lequel
» ont appris qu'il y avait certains bruits à Aubigny tou-
» chant les prestres, et comme ils sont assurés qu'il s'est
» toujours bien comporté, en consequence ils nous ont
» prié de recevoir le certificat de civisme qu'ils entendent
» luy donner. Nous espérons, ainsy que toute la com-
» mune, que vous ne l'inquieterez nullement. Soyez sûrs
» que, s'il ne s'etait pas comporté comme il le doit, nous

» ne lui accorderions pas notre présent suffrage. Vous vou-
» driez bien en faire part sur-le-champ aux citoyens du
» Directoire de votre district, et sommes, avec toute la fra-
» ternité, les citoyens maire et officiers. (Arch. dép.L.511).

Cette lettre n'eut pas l'effet qu'on en désirait. L'arrête du département, du 23 mars, était reçu officiellement le lendemain 31, et par suite, le surlendemain 1ᵉʳ avril, le conseil délibérait. « 1° que le dit arrête sera lu, publié à la grand'-
» messe le jour même, et affiché ; « 2° que dès ce jour il
» sera mis à exécution ». Le citoyen Joseph Gressin, prêtre,
» domicilié en cette commune, déclare aussitôt, qu'ayant
» connaissance de la loi, il se présente pour s'y soumet-
» tre et l'exécuter ; cependant il représente à l'assemblée,
» qu'elle a connaissance de son civisme dont il lui a donné
» des preuves, en prêtant le serment prescrit par les lois
» avec tous les patriotes de cette commune, notamment
» celui de la liberté et de l'égalité qu'il a prêté dans cette
» chambre commune, devant la municipalité assemblée ;
» qu'il a toujours assisté aux fêtes civiques avec nous :
» que lorsqu'il a été question, l'année dernière et celle ci.
» du recrutement pour les armées, il a contribué de ses
» deniers pour procurer des défenseurs à la République ;
» qu'il se flatte qu'il n'est pas revenu aux oreilles de la
» municipalité qu'il eût tenu, en aucune circonstance,
» des discours tendant à la révolte, à la désobéissance
» aux lois, et qui dénotassent des sentiments d'incivisme ;
» que d'ailleurs il s'est fait un plaisir, depuis qu'il est do-
» micilié dans cette commune, de rendre tous les services
» qui dépendaient de lui à ses concitoyens, comme il est
» en ce moment, dans la disposition de le faire ; que nous
» savons, enfin, qu'il fait valoir une métairie considéra-
» ble par domestiques et gens de journée, que cette
» exploitation demande sa présence, et qu'il serait dans
» la nécessité de la discontinuer, si son arrestation durait

» longtemps (1). D'après toutes ces considérations, le
» citoyen Gressin nous a priés de vouloir bien nous inte-
» resser pour faire abréger le temps de son arrestation
» en présentant une pétition au département à l'effet
» d'obtenir son élargissement Le conseil arrête 1° que
» le citoyen Gressin sera conduit à Aubigny dans le ci-de-
» vant château, lieu designé pour l'arrestation des person-
» nes denommées à l'article 1ᵉʳ de l'arrêté du département :
» 2° que deux citoyens du conseil général de cette com-
» mune l'accompagneront ; 3° qu'il sera dressé sur le-
» champ une pétition énonciative des raisons qui militent
» pour le prompt élargissement dudit citoyen Gressin :
» 4° que ladite pétition sera portée à Bourges, au dépar
» tement, par les deux citoyens qui accompagneront ledit
» citoyen Gressin à Aubigny ;.. sur-le-champ les citoyens
» Fr. Brière, maire, et F. Gaudry, notable, se sont offerts
» volontairement à faire le voyage d'Aubigny et celui de
» Bourges ».

La pétition si généreusement présentée reçut l'accueil souhaité. Nous avons vu, p. 82, que le citoyen Gressin avait été élargi peu après son arrestation Un mois plus tard, le 19 mai, nous l'avons dit, p. 96, il temoignait prudemment de sa gratitude et de son civisme en faisant un don de 120 livres pour contribuer au fonds extraordinaire d'un million arrête par le conseil du département.

15 septembre 1793 TITRES DES BIENS DE LA FABRIQUE.
— Une lettre « du... district, demandant... que les

(1) L'exploitation agricole de M. Gressin avait son importance. Le rôle des impositions de 1790 la taxait à la somme de 120 livres 5 sols et 3 deniers Pour son droit de propriété, et pour la partie qu'il exploitait lui-même en dehors de ses fermiers, M. Gressin avait à payer la somme de 96 livres 8 sols 7 deniers (36" 10ˢ pour l'imposition principale, 19" 9ˢ5 pour les imp. accessoires, 30' 11ˢ5 pour la capitation, 9' 17ˢ 9 pour la prestation des chemins) — (Arch. dep. C. 248).

» titres des biens dépendant de la Fabrique soient
» envoyés, *sous quinzaine*, pour tout délai, aux mem-
» bres du district, avec menace. ce délai expiré, d'envoyer
» les commissaires aux frais de la municipalité.... », le
conseil arrête que « les titres des biens appartenant à
» la fabrique de cette église, demandés à plusieurs re-
» prises... seront envoyés, sous huit jours, à la diligence
» du procureur de la commune, qui en demandera un
» récépissé qui sera mis au trésor de ladite fabrique ».
Cette délibération fut suivie de plus d'exécution que celle
du 10 février Une lettre des officiers municipaux Herveau,
Regnier, Jullien, procureur, annonce en effet, le 20 septembre, aux administrateurs du district, l'envoi des titres
réclamés, avec ceux de la rente due à la cure par les lieux
de la Bourdinière, le Gue-Peron et les Grimousseaux.
(Arch. dép. L. 511). Les archives de la Fabrique possèdent encore le recepissé avec la liste des titres remis au
district.

2 octobre 1793. Descente des cloches. — « Un ar-
» rêté... du district, en date du 26 septembre, est apporté
» à 9 heures du matin par un exprès, portant qu'aux
» termes de la loi *toutes les cloches existantes* dans les égli-
» ses paroissiales de ce district *seront incessamment des-*
» *cendues à la réserve d'une seule par paroisse* ; la lettre du
» Procureur-syndic du district. du 1ᵉʳ de ce mois,
» porte, entr'autres expressions, celle-ci : *Citoyens, que*
» *les cloches de votre église tombent à l'instant, le délégué*
» *du Représentant du peuple doit les trouver descendues et*
» *brisées...* » ; le conseil arrête « que la commune sera
» assemblée sur-le-champ pour lui faire part des ordres
» que le conseil vient de recevoir et pour prendre son
» avis — Et de suite les citoyens de cette commune ayant
» été avertis, tant par le son de la cloche que par celui de

» la caisse, de se réunir, l'Assemblée formée, il est fait
» lecture, par le citoyen curé-notable, des susdits arrêté
» et lettre relatifs à la descente des cloches ; sur quoi,
» tous les citoyens, d'une voix unanime, ayant été d'avis
» qu'il fallait se soumettre à la loi, et que, pour donner
» une preuve de cette soumission, il n'y avait d'autre
» parti à prendre que celui de faire procéder sur le-champ
» au brisement et à la descente des cloches de cette
» église, — le conseil arrête que les cloches de cette
» église, la grosse exceptée, seront descendues et bri-
» sées ; que, pour épargner les frais que l'ouverture de la
» voûte occasionnerait, elles seront brisées dans le clo-
» cher et descendues par morceaux dans l'escalier ;
» qu'ensuite elles seront conduites au district, à Aubi-
» gny, avec tous les fers qui les accompagnent, ainsi que
» les trois grilles de fer et la croix de fer qui sont dans le
» cimetière ».

Résister pourrait, en effet, paraître difficile. Une députation de la Société populaire de Bourges avait présenté une pétition au conseil du département ; il y était exposé que les lois des 23 juillet et 3 août précédents, « portant qu'il ne sera laissé qu'une cloche par chaque » paroisse, les autres mises à la disposition du pouvoir » exécutif pour être converties en canons, n'étaient pas » exécutées » ; on demandait qu'il fût procédé à la descente des cloches des églises de la ville. Le conseil du département, dans sa séance publique du 23 septembre, avait aussitôt ordonné que .. « sous deux jours dans la ville de Bourges, et dans la huitaine dans les autres communes du département, à la diligence des procureurs des districts et des communes.. » lesdites cloches seraient transportées à la Charité-sur-Loire... (Archives départementales. Salle de travail).

6 octobre 1793. Violation du domicile Gressin. p 84.

13 octobre 1793. Remplacement Vergnault, officier public. — « Le citoyen Vergnault... étant destitué de la » fonction d'officier public » (p. 86). — *Choix Gressin et Gaudart-Dalaine.* — Le Conseil fait choix « du ci- » toyen Jacques-Philippe Brière-Desperné, lequel... sup- » plie de considérer qu'il est sourd, que sa surdité aug- » mente tous les jours, que sa vue n'est pas bonne et s'af- » faiblit sensiblement, que d'ailleurs sa santé est chan- » celante et qu'il est souvent retenu au lit . Le Conseil » procède ensuite à un autre choix... sur le citoyen Gres » sin... lequel assure qu'il ne demanderait pas mieux... » mais que tout le monde doit savoir qu'il est éloigné du » bourg, qu'une difficulté encore plus grande est celle de » la rivière, qui, à la moindre crue, intercepte toute com » munication entre Baudran, lieu de sa demeure, et le » bourg de Clemon... L'Assemblée fait alors choix du » citoyen Antoine-Marguerite Gaudart-Dalaine ».

10 novembre 1793. Invalidation notables Vergnault et Gressin (voir p. 87).

1ᵉʳ janvier 1794. — Défense de sonner la cloche. — Le 12 nivôse an II, considerant « que jusqu'à ce jour » tous ses efforts ont été inutiles pour ramener le calme » dans cette commune, que... des jeunes gens... malgré » toutes les représentations fraternelles que nous leur » avons *fait* ont persisté dans leur obstination et conti- » nué de sonner la cloche pour les offices du public ; » — considérant que, d'après les ordres... reçus du ci- » toyen Bidault, agent du représentant du peuple à Au- » bigny, nous avons, mais inutilement, réitéré nos re- » montrances à ces jeunes gens égarés ; qu'ils ont en-

» core sonne aujourd'hui ; considérant que le citoyen
» Vergnault, ministre de notre culte, dans un *discours plein*
» *de patriotisme et de raison*, a fait tous ses efforts pour
» ramener l'ordre et la paix et convaincre les citoyens
» *qu'il est de leur intérêt de respecter les autorités constituées*
» et qu'il n'y a pas de véritable christianisme sans obéis-
» sance a la loi ; — considérant que l'esprit public est
» bon dans cette commune, et qu'il n'y a que quelques
» jeunes inconsidérés qui voudraient y repandre la re-
» bellion et l'insubordination : que même ils sont im-
» prouvés par les autres citoyens de cette commune...
» le conseil arrête : 1° qu'il sera pris les mesures les plus
» efficaces pour faire cesser le son de la cloche ; 2° que le
» battant et les baudriers de cette cloche seront ôtés
» dans le jour, ainsi que toutes les cordes qui y tiennent ;
» 3° que la porte du clocher sera fermée exactement à clé;
» 4° que le citoyen Regnier, propriétaire de la chambre
» commune, sera averti de faire fermer la porte de cette
» chambre... afin qu'on ne puisse pas aller prendre les
» piques qui y sont déposées. sans l'ordre de la munici-
» palité, ainsi qu'on l'a déjà fait plusieurs fois ». D'après
une tradition, ces piques provenaient de la démolition des grilles du chœur. Cependant une lettre de
la municipalité au district, d'octobre 1792 (Arch. dép.,
L. 510), donnerait à supposer qu'elles auraient été fabri-
quées à Aubigny. Les officiers municipaux se disaient
« fort obligés envers les citoyens du district de faire faire
» les piques dont il avait été parlé. n'ayant pas ici des
» ouvriers en état de les faire comme il faudrait. et pour
» y réussir il faudrait un modèle ; dès que les citoyens du
» district veulent bien s'en charger. cela fera plaisir aux
» maire et officiers municipaux ». Brière, maire ; Garnier, Regnier, Jullien, procureurs de la commune.

15 janvier 1794 Descente des croix. — Le 26 nivôse an II,.. considérant « qu'il est de son devoir de donner » l'exemple de sa soumission à la loi, qu'il a fait tous ses » efforts pour exécuter les ordres qu'il a reçus relative- » ment aux signes extérieurs et religieux du culte ; que » depuis son arrêté du 12, on n'entend plus le son de la » cloche ; que malgré son vœu, il existe encore des croix » dans plusieurs endroits de cette commune ; que les » bons citoyens ne demandent pas mieux que de se sou- » mettre à la loi et sont prêts à nous prêter main forte » pour la faire exécuter ;... » le conseil arrête « que le ci- » toyen commandant de la garde nationale fera mettre, » sur le champ, sous les armes, les citoyens pris dans » ladite garde nationale, auxquels il sera distribué les » piques déposées dans la chambre de la commune, et » que la municipalité, accompagnée de ladite garde na- » tionale, se transportera sur les lieux où sont plantées » lesdites croix et les fera arracher en sa présence ».

Arrestation de Gabriel Laurent. — « A l'instant, » Gabriel Laurent, compris dans la 1re réquisition, qui n'a » cessé depuis quelque temps de s'opposer aux mesures » que nous avons voulu prendre ; qui a toujours été à la » tête des séditieux ; qui a plusieurs fois juré et insulté la » municipalité ; qui s'est saisi des piques sans ordre de » la municipalité ni du commandant ; qui a forcé la mu- » nicipalité, en prenant le maire (François Brière, » l'aîné) au collet, à le suivre sur la place de la *pelouse* » pour replanter une croix (la croix dite de Saint-Sébas- » tien), s'est opposé aux mesures que le conseil voulait » prendre, et, en jurant, a dit qu'il avait déjà pris le ci- » toyen-maire au collet, et que ce ne serait pas la der- » nière fois ; qu'on avait ôté le battant de la cloche ; » qu'il le ferait bien retrouver, ou qu'ils verraient ; et

» une infinité *d'autres propos plus séditieux les uns que les*
» *autres* ; — sur quoi, le procureur de la commune en-
» tendu, le conseil arrête que Gabriel Laurent sera arrêté
» sur-le-champ, et conduit, *sous sûre garde*, au district à
» Aubigny ; en conséquence a été requis le citoyen Hu-
» bert Bourdon, commandant de la garde nationale, de
» commander 10 *gardes nationales* pour l'exécution dudit
» arrêté, ce qui a été exécuté sur le-champ ».

Ledit Gabriel Laurent était assurément le Jean Laurent, tisserand, demeurant à Clemon, dont nous avons relevé le nom sur une liste, approuvée le 19 ventôse an II (9 mars 1794) par les administrateurs du district d'Aubigny, des personnes « incarcérées sous l'exécution de la » loi du 8 ventôse (26 février) » — (Arch. dep. L. 158). — Dans sa séance du 27 nivôse (16 janvier) le district avait arrêté « que le » citoyen Gabriel Laurent sera conduit » sur-le-champ à Bourges, par devant le tribunal criminel » du département. » — (Arch. dep. L. 291). — Gabriel Laurent ne reparut plus à Clemon ; il ne reste de lui aucun autre souvenir — Ce triste épisode valait aux officiers municipaux l'éloge révolutionnaire des administrateurs du District. Dans une lettre adressée le jour même, 27 nivôse, au citoyen Legendre, représentant du peuple pour le département, on lit ce passage : « Veux-tu la » preuve du progrès de la Raison ? Elle est consignée » dans les procès-verbaux dont nous t'envoyons copie. » Le conseil général de la commune de Clemon s'est mis » à la hauteur de ses devoirs. Un chef des perturbateurs » est arrêté..... » (Arch. dep. L. 291).

Le citoyen Jacques Philippe Brière, le jeune frère du maire, aurait pu, antérieurement, mériter bonne part de ces éloges. Le 9 mars 1792, à titre de procureur fabricien et au nom de son collègue Gauché, il demandait avis aux administrateurs du District sur plusieurs points qui lui

semblaient de notable importance : « 1° les Armes du
» seigneur de Lauroy, et celle de M. de Conflans, son
» beau-père, n'ont pas été suffisamment effacées ; 2° ne
» serait-on pas dans le cas de faire crier et louer au profit
» de la Fabrique, à défaut de titres, la chapelle et le banc
» du sieur de Lauroy, attendu qu'il *renonce la paroisse* et
» qu'il paie *son don patriotisme* à Orleans ; 3° le sieur de
» Lauroy a un *Champay* appellé les *Aulnoirs*, où vont
» paccager toutes les vaches du bourg ; la rétribution, qui
» etait anciennement de 10 sols, a etc mise à 24 sols,
» après à 36, et depuis cinq à six ans à 48 sols ; le sieur de
» Lauroy *en tire gros* ; tous ceux qui ont des vaches met-
» tent du fumier à moitie aux *metteries* ; quels sont ses
» titres ? le long usage ne pourrait-il pas faire un titre à
» possession ? 4° le curé de cette paroisse s'est *immissé* de
» faire passer la procession des Rogations, en revenant
» de la chapelle de M. Gressin, dans la prairie appellée les
» Prés de la Ville qui sont bouches ; il voudrait en faire
» un droit de *Cervitude* qui ferait *torre* aux propriétaires de
» cette prairie ; 5° M. Gressin a une place dans le *cœur*
» qui ne paie pas ; il faudrait la louer, attendu qu'il n'est
» pas venu à la messe depuis le 14 juillet qui est jour de
» Federation ». (Arch. dep. L. 508). — M Gressin, probablement, n'assistait plus à l'office paroissial depuis le
13 fevrier 1791, jour où M. Vergnault et son vicaire
avaient prete le serment, dit constitutionnel, qui etait
contraire à la discipline catholique ; il célébrait la messe
chez lui, dans sa petite chapelle de Baudran, située sur
le territoire de Brinon.

Nous avons pu voir, au 5 avril 1792, p. 77, quelle
suite fut donnée à la réclamation Brière sur la question
de la chapelle du seigneur de Lauroy.

Le sieur Brière, le jeune, pouvait être un administrateur zélé, mais ses scrupules lui avaient dejà créé plus

d'un ennui, comme le témoigne la lettre suivante que nous transcrivons intégralement. « Clemont, 27 janvier
» 1792. J'ai reçu la lettre que M. Soyer m'a fait l'honneur
» de m'ecrire de votre part, à l'occasion du pain benit. Je
» nay pas communiqué cette lettre à M. le procureur de
» la commune, parce que jay considéré que trois des offi-
» ciers municipaux de cette municipalité étaient parents
» **au degré prohibé**, et que les deux autres qui sont
» Estienne Dierre et Renat étaient les moteurs de ce qui
» est arrivé, suivant que ma déclare Potier, bedeau. Voicy
» le fait. Dimanche dernier, Pothier fils, bedeau de cette
» eglise, sest présente comme à lordinaire pour couper le
» pain bénit par morceaux, ce qu'il a fait sauf quil en a
» coupe quatre de distingué pour les petits clercs quoy
» quil eue des ordres contraires de ma part et de celle du
» paire Gauche, mon confrère et je les ay maincé comme
» les autres, ce que voyant, le bedeau, il ma dit que cétait
» lordre de Dieric et Renat, officiers municipaux en me
» disant minsez dont aussy les deux qui étaient ceux de
» M. le cure et M. Chollet qui disait la messe, et sen est
» allé en laissant le pain bénit tout coupé sur le banc de
» lœuvre ;

» A linstant s'est présente ledit Renat pour me dire que
» cetait de son ordre et de celuy de Diard et que je navais
» qua le faire distribuer, a quoy jay repondue que je ne
» my opposais pas. Vous voyez dune part un bedeau qui
» sous des ordres clandestinne de deux officiers munici-
» paux, a oze aller contre les deffences que mon confrère
» et moy luy avaient faites sans même nous en prévenir.
» faire des morceaux de pain bénit distingués quoy que
» soumis a nos ordres et non à celle de la municipalité,
» qui na aucun droit de police dans l'Eglise ce qui est une
» desobéissance et un mépris à nos ordres. Et d'un autre
» coté une anticipation des plus deplacees de ces deux

» officiers den avoir agi ainsy de leur propre mouvement
» et a l'insçu des autres officiers qui surement ne les
» auraient pas authorisée ce qui a cause du scandal et du
» tis pendant la messe. D'aprés l'exposc cy dessus je vous
» prie, Messieurs, de me donner la marche que nous avons
» a tenir tant contre le bedeau que contre ces deux offi-
» ciers, présument ne pouvoir être traduit devant la mu
» nicipalité par les raisons ci-dessus, et suis avec un pro-
» fond respect, Messieurs, votre très humble et tres obéis-
« sant serviteur, Brière, le jeune ». (Arch. dep. L. 508).

La première des deux lettres que nous venons de présenter était l'effet de l'antipathie qui se traduisit plus d'une fois entre Brière le Jeune et le seigneur de Lauroy ; elle était aussi, sans doute, un acte vindicatif, resté jusqu'ici inconnu de la famille, contre messire Claude-Joseph Dubuc. qui n'avait pas craint, en 1785, de traverser des velléités d'acquisition, que pouvait avoir un propriétaire limitrophe, sur le terrain dont il fit ce qu'on appelle l'Allée de Lauroy (le chemin du château pour la messe).

L'une et l'autre lettre signalent assez le peu d'équilibre moral de leur auteur, défaut manifeste par ailleurs sur plus d'un point Les deux frères Brière, fils de François Brière, procureur fiscal en la justice de Clémon, et de Marie-Jeanne Brassin, possedaient leur bien de famille et en avaient conservé la jouissance par indivis Le jeune était quelque peu en tutelle. L'aine administrait. servant à son frère sa part des revenus, dépense par depense, même la plus minime. Le frère aîné étant mort, veuf de Marie-Claude Bonneau, le 21 avril 1812, à l'âge de 85 ans (registres paroissiaux et de l'état-civil), le survivant ne se crut point capable de modifier ses habitudes financières ; il estima préférable, pour sa paix du moins, de prier le nouveau châtelain de Lauroy, alors maire, M.

d'Allaines, de vouloir bien remplacer le défunt comme gérant et aussi comme répartiteur de ses biens. Chaque semaine il venait, comme autrefois à son frère, rendre compte de ses plus faibles dépenses, entre autres, de celle-ci de chaque dimanche, une somme de quelques sous qu'il donnait à un enfant pour lui ramasser sa boule au jeu qu'il aimait encore malgré ses vieux ans. L'absence de soucis qui en résultait contribua peut être à lui conserver l'illusion de la jeunesse. Il mourut célibataire, le 26 juin 1825, âgé de 97 ans, et jusqu'à ses derniers jours il continuait à signer : Brière, le Jeune.

9 février 1794. Démission de cure, Vergnault. — Le 21 pluviôse an II. « sur la réquisition du citoyen Jean
» François-Gabriel Vergnault, cure de cette paroisse......
» les officiers municipaux, assistés des citoyens.. .
» procureur de la commune.... et secrétaire greffier,
» se sont transportés à la sacristie de l'eglise de cette com-
» mune, où ledit citoyen Vergnault a représenté qu'*étant*
» *déterminé a faire*, entre les mains de l'administration du
» District, la *démission de sa cure*, il désirait préalablement
» remettre les vases d'argenterie, consacrés à l'usage du
» culte religieux, dont il avait journellement la disposi-
» tion Desquels effets, après l'inventaire qui en fut
» fait, il a demandé décharge, *que nous lui avons ac-*
» *cordé......* »

— Mobilier. Transfert a Aubigny. — Le 23 pluviôse (11 février), les officiers municipaux etant « assemblés
» extraordinairement dans cette eglise, pour délibérer ce
» que l'on ferait de tous les meubles et effets, tant en ar-
» genterie que autrement, ainsi que du linge », il est arrêté par le conseil général « de cette dite commune, en
» la presence de plusieurs autres citoyens cy présents,

» qu'il faut — au moyen de ce que le citoyen. J. Fr.
» Gabriel Vergnault, cy devant curé de cette commune,
» a le jourd'hui » (c'était le 3ᵉ anniversaire de sa promesse
de serment à la constitution civile du clergé) « *fait la
» démission de cette cure* entre les mains des citoyens
» administrateurs du district d'Aubigny (1)..... — faire
» ôter de cette dite église tous les signes du culte catholi-
» que, consistant en croix, tableaux, tabernacle, attributs
» et autres y relatifs, et faire transporter au district d'Au-
» bigny tout ce qui est transportable et utile pour l'avan-
» tage de la République ; et *quand* aux statues qui y sont,
» les faire enfouir dans le cimetière de cette dite com-
» mune ; — et ayant délibéré sur le tout, ainsi que sur
» les objets..... portés en notre inventaire du 21 du
» courant, tous ont été d'avis..... qu'il faut dégarnir *ladite*
» autel de tout ce qui représente le culte catholique, d'en
» faire des paquets et d'envoyer le tout au District,
» *pour, par lui, en faire ce qu'il jugera à propos,* — le
» tout, pour satisfaire aux autorités constituées et ordre
» verbal du Comité révolutionnaire, — sauf de ce qui
» n'est pas transportable, qui sera mis en un monceau
» dans un coin de cette église, — et, *qu'à cet effet*, il sera
» mis en réquisition *les voitures qu'il faudra pour cet effet.* »
— Transport des objets en métal. — « Le 28 pluviôse
» (16 février) pour remplir les vues du citoyen Noel
» Pointe, representant du peuple tant dans ce departe
» ment que dans celui de la Nièvre, portant qu'il n y aura

---

(1) M. Vergnault se retira dans la ville d'Aubigny. Il laissait à Clémont les restes de sa sœur Anne Vergnault, morte dans le logis curial le 25 septembre 1793. — La tradition dit qu'après le rétablissement du culte, lorsque furent célébrées les premières processions de la Fête-Dieu, il se prosternait profondément sur le passage du Saint-Sacrement, demandant publiquement le pardon de l'exemple qu'il avait donné. — Il est mort le 16 novembre 1803, à l'âge de 72 ans.

» plus aucun signe extérieur d'aucun culte, et, depuis que
» le citoyen J. Fr. G. Vergnault, curé de cette commune,
» a fait de lundi dernier sa démission de cette cure.....
» nous trouvant par ce moyen sans ministre, ni appa
» rence d'en avoir, puisqu'ils ont presque tous fait leur
» démission, le conseil de la commune arrête « que tous
» les effets, tant en or (argent doré, serait plus exact,
» assurément), argenterie, argenté ou cisele, et ceux en
» cuivre, métal, fer et bronze, seront transportés. dès
» demain, au district d'Aubigny, pour ensuite être en-
» voyés à la Convention, et, à cet effet, est nommé un
» des membres du conseil, qui en sollicitera la décharge
» auprès desdits administrateurs, pour être, icelle, remise
» *es archives* de cette dite municipalité ».

Tradition sur la Croix et sur la Statue de la Sainte Vierge. — L'ancienne croix processionnale, plaquée d'argent, était emportée par des habitants d'Aubigny ; des libations assez copieuses avaient accompagné la remise et le départ des objets du culte. Le sieur Benjamin Potier, en sa qualité de marguillier, avait aidé au chargement ; il les accompagnait ; au passage de la rivière de la Nerre qui traversait le chemin, il prit adroitement la croix par l'un de ses bras et la fit tomber dans l'eau. Il leur fit ensuite très civilement la conduite jusqu'à la côte, dite des Bourbiers ; puis, après leur avoir fait ses adieux avec non moins de politesse, il revint sortir sa croix de la rivière, et la porta à quelques dix mètres en aval pour la déposer dans une fosse. Lorsque. plus tard, les églises paroissiales furent rendues au culte, il put la retirer de la fosse et la remettre à l'église ; elle y aurait été conservée jusqu'après 1830. On aurait eu alors la funeste idée de la vendre, en même temps que l'on aliénait une certaine quantité du bronze des anciennes cloches qui était restée dans le clocher. Le même Benjamin Potier aurait été dénoncé pour un autre motif, pour le *criminel* fait de conserver chez lui « des objets du culte » religieux ». On vint perquisitionner ; lui-même conduisit les envoyés dans toutes les pièces de son habitation. Deux enfants étaient couchés, plongés dans un profond sommeil ; le sommeil de l'enfance fut respecté. La statue de la Vierge tenait la place de l'un des enfants ; elle fut ainsi préservée de toute profanation et destruction (Fait raconté par l'arrière-petit-fils du perquisitionné).

16 février 1794. SÉANCES MUNICIPALES DANS L'ÉGLISE. — FÊTE DU DÉCADI (voir p. 89).

18 février 1794. TEMPLE DE LA RAISON. — Le 30 pluviôse an II, le conseil général de la commune est assemblé « au Temple de la Raison (il n'y a plus d'église), » après avoir fait battre la caisse pour avertir les citoyens » qu'il va être fait lecture des décrets de la Convention ».

16 mars 1794. AUTEL A LA PATRIE. — Le 26 ventôse an II, l'agent national représente « que dans toutes les » communes, il a été élevé *une* autel à la Patrie, que même » le Représentant du peuple, dans sa proclamation, en a » fait un devoir aux municipalités (c'était le culte nouveau. Il faut toujours un culte) Sur quoi, toute l'assemblée est d'avis d'en faire élever *une* et autorise à » cet effet la municipalité ».

. Même jour. JARDIN. CHARMILLE DE LA CURE. — Troisième criée du « jardin de la ci-devant cure, sur enchère » de 6 livres mise à la dernière séance... Enchéri par » différents citoyens, il est adjugé à Pierre Regnier, l'un » des membres du conseil, à la somme de 53 livres, à la

» charge de la débarrasser à la Saint-André prochaine
» (vieux style) ». Ensuite est faite la criée de « la charmille
» de la grande allée couverte, à vendre et à couper
» sur-le-champ ; ...elle est adjugée finalement à André
» Bergin pour la somme de 45 livres, à la charge par lui
» de la couper sur-le-champ et le plus proprement que
» faire possible ».

6 avril 1794. TERRE DE LA PORTION CONGRUE. — Le 17 germinal an II, à une lettre du citoyen Pelletier, receveur de la régie nationale, qui engage les officiers municipaux à lui déclarer les domaines ou terres « qui ont été
» concédés aux ci-devant curés et vicaires par les ci-de-
» vant seigneurs, pour jouir de la portion congrue », la municipalité répond « qu'il n'existe qu'une terre qui est
» au bout du jardin de la ci-devant cure. mais que ladite
» terre a été échangée par le citoyen Vergnault, et qu'en
» conséquence elle croit que ladite terre appartient au
» citoyen Dupré de Saint Maur ».

13 avril 1794. MOBILIER DU CULTE. CORDES DE LA CLOCHE. — Le 24 germinal an II, lettre du. . District à l'effet de faire conduire au chef-lieu du district les metaux, linges et ornements « provenant des églises où le culte a cessé. »
— Arrêté du District « .. à l'effet de faire transporter à Au-
» bigny, dans la huitaine, les cordes servant à la sonnerie ».

Même jour. FERMETURE DE L'ÉGLISE. — Le Comité de surveillance d'Aubigny « ordonnant aux municipalités de
» fermer les églises, à l'exception du temps où les con-
» seils généraux des communes croiraient nécessaire de
» s'y rassembler... ordonnant aussi de faire disparaître
» toutes les marques du culte qui pourraient exister au
» dehors », le conseil arrête que « l'église ne sera ouverte

» que pour les assemblées municipales et de la Société
» populaire ».

20 avril 1794. Coq et Croix du clocher. Ornements. Cordes des cloches — Le 1er floréal an II, pour se conformer à l'arrêté et aux invitations du District, le conseil de la commune arrête « que la municipalité écrira aux
» bons couvreurs d'Aubigny pour venir incessamment
» descendre le coq et la croix du clocher pour y substi-
» tuer le *bonnet* et le *drapeau de la liberté*, à meilleures
» conditions que se pourra, ce pour la somme de 45 livres,
» à quoi ils ont acquitté la municipalité, s'il n'est pas
» possible autrement ». Il est encore arrêté que « on con-
» duira incessamment au District les ornements et linges
» et cordes des cloches descendues ».

4 mai 1794. Démolition du clocher. — Le 15 floréal an II, après un « arrêté du Représentant du peuple,
» Michau, concernant les ci-devant curés et les clochers
» et croix des *ci-devantes* églises... », il est arrêté « que la
» commune se chargera de la démolition du clocher, et
» qu'à cet effet, elle fera crier au rabais ladite démolition,
» à trois différentes fois, ou bien à forfait, ou autre-
» ment ».

19 mai 1794. Travail du salpêtre dans l'église (p. 105).

25 mai 1794. Etre suprême. Immortalité de l'ame (voir p. 91).

8 juin 1794. Mobilier de l'église. Grilles. — Le 20 prairial an II, le conseil est autorisé « en retenue des
» mauvais meubles de la ci-devant église ». — Le 9 thermidor (27 juillet) « sur la réquisition de l'agent national »,
il est arrêté « que les grilles et fers inutiles seront *de-*
» *faites et envoyées* à l'administration du District, confor-

» mément à l'arrêté du citoyen Ferry, Représentant du
» peuple dans ce département ».

27 juillet, 3 et 10 août 1794. MISE EN FERME DE LA CURE.
— Les 9, 16 et 23 thermidor an II, ont eu lieu les trois
criées « de la maison de la cure, bâtiment et jardin en
» dépendant,... sur la réserve que fait la municipalité,
» de *la salle, le sallon, la chambre du vicaire, la celle y*
» *tenante avec le fruitier et le thoit au bois*, les allées de
» devant et le long de ladite maison et bâtiment restant
» libres comme ci-devant pour l'usage de ladite municipa
» lite et de tous les citoyens, à la charge par celui qui sera
» adjudicataire, d'occuper ladite maison par lui-même,
» sans pouvoir sous-fermer le tout ». L'adjudication est
faite « pour la somme de 33 livres, au citoyen Regnier,
» plus haut metteur et encherisseur.

5 octobre 1794. ARGENTERIE DE L'ÉGLISE. — Le 14 vendémiaire an III, « lettre de l'agent national du District
» qui previent d'envoyer directement au Comité des finan-
» ces de la Convention l'état de l'argenterie de l'église de
» cette commune ».

7 déc. 1794. DÉPOT DES GRAINS DANS L'ÉGLISE (p. 119).

15 mars 1795. LIBERTÉ DU CULTE — SONNERIE DE LA
CLOCHE. — Le 25 ventôse an III, communication est
faite « de la loi du 3 du courant (21 fevrier, concernant la
» liberte des cultes ». Dans une seconde séance tenue le
jour même à 5 heures après-midi, il est répondu aux
observations de l'agent national que « la sonnerie qui se
« fait en cette commune, se fait à notre insu et malgré
» nous. qu'il ne nous a pas été possible d'en empêcher le
» public. attendu, dit-il, qu'on sonne dans toutes les com-
» munes de ce district *environnantes* celle-ci, et dans les
» districts voisins ».

19 mars 1795. Réouverture de l'église. — Le 29 suivant, un membre du conseil fait observer « que nombre » de citoyens se sont présentés, à différentes fois, depuis » la publication du décret du 3 du courant sur le libre » exercice des cultes : en conséquence ils requièrent... que » l'église de cette commune soit provisoirement ouverte » pour célébrer et exercer le culte de cette commune, » attendu qu'il se trouve ici un citoyen qui veut bien rem- » plir cette fonction, ce qu'il ne veut faire qu'après auto- » risation.... ; sur quoi ayant délibéré, »... le conseil arrête « que le culte de cette commune sera *préalablement* » fait en cette église, nul autre local propre *existant* en » cette commune pour cela ». — Autorisation donnée. — Le 9 germinal (29 mars), lettre « .... du District, portant » que sont autorisées les communes à se servir des églises » paroissiales pour le culte, à défaut de local propre à cet » effet, jusqu'à ce que la Convention en ait autrement » ordonné ».

28 mai 1795. Rétablissement du culte. — Le 9 prairial an III, lecture est donnée « 1° d'un arrêté du Comité des » finances de la Convention... du 16 floréal (5 mai) » concernant la suppression de l'arrêté du citoyen Lau- » rent, Représentant du Peuple, sur les églises ; 2° d'un » arrêté du district d'Aubigny, portant qu'il est permis, » provisoirement, de se servir des églises, à la charge » par le ministre de faire sa soumission à la municipa- » lité et aux lois de la République, à peine de 7 livres d'a- » mende ».

6 juin. Traitement du ministre du culte. — Le 8 messidor, une assemblée du conseil général est décidée « de ce jourd'huy en huit, pour se pourvoir d'un ministre » pour cette commune... et se concerter sur le traitement » *verbal* qu'il exigera ».

8 juin. Offre Gressin — Exercice du culte. — Le 10 messidor « le citoyen Gressin, ministre du culte catholi-
» que, se présente devant le conseil de la municipalité,
» conjointement avec la majorité des habitants, pour de
» mander à se servir de l'église de cette commune pour
» la célébration du culte catholique, et ce, conformement
» à la loi du 11 prairial (30 mai) dernier, relative à la cé-
» lebration des cultes dans les édifices qui y etaient ori-
» ginairement destinés ; leur demande *est accordée*, et il
» est arrêté qu'il sera délivre au citoyen Joseph Gressin
» un certificat de soumission d'obéissance aux lois de la
» République, d'après l'article 5 de ladite loi à laquelle
» il se soumet ».

Certificat de soumission aux lois. — « Aujourd'hui,
» l'an 3me de la République une et indivisible (8 juin 1795)
» est comparu le citoyen Joseph Gressin, lequel a déclare
» qu'il se propose d'exercer le ministère d'un culte connu
» sous la dénomination de catholique apostolique et ro-
» main, dans l'étendue de cette commune de Clemon ; et
» a requis qu'il lui soit donné acte de sa soumission aux
» lois de la République, de laquelle déclaration il lui a
» a eté délivre acte, conformement à la loi du 11 prairial
» an III (30 mai 95) ».

Cette loi du 11 prairial portait, entre autres choses, que « chaque section de commune pourra réclamer un
» local pour l'exercice de son culte ».

Article 4me — Période de 1795 a 1810

Les documents nous ont manqué presque complètement, de messidor an III (juillet 1795) à fructidor an X (septembre 1802). Nous n'avons pu trouver le registre de la *municipalité de canton* établie à Argent. en place des

municipalités communales, en vertu de la constitution républicaine du 5 fructidor an III (22 août 1795). Par suite, nous avons à regretter de ne pouvoir dire que peu de choses sur la vie religieuse de Clemon durant cette période ; ce serait une lacune à combler, comme pour la vie communale. Nous pouvons supposer qu'en vertu de l'autorisation municipale qu'il avait reçue, M. Joseph Gressin put exercer assez librement et paisiblement son ministère pastoral jusque vers l'an VI (1798). La nouvelle Constitution avait proclamé la liberté du culte, sans toutefois restituer aucune rétribution à ses ministres. Encore cette situation ne devait-elle durer que peu de temps La journée du 18 fructidor an V (4 septembre 1797) fit renouveler par le Directoire les lois de persécution portées durant le règne du jacobinisme contre les prêtres catholiques. La sonnerie des cloches fut de nouveau l'objet d'interdictions administratives. Le 5ᵉ jour complémentaire de l'an V (21 septembre 1797), les administrateurs du département écrivaient à l'administration municipale du canton d'Argent, la lettre suivante : « Nous sommes
» instruits, citoyens, que la loy qui défend toute sonnerie
» religieuse est enfreinte, non seulement dans votre com-
» mune, mais même dans toutes celles qui composent
» votre canton. Cette infraction ne peut être imputée
» qu'à l'insouciance de l'administration et à son peu de
» zèle pour l'exécution des lois. Le peuple peu éclairé
» suit l'impulsion qui lui est donnée, et si des malveil-
» lants, des ennemis de la République et de la tranquillité
» lui donnent des mauvais conseils. n'est-ce pas aux au-
» torités à lui faire reconnaître son erreur et à user de
» tous les moyens que leur donne la loy pour l'empêcher
» de se plonger dans la *combustion* et le désordre. Quels
» reproches le peuple, dont malheureusement les travaux
» s'opposent à ce qu'il *acquiert* les connaissances néces-

» saires pour bien distinguer l'hypocrite d'avec l'homme
» pur et sincère, *n'auraient-ils* pas à vous faire, si par
» votre condamnable tolérance à souffrir sous vos yeux,
» l'inexecution des lois, nous nous trouvions obligés
» d'employer la force armée..... Nous vous enjoignons
» donc expressement et sous votre responsabilité, de tenir
» très strictement la main a l'exécution de la loi du 22
» germinal (11 avril) sur la sonnerie religieuse et de nous
» instruire de ce que vous aurez fait à cet égard... ». —
(Arch. dep. L. 332).

A partir du 6 thermidor an VI (25 juillet 1798) les actes des baptêmes, qui ont été relevés en 1808 et 1809, pour la période revolutionnaire, en vertu d'une ordonnance de Mgr l'Archevêque de Bourges, présentent frequemment la mention de M. Harang, prêtre. Cet ecclesiastique, assermenté comme M Vergnault, résida à Clemon jusqu'à sa mort en 1802. Il est mentionné pour son dernier baptême le 18 messidor an X (6 juillet 1802). Un certain nombre de familles le tinrent à l'écart de leurs relations. Ce fut plus d'une fois l'objet de ses plaintes. Près de la moitié des habitants continuaient à présenter leurs enfants, pour le baptême, au veneré M. Gressin, en sa demeure de Baudran. M. Joseph-François-Pierre Harang était venu à Clemon, en 1798, du diocèse de Tours. Un certificat du maire, délivré le 3 floreal an X (22 avril 1802) — (Arch dep. L. 332) — en vue de le faire admettre « à la pension, dite ecclesiastique, accordée
» par le gouvernement » relate que « âgé de 76 ans, il est
» domicilie de cette dite commune de Clemon depuis
» près de quatre ans, époque où la grande majorité des
» habitants de cette dite commune l'ont invité de s'y
» rendre aux fins de desservir la paroisse et y remplir les
» fonctions ecclésiastiques délaissees par le ci-devant
» curé (en 1794)... ; que ledit citoyen Harang a, lois de

» son entrée en cette dite commune, exhibe ses titres et
» certificats, constatant son état de prêtrise, sa conduite
» et instruction evangéliques, etc...; qu'il a exercé et
» remply les fonctions curiales de cette dite paroisse avec
» tout le zèle et l'exactitude qui pouvait dependre de lui
» et de son grand âge ».

M. Gressin remplaçait officiellement M. Harang dès le 16 septembre et presidait sa sépulture le 2 décembre (premier registre des sepultures de M. Gressin); puis il demeura curé de Clémont jusqu'au 12 mars 1804, date de sa mort. Son corps fut tout d'abord inhumé près du passage du presbytère à la grande porte de l'église; puis il fut transféré vers 1890, dans le présent cimetière où il repose au pied de la croix commune.

Nota. — Nous allons maintenant donner les délibérations municipales concernant la réacquisition du presbytère. On y constatera, trop visiblement combien il est plus difficile de restaurer que de détruire.

La première vente du presbytère avait eu lieu (Bureau d'enregistrement d'Aubigny), à la requête de la République, par acte passé devant « *le Département* » le 1er frimaire an V (21 novembre 1796), en faveur de Jean Porcher, huissier à Aubigny, moyennant le prix de 15.261 livres, en assignats, — valeur en numéraire, 68 livres 17 sols, au 20 mars précédent.

Le 15 germinal an VIII (4 avril 1800), le citoyen Jean-Baptiste Porcher, demeurant en la commune de Bourges, et de present en la commune d'Aubigny, avait revendu au citoyen François Leclerc, marchand à Aubigny, la cy-devant Maison curiale, pour le prix de trois cents francs, argent monnayé. (Etude Billotte, d'Aubigny).

12 septembre 1802. Location du presbytère. — Le 26 fructidor an X, la mission était donnée « au citoyen » Gaudard Dalaine de faire toutes les démarches néces- » saires pour procurer un logement convenable pour y » placer le citoyen ecclésiastique qui sera définitive- » ment nommé pour la desserte de cette commune, de » préférence le cy-devant presbytère aliéné, dans le cas où » il serait possible de l'affermer — Prix offert : la somme » annuelle de 120 francs. — Le 29 fructidor le citoyen » Gaudard Dalaine s'est transporté exprès à Aubigny, » près le citoyen Leclerc, propriétaire du presbytère de » Clémont, seul logement convenable, lequel dit citoyen » Leclerc a consenty louer et affermer ladite maison à » cette dite commune, pour et moyennant le prix de 100 » francs de ferme..... à la charge par ladite commune » d'acquitter annuellement les contributions, sous la » réserve que le présent locataire pourra trouver à se loger » ailleurs. — Le 23 vendémiaire an XI (14 octobre 1802), » les démarches faites pour obtenir le presbytère sont » tombées dans le néant, le locataire qui l'occupe presen- » tement ayant toute préférence. Un marché a été traité » avec le citoyen Gaultier, charpentier, ledit locataire, » pour un logement dans ladite maison, provisoire et in- » dispensable, consistant en une grande chambre, la » chambre du vicariat, et une autre cabinet à côté, sans » avoir pu obtenir de jardin, pour le prix et somme » annuelle de 48 francs, y compris la contribution des » portes et fenêtres ».

16 mai 1803. Acquisition du presbytère. — Le 27 flo- réal an XI, la décision est prise « d'acquérir, pour le » logement de l'ecclésiastique desservant la succursale » de Clémont, la maison servant autrefois de logement » au ministre du culte catholique, acquise dernièrement

» par le citoyen Jamet, marchand à Aubigny, sur le
» citoyen *François Leclerc, deuxième acquéreur* ». Est
nommé commissaire, aux fins de ladite acquisition, le
citoyen Hubert Bourdon, propriétaire. Le 28 messidor
an XI (16 juillet 1803) autorisation est donnée aux
citoyens Antoine-Marguerite Gaudart-Dalaine Jacques-
Victor Jullien, Jean Fernault, et Hubert Bourdon « de
» faire l'emprunt de la somme de 1.300 francs, tant pour
» subvenir à payer le prix principal (1200 francs, et 12
» francs de pot-de-vin) de l'acquisition de la ci-devant
» maison presbytérale de Clemon, que pour acquitter les
» droits d'enregistrement de l'acte. — Jusqu'à concur-
» rence de ladite somme de 1.300 francs il sera payé aux
» dits citoyens par la commune, annuellement, la somme
» de 120 francs de ferme de ladite maison ».

Le 7 frimaire an XI (27 novembre 1802) le citoyen
Pierre Jamet, fripier, demeurant commune d'Aubigny,
vendait aux quatre susdits citoyens commissaires nommes
par le conseil municipal, la maison curiale, pour en jouir
à compter du 11 brumaire an XII (1er novembre 1803),
moyennant la somme de 1.250 francs, argent monnayé ;
cette somme provenait d'un emprunt de 1.300 livres
tournois fait par les commissaires aux citoyens Jacques-
Philippe et François Brière, frères, propriétaires en la
commune de Clemon. (Etude Billotte).

Le 16 fructidor an XIII (2 septembre 1805), il est voté
en conseil que « les dépenses : 1° du supplément de trai-
» tement du prêtre desservant la succursale de Clémont
» depuis le 1er germinal (21 mars) dernier ; 2° de la ferme
» du logement curial ; 3° des frais de réparation et d'ac-
» quisition d'objets indispensables pour la célébration du
» culte, — seront couvertes par les soumissions volon-
» taires, approuvées par signature depuis l'an dernier. —
» Autorisation est donnée en même temps à M. Gaudart

» d'Alaines, de faire toutes démarches nécessaires auprès
» de M. le préfet du département, pour parvenir au paie-
» ment de l'acquisition de la maison presbytérale qui
» sert de logement au prêtre desservant la commune de
» Clémont ». Etaient alors MM. Gaudard d'Alaines,
» maire ; Romion, Tellier, Herveau, Chassignol, Geor-
» get, Garnier, Potier, conseillers ».

Le 26 octobre 1806, commission est donnée « à Fran-
» çois Herveau, pour parvenir à l'acquisition de la maison
» ci-devant presbyterale, de laquelle ont joui depuis
» nombre d'années, et surtout depuis le rétablissement
» du culte, les prêtres desservant la commune, et pour
» convenir avec les propriétaires de cette maison,
» MM. d'Alaines, Jean Fernault, Hubert Bourdon et
» Victor Jullien, propriétaires d'icelle commune, sur le
» prix principal, ainsi que sur le mode et les époques du
» paiement ».

Le 2 février 1807, le conseil communal émet « le vote
» d'acquisition de la maison presbytérale, convenue par
» le commissaire Herveau, moyennant la somme de 1.377
» francs (1.462 francs, coût de l'acte, expertise, timbre
» et enregistrement compris). Le paiement sera fait en
» deux annuités de 731 francs, imposé au marc le franc
» de la contribution foncière et mobilière ».

Le 20 septembre 1809, un décret impérial, rendu au
camp de Schenbrunn (Autriche), autorise l'acquisition
de l'ancienne maison presbytérale « moyennant la somme
» de 1.377 francs ».

Le 23 janvier 1810, l'autorisation est définitivement
donnée « d'imposer extraordinairement la somme de
» 1.377 francs, par moitié en deux années, pour servir à
» ladite acquisition ».

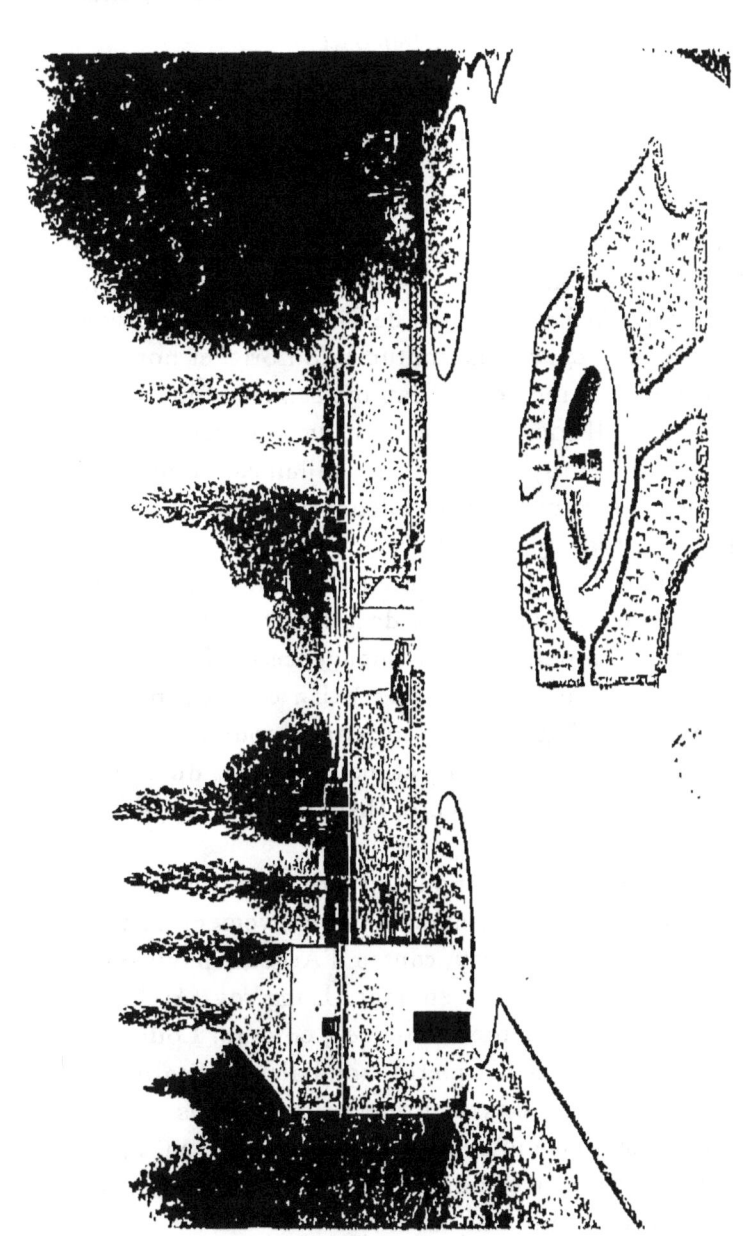

CHATEAU DE LAUROY — CLEMONT (Cher).

Terre et Seigneurie de Lauroy de 1450 à 1900
NOTICE GÉNÉRALE

La terre de Lauroy, située sur la commune de Clemont (canton d'Argent, arrondissement de Sancerre, département du Cher). était à l'époque des réformes administratives de la fin du XVIII° siècle, un lieu seigneurial assis en la paroisse, et néanmoins distinct du fief même de Clemon (élection de Sancerre, généralité de Bourges).

Comme les fiefs d'Argent et de Clemon, celui de Lauroy devait être régi par la coutume de Loris, et non par celle de Berry (Archives de Lauroy, sentence du 23 novembre 1723) Il consistait en 1715, en trois censives ou fiefs nobles : Lauroy, Colommier, Villaines. et en deux autres fiefs de roture : La Babilonnerie et Les Roujoux (Archives de Lauroy, Acte de vente 1715, p.   ).

Ce fief etait dans la mouvance de la châtellenie d'Argent, sauf que, pour le terrage de la Forêt de Bignollais, il était, pour un tiers, dans la mouvance de Blancafort (Archives de Lauroy Adveu 1641). En conséquence de sa mouvance d'Argent. il ressortissait. pour la justice, du baillage de Concorsault, et, pour le cens, du comte de Sancerre (La Thaumassière, Histoire du Berry, L. V, ch. 30. L. VI, ch. 4).

La plus ancienne mention qui soit faite du fief de Lauroy est de 1391. Il fut nommé successivement d'après la monographie de Lauroy, canton d'Argent, publiée en 1875 par M. de Kerseis   en 1391. Long roy (Archives du Cher, Cure de Sainte-Montaine); en 1540. Louroy; d'après les épitaphes des pierres tombales de l'église de Clemont. en 1480 et 1518, Louray : d'après les Archives du château, en 1497, 1567, 1578. Louray ; en 1521. Loroy; en 1574, Loiroy; en 1590, Lauray; en 1606, 1613 et jusqu'au temps présent, Lauroy.

Ces mêmes variations de noms : Longroy, Louroy, Lauroy, se retrouvent en d'autres contrées, notamment en Picardie. (Monstrelet ; de Belleval, ouvrages sur le Ponthieu).

La motte de l'ancien château, dit M. de Kersers, d'après les Archives du château d'Argent, existait encore en 1718 avec donjon (1), fossés, pont-levis (2). Le donjon existait-il vraiment encore ? Nous ne le croyons pas. M. de Kersers aura lu trop rapidement un acte de la Justice d'Argent que nous avons vu mentionné, en marge de l'adveu de Lauroy de 1641 (que nous allons citer textuellement), comme reproduisant cet adveu « d'abondant ». Sur cette motte était bâtie autrefois la maison seigneuriale. L'adveu et dénombrement de 1641, reçu le 28 mai 1644, énumère : « 1° le lieu seigneurial de Lauroy » qui consiste en une motte, où, *d'ancienneté*, estait bâs» tie la maison seigneuriale dudit lieu avec donjon et » fossés ; 2° la maison seigneuriale dudit Lauroy *de pre*» *sent* bastie proche la motte ».

Le château actuel (d'une longueur de 22 toises), construit entièrement en briques, est dit, dans le dernier acte de vente de 1715 (Archives de Lauroy), — nouvellement bâti —. S'il n'était pas celui de 1641, ce qui nous étonnerait, il eût donc été reconstruit peu avant 1715 sur le même emplacement (3). Nous estimons que celui de 1641 pouvait encore être dit en 1715 — nouvellement bâti —. L'adveu de 1716, du reste, décrit le château de Lauroy dans les mêmes termes que celui de 1641. « Il se

(1) D'après M. de Kersers, ce donjon n'aurait été qu'un tertre lenticulaire.
(2) Le pont-levis tombait en ruines à l'époque de la Révolution. On le détruisit en 1792. Il fut remplacé par un pont fixe en 1875. Il a été fait alors emploi de ses culées. On conserve encore un des corbelets sur lesquels pivotaient ses touillons.
(3) Il est situé dans l'axe du pont-levis détruit en 1792. Les bois de charpente ont été empruntés à une construction précédente.

» composé d'un corps de logis à deux étages (rez-de-
» chaussée et premier), prolongé de deux ailes qui n'ont
» que le rez-de-chaussée ; en outre, deux ailes basses font
» retour au sud. Les fenêtres sont de belles dimensions
» (a petit vitrage), et l'ensemble de son architecture très
» sobre ne manque pas de noblesse. De belles terrasses
» dominent la rive droite de la Sauldre ; au nord, sont
» des charmilles (plusieurs fois séculaires, et un colom-
» bier à deux étages ; de larges fosses pleins d'eau fer-
» ment les cours et les parterres qui sont demeurés à peu
» près tels que les décrit le dernier acte de vente de 1715
» De riches tapisseries, aussi de l'epoque, garnissent les
» appartements. C'est un tout, fort complet, de la fin du
» règne de Louis XIV. (Description par M. de Keisers ».

Le fief seigneurial fut successivement occupé :

Au commencement du XVᵉ siècle, par la maison de Foucaud ;

De 1445 à 1613, par les Maisons de Gamaches et de la Verne ;

De 1617 à 1715, par la famille orléanaise Midou ;

Depuis 1715, par la famille Le Sueur, Dubuc, Gaudart d'Allaines, Dufour.

La terre actuelle de Lauroy est d'une superficie de trois cents hectares :

1º Le château et ses dépendances, prés réserves et bois, vigne, maisons et jardins situés au bourg...	60	hect.
2º Locature de Lauroy.................	35	—
3º Locature des Truyes et Villaines......	40	—
4º Métairie de la Babilonnerie..........	145	—
5º Tuilerie de Lauroy.................	20	—
Total...............	300	hect.

Avant le dernier partage, fait en 1864, elle comprenait en plus : 1º la métairie des Roujoux, 210 hectares ; 2º les locatures de Boucherioux, 30 hect. ; du Crot, 10 hect. ; de Maisonneuve, 10 hect. et des Courtins, 40 hect. ; 3º bois et prés, 30 hect. Total 330 hectares.

LISTE DES PROPRIÉTAIRES DE LA TERRE DE LAUROY DEPUIS 1440

En 1440 jusque vers 1480
Dame Philiberte de Foucaud, épouse de Guillaume de Gamaches, mère de

12 juillet 1518 à 1558
Jean de Gamaches, époux de Marguerite de Blet, père de
Adrien de Gamaches, époux de Jeanne Peltorde, père de

En 1590 à 1602
François de Gamaches, époux de Philippe du Puy, frère de
Philibert de Gamaches, sans alliance, cousin de

En 1606
Marguerite de Gamaches, épouse de François de La Verne, sieur de Vanville, mère de (possession présumée)
Claude de La Verne, épouse de Chrétienne d'Avigny, frère de

En 1611 à 12 novembre 1611
Jean de La Verne, époux de Nicole d'Avigny, père de
Philibert, Gabriel et Jean de La Verne, vendeurs à

21 juin 1613 à
notaire Étienne Contesse, sieur d'Ourcières, vendeur à

20 mai 1617 à
Jean Midou, époux de Catherine du Four, père de

26 juin 1625 à
Jean Midou, époux de { 1° Suzanne Bury ; 2° Marie Brigonnet, père de

27 mars 1683 à
Jean-Maximilien Midou, époux de { 1° Catherine Durand de Villiers ; 2° Anne Marguerite Fougeu ; 3° X. Descures.

28 juin 1715 à
Marie-Marguerite Le Sueur de Miry, veuve de feu Nicolas Dubuc, sieur de Valmont, épouse de Charles Coisevox, sieur de Brécourt, mère de

novembre 1717 à
Claude Dubuc, époux de { 1° Marie Catherine Huby ; 2° Françoise de Ramaceul, père de

février 1743 à
Claude-Joseph Dubuc, époux de Louise David de Conflans, père de

30 septembre 1792 à
Adélaïde-Louise-Victoire Dubuc, épouse de { 1° Jean-Baptiste Langlois de Ramentières ; 2° Antoine-Marguerite de Gaudart d'Allaines, mère de

avril 1831 à
Célestine-Adélaïde de Gaudart d'Allaines, épouse de { 1° Louis Armand Detour ; 2° Benoît Marie Bertrand

I. — POSSESSION DE FOUCAUD

La terre et seigneurie de Lauroy était occupée, vers le milieu du XV⁰ siècle, par damoiselle Phileberte de Foucaud, qui possédait, en outre, les fiefs de Sury-au-Bois (en Sancerrois) et d'Esterre (que désigne aussi La Thaumassière en son histoire du Berry, L. XI, ch. 21, généalogie de Gamaches, mais dont nous n'avons vu nulle part ailleurs la mention, ni, par conséquent, la situation).

Damoiselle Phileberte de Foucaud épousa Guillaume de Gamaches, troisième fils de Gilles et de Blanche d'Aumont, en 1444, d'après La Thaumassière, en 1449 d'après le père Anselme (Tome VIII, Genealogie de Gamaches). La date fournie par La Thaumassière nous semble devoir être acceptée de préférence ; elle concorde avec les archives de Sury-ès-Bois qui mentionnent, en 1444, Guillaume de Gamaches, escuier, marié à Phileberte de Foucaud, dame de Sury-au Bois (1). La Thaumassière a mentionné qu'après la mort de Guillaume de Gamaches, elle contracta un second mariage avec « messire Jean de Vieilbourg, chevalier ». Comme elle fut inhumée dans la chapelle Notre-Dame-de-Pitié, de l'église de Clémont ; comme elle y est l'objet, avec son époux, Guillaume de Gamaches, d'une même épitaphe (voir les actes paroissiaux, p.   ), sans aucune men-

De Foucaud portait : D'azur au lion d'argent, couronné d'or, armé et lampassé de gueules.

---

(1) Le château était construit près du bourg. Un ancien étang, sur le territoire de Sury-ès-Bois, portait le nom de l'étang du Bois-

tion de son union avec le chevalier Jean de Vieilbourg, il serait déjà difficile d'accepter cette version de La Thaumassière. Tout au contraire, dame Phileberte de Foucaud, lorsqu'elle épousa Guillaume de Gamaches, était veuve du chevalier Jean Herpin (1), seigneur de la Herpinière et du Château ; le 17 avril 1445 « tant en son nom que comme ayant le gouvernement de ses enfants mineurs » elle faisait hommage à Jean Courault, seigneur de Chevilly (paroisse de Mereau) de la moitié de la dîme de Chevilly. Par suite de son premier mariage, elle transmit à la maison de Gamaches la seigneurie du bourg de Brinay, dont la maison-fort devait porter longtemps le nom de Seigneurie de Gamaches. — Tausserat : Chroniques de la châtellenie de Lury, pages 145, 209, 211

Un titre de l'abbaye de Saint-Satur donnerait à supposer que la famille de dame Phileberte de Foucaud residait de très ancienne date à Sury-ès-Bois. Une charte de la fin du XIIe siècle (Archives du Cher Fonds de l'abbaye de Saint-Satur, liasse 2 de Sury-es-Bois), donne, à l'occasion d'un litige au sujet de prés situés sur le fief de Court-Jouan (Sury ès Bois), une transaction passée entre l'abbaye de Saint Satur et GOTFRIDUM FULCAUDI. Godefroy de Foucault et sa femme abandonnaient à l'abbaye tous leurs droits sur ces prés, à la condition qu'ils en jouiraient de leur vivant Parmi les témoins de la transaction etait ARNULFUS FULCAUDI. — Jehan Foquault, escuyer, sire de *Sury-en-Bois*, en 1384, rendait hommage « à... seigneur monseigneur Estienne de San-

---

Foucaud. (Notes fournies par M. l'abbé Hortu, doyen de Mehun-sur-Yèvre, originaire de Sury-es-Bois.

(1) Herpin (nom féodal des Vieilbourg, seigneurs du château de Mereau, portait : — d'argent a deux brassarts ou manches mal taillées de gueule aux plis d'or — Armes sculptées dans l'église de Méreau sur l'une des pièces de charpente qui supportent le clocher.

» cerre, seigneur de Vailly, à cause de sadite terre de
» Vally, pour les choses qui sensuivent... assis en la
» paroisse de Sury-en Bois. » — Arch. dép. F. 14. Titre
de 1384.

Les maisons de Foucaud et de Gamaches ont laissé plus d'une trace à Sury-es Bois. Il existe encore quelques restes du château dans une habitation longée par une terrasse, situee sur la hauteur qui domine le bourg. Dans l'église, une vaste chapelle, dont les nervures accusent la fin du XV° siècle ou le commencement du XVI°, a toute apparence d'avoir été construite par les Gamaches comme chapelle seigneuriale. (C'est l'époque de nos deux premiers Gamaches à Lauroy) Un domaine qui a gardé des traces de terrassements importants le long de la rivière, porte le nom de La Gamache. Il reste des traces d'une enceinte importante d'un manoir *Boisfoucault* (de Kersers). Un ancien etang portait le même nom *Etang du Bois Foucaud* (note fournie par M. l'abbé Hortu).

Parlant de la maison de Foucaud d'Alzon, La Chesnaye-du-Bois dit que cette famille (arrêt de maintenue du 24 décembre 1668) remonte à Jean de Foucaud, mort en 1220, l'un des barons de l'armée de Guy de Montfort dans la guerre qu'il fit au comte de Toulouse et aux Albigeois. Les Foucaud, de Lauroy, étaient orthographies de même. Les armoiries avaient beaucoup de ressemblance (1). Descendaient ils de ce même Jean de Foucaud ? Tout au plus le pourrait-on supposer ; aucun document ne nous permet d'aller plus loin.

A quelle époque le fief de Lauroy serait-il entré en la possession de la Maison de Foucaud ? Nous ne pouvons que nous le demander.

---

(1) De Foucaud, portait d'azur au lion d'or, armé et lampassé de même, au chef d'or, chargé de 3 mollettes d'éperon de sable.

(La Chesnaye).

II — POSSESSION DE GAMACHES ET DE LA VERNE

Article premier. — Extraction de Gamaches

1º Nom de Gamaches

La Maison de Gamaches, dit La Thaumassière, tirait son nom d'une terre de même dénomination, située en Picardie. Le nom de Gamaches, dit le Père Anselme, remonterait jusqu'au règne de Clotaire Ier (511 à 561).

Gamaches était, en effet, un fief de Picardie, en Vimeu, situé sur la rivière de Bresle, entre Dieppe et Abbeville. Les princes de la maison de Dreux qui ont succédé dans ce fief, au XIIIe siècle, à la maison de Gamaches-Saint-Valery, en ont construit le château, dont il ne reste presque plus rien : une tour seulement : la chapelle n'est plus qu'une grange. (Lettre de M. l'abbé Bellettre, curé-doyen de Gamaches, du 15 avril 1899). Aujourd'hui, le bourg de Gamaches est le chef-lieu d'un canton du département de la Somme, sur la ligne de Paris au Tréport. Il possède encore son église du XIIe et du XVIe siècle. qui est classée parmi les monuments historiques, et une halle du XVe siècle (Guide Joanne)

Ce bourg de Gamaches est bien le fief dont la maison de Gamaches a tiré son nom ; mais, Godefroi, tige de la maison. troisième fils de — Bernard de Saint-Valery, IVe du nom, seigneur de Saint Valery, Gamaches, etc.. .. — fut le seul de sa maison qui l'occupa. Son fils, Mathieu (1), devait, en 1218, céder ce fief, ou, du moins, la part de droits qu'il y avait,

---

(1) Mention de Mathieu en 1190. Biblioth. Nation. Cartulaire de Notre-Dame du Val. Manuscrit latin 5.462, p. 57. 10.999. p. 43.

à sa cousine, Ænor de Saint-Valéry, épouse de Robert. comte de Dreux, en retour du fief de Saint Ouen, en Vexin normand, auquel il donna le même nom de Gamaches (canton d'Etrepagny, arrondissement des Andelys, département de l'Eure). Plusieurs autres petits fiefs (du même département), ont eu aussi ce même nom de Gamaches. (Dictionnaire historique du département de l'Eure, par Caresme et Charpillon).

2° *Origine de la maison de Gamaches*

Première version — Les Gamaches seraient venus en Normandie à la suite des ducs Normands. D'après cette version, ils auraient reçu du roi d'Angleterre, la terre de Puiseux, dans le Vexin normand, et se seraient transportés en Picardie, lorsqu'ils recueillirent la succession de Ponthieu. L'auteur de la vie de — Guillaume II de Gamaches, premier grand veneur de France, — leur donne pour ancêtre Inger, frère, (d'autres disent : compagnon) du premier duc de Normandie, Rollon. D'après cet auteur, les Gamaches seraient descendus d'Herlouin. II° du nom, seigneur de Ponthieu, deuxième fils d'Inger. (Turpin, citoyen de Saint-Malo, en son ouvrage : *La France Illustre* ou le *Plutarque Français*. IV° vol. 11° biographie. Cet auteur, d'après La Harpe et Quicherat, méritant peu de créance, nous ne le citons que sous la forme conditionnelle).

Deuxième version. — D'après l'ouvrage du Père Anselme, il faudrait les faire descendre du comte Angilbert, qui fut l'un des plus grands seigneurs de la cour du roi d'Italie, Pepin, fils de Charlemagne, et mourut en odeur de sainteté. Ce comte fut primicier du palais du jeune roi, puis gouverneur de Ponthieu par suite de son ma riage avec Berthe de France, fille de l'empereur Charlemagne et de sa seconde femme Hildegarde : il devint, plus tard, abbé du monastère de Saint-Riquier (autrefois Centule), près d'Abbeville, où il mourut le 18 février 814. Le continuateur du Père Anselme, M. du Fourny, qui s'appuie sur le jésuite Malbrancq, donne pour père, au susdit Herlouin II, non pas Inger, frère de Rollon, mais un descendant d'Angilbert. Helgaud, 2⁰ du nom, seigneur de Ponthieu et de Montreuil, qui s'engageait, en 925, dans le parti du roi Raoul contre Rollon, duc de Normandie, et qui fut tué, l'année suivante, dans une action contre les Normands

L'origine des Gamaches dépend donc de l'extraction de cet Herlouin II.

D'autre part, leur descendance du comte Angilbert semble affirmée dans deux passages de l'Histoire de Normandie, par Oderic Vital, qui écrivait à la fin du XI⁰ et au commencement du XII⁰ siècle. M. du Fourny, et Turpin lui-même, donnent pour ancêtre commun en quatrième ou cinquième génération, aux Gamaches et à Godefroi de Bouillon, roi de Jérusalem, Guillaume I⁰ʳ de Ponthieu, petit-fils d'Herlouin II, époux d'Alix, sœur de Hugues Capet Oderic Vital, parlant (en son tome III, livre 9) de Godefroi de Bouillon, dit qu'il était de sang royal. Parlant précédemment (tome II, livre IV) d'Eustache, comte de Boulogne, père de Godefroi de Bouillon, il avait dit plus expressément que ce comte « est issu de la famille de Charlemagne ».

La maison de Gamaches descendait de celle de Ponthieu indirectement, par la maison de Saint-Valéry, « race presque princière », dit le marquis de Belleval dans son ouvrage : *Les Sceaux de Ponthieu* (1896, p. 262). Le quatrième des fils de Guillaume I⁰ʳ, comte de Ponthieu, par son mariage avec la fille unique de Renaud de Saint-

Valéry, reçut le titre et continua la maison de Saint-Valery. (Lambert d'Ardres Histoire des comtes de Guines, édition in-folio. Biblioth. Nation. S. 535, vol. 24ᵉ p. 569. — Duchesne, Hist. des comtes de Guines. Preuves, p. 11). Bernard, 2ᵐᵉ du nom, seigneur de Saint-Valéry, de Gamaches, etc..., bâtit, l'an 1096, une forteresse à Gamaches, sans doute, la tour que Piganiol — Nouvelle description de la France, 1753, T. II, p. 410 — dit « fameuse dans les histoires ». Il en avait reçu l'autorisation de son parent, Henry II, comte d'Eu, après avoir acquis cette seigneurie du chevalier Waleran. Godefroi, troisième fils de Bernard IV de Saint-Valéry, devait être la tige de la maison de Gamaches.

3° Célébrité de la maison de Gamaches. Son établissement en Berry

Lors du mariage de Guillaume III de Gamaches (1) avec Phileberte de Foucaud, cette maison venait d'être illustrée par Guillaume II, comte de Gamaches, le premier grand veneur de France (1410), gouverneur de Compiègne (1418), et grand-maître des Eaux et Forêts du Royaume (1424). Philippe, son frère, quatrième fils de Guillaume Iᵉʳ, et abbé de Saint Denys de 1443 à 1463, avait en cette qualité présidé aux obsèques de Charles VII. Guillaume II et ses autres frères, Gilles, Pierre et Jean,

---

(1) *Armoiries des Comtes de Gamaches* — D'argent au chef d'azur, sommé d'une couronne de comte.
  Supports : Deux anges tenant chacun un guidon de gueules portant les armes de Gamaches
  Cimier : Un casque taré de front, sommé d'une couronne de comte et surmonté d'une tête de paon.
  Devise . Que nul ne m'attaque.
  Cri de guerre : Gamaches St-Valery.
  (Extrait de la généalogie par M. Rabier).

avaient tenu vaillamment leur rang parmi les chevaliers qui combattirent à Azincourt (1415), Cravant (1423), Verneuil (1424) et Orléans (1429).

Cette maison avait eu d'illustres alliances dans les maisons de Fécamp, de Corbie, de Châtillon, de Roncherolles, de Linières, de Colincourt.

Gilles de Gamaches avait épousé Blanche d'Aumont, fille de Pierre, 2me du nom, dit le Hutin, sire d'Aumont, de Cramoisy, de Meru, de Chars, de Neaufle-le-Chastel, chevalier, conseiller et premier chambellan du roy Charles VI, porte-oriflamme de France. Il établit la maison de Gamaches en Berry, ayant reçu du roi Charles VII, dont il était aussi chambellan, par Lettres Royaulx du 16 novembre 1423, délivrées à Bourges (1), plusieurs terres et domaines en Berry et en Nivernais. Son troisième fils, Guillaume, l'établit à Sury-au-Bois et à Lauroy.

Les derniers représentants de cette illustre maison furent :

Anne-Georges de Gamaches, époux de Marie-Anne de Beauregard, mort au château de Ménabre (Châtillon-sur-Indre) en 1802 ;

Alexandre, son fils, mort sans alliance, à Ménabre, en 1804 ;

Adelaïde, sa nièce, née au château de l'Effougeard (Obterre, Indre), le 27 avril 1769, dame des Effes (paroisse de Cléré-du-Bois, Indre), épouse en premières noces de Louis Bouzier Chambaudière, en deuxièmes noces, de Louis du Pleix, morte sans postérité à Ruffec (Indre), le 15 mars 1806 ;

(1) L'original de ces lettres, dit La Chesnaye, fut conservé au trésor du Marquisat de Bélâbre. Si le fait était vrai à la fin du XVIIIe siècle, il ne l'est plus aujourd'hui, vu le résultat de nos recherches. De plus, on ne voit aucun motif qui ait pu fixer ce titre au marquisat de Bélâbre, plutôt qu'ailleurs.

Catherine, de la branche antérieure de Coudron, dame Le Borgne du Lac, morte sans postérité au château de La Touratte (paroisse d'Arcomps, Cher), le 7 janvier 1819;

Hélène, sœur d'Anne-Georges, morte à Bourges, sans alliance, âgée de 84 ans, en 1822 ;

Marie, cousine-germaine d'Anne-Georges, Religieuse Annonciade, morte à Bourges, âgée de 86 ans, en 1826 ;

Marie-Françoise, aussi cousine germaine, dame Alexandre de Fricon, morte vers 1800, représentée à Orléans par Madame la vicomtesse de Saint-Trivier, née de Fricon ;

Henriette-Marie-Geneviève, nièce d'Anne-Georges, née en 1780, dame Jacques Anjorrant (dont elle eut trois filles, deux qui furent religieuses, et la troisième, dame de Loynes du Houlley), morte à Bourges le 24 novembre 1851, représentée à Orléans, par M. le baron de Loynes du Houlley :

Marie, fille d'Anne-Georges, née au château de Menabre, le 16 mars 1780, épouse de Louis Charles-Prosper Rideau de Grandpré (dont elle eut huit enfants, tous sans postérité), morte à Tours le 23 avril 1853.

Cette maison de Gamaches doit être tout à fait distinguée d'une autre maison originaire du Poitou, les Rouault de Gamaches, qui, après transmission par les maisons de Dreux et de Thouars, entra, par Clément Rouault, en 1378, en possession de la seigneurie de Gamaches et en prit le nom qu'elle a gardé jusqu'à son extinction au siècle dernier. En 1836 mourait, à l'âge de 87 ans, messire Philippe Auguste de Rouault de Gamaches, archidiacre de Troyes, chanoine honoraire de Saint-Denis. Sur la lettre de faire-part, imprimée à Meaux (chez Chanson) était mentionnée Madame de Rouault de Gamaches, ancienne abbesse de N.-D.-des-Prés.

ARTICLE 2e. — LA MAISON DE GAMACHES A LAUROY

GILLES DE GAMACHES

qui établit, en 1423, la maison en Berry

- **Louis** époux Blanche mort en 1424
- **Jean II** époux de Françoise de Limeres sans enfant
- **Guillaume III** époux de Philiberte de Foucaud mort vers 1480
  - une fille
  - **Jean III** époux de Marguerite de Blet mort en 1518
    - **Jacques**
    - **Adrien** époux de Jeanne Pelloide mort en 1545 / 1558
      - **François** époux en 1550 de Philippe du Puy St-Ulian Sury-es-Bois mort en 1591
      - **Jean** écuyer sans alliance mort en 1602
      - **Vibert Philibert**
      - **René**
      - **Madeleine** dame Esteva[r]d
      - **Anne**
      - quatre fils
        - **Cathelin** époux d'Antoinette
        - **Hippolyte** Bongars dame de Loron
        - **Jeanne** dame de Fontenay
          - **Marguerite** épouse de François I de la Verne
          - **Antoinette** dame de Sabran
            - **Claude de la Verne**
  - à la bataille de Verneuil d'Aumont

LA MAISON DE GAMACHES

A LAUROY

Armoiries de la maison de Gamaches, p. 203.

Armoiries de la maison de Gamaches de Blet, p. 216

Armoiries de la maison de la Verne, p. 227.

Guillaume de Gamaches, 3me du nom, troisième fils de Gilles et de Blanche d'Aumont, écuyer, seigneur de Sury-au-Bois et de Lourroy, fut capitaine des Francs-Archers de la Retenue du pays de Berry et de Sologne (La Chesnaye, La Thaumassière), et échanson de Charles, Fils de France, Régent du Royaume et Dauphin du Viennois (La Chesnaye). Nous avons dit qu'il épousa, en 1444, damoiselle Philiberte de Foucaud, dame de Sury-au-Bois, d'Esterre et de Lourroy.

Le 17 juillet 1453, il prit part au combat de Castillon (Châtillon en-Dordogne), où périt le chef de guerre anglais Talbot (La Ch.-Villaret). Son fils Jean est aussi indiqué par La Chesnaye comme ayant pris part à ce combat. Vu la date de l'union de ses parents, il eût été bien trop jeune La Chesnaye aura fait confusion avec Jean, frère de Guillaume.

Le 10 février 1460, Guillaume de Gamaches faisait la foy et hommage de la terre de Lourroy à Charles II d'Albret, comte de Nevers et de Rethel, baron de Donzy et seigneur d'Argent. (Anselme. La Chesnaye. La Thaumassière).

Il vivait encore en 1479 (Anselme) et mourut « le roy Louys XI regnant en France » (Voir épitaphe de la pierre tombale, p.   ), probablement à la fin de 1479, Jean, son fils, ayant fait acte de seigneur de Sury-au-Bois dès janvier 1480.

Philiberte fut inhumée avec lui, nous venons de le dire, p. 197, dans leur chapelle de Notre-Dame-de-Pitié, dite encore aujourd'hui chapelle de Lauroy.

Leurs descendants ont conservé la terre de Lauroy jusqu'en 1613. L'agrandissement et l'ornementation de l'eglise de Clémont doit être leur œuvre et celle de leur fils Jean. Les parties du monument qui ont un mérite architectural assez remarqué sont de leur époque, et (nous le dirons plus longuement en parlant du fils) le monument garde la signature de son restaurateur par les écussons qu'il porte à la croisée principale du chevet, ainsi qu'à deux chapiteaux de la grande nef C'est la consideration de ces bienfaits qui nous a inspiré la pensée d'écrire ce mémorial de la Terre de Lauroy et d'entreprendre la genealogie de la noble maison de Gamaches que nous espérons mener bientôt à son terme.

Guillaume eut au moins deux fils : 1° Jean, qui va suivre ; 2° Jacques, qui vivait encore le 13 janvier 1478 (Anselme), et mourut le 17 mars suivant (Notice sur Jussy et Quinquempoix. ecrite d'apres les archives de Jussy. par M. le vicomte de Brimont, au 24° volume des Memoires de la Société des Antiquaires du Centre).

1° Premier Gamaches

Jean de Gamaches. ecuyer, puis chevalier, devenu par la mort de son père seigneur de Sury-au-Bois et de Louray, de Brinay et de Jartin (Archives de Lauroy, 1521), s'unit, en 1475, à damoiselle Marguerite de Blet (1), dame de Quinquempoix (paroisse de Jussy-Champagne), fille de Guillaume, procureur du Roy et du sieur de Bar (de Brimont). Il devint, par suite de ce mariage, seigneur de Quinquempoix et vicomte de Remon en Berry (Anselme. La Chesnaye)

L'etymologie de Quinquempoix, dit M. de Brimont, a été diversement établie. Serait ce, dit-il, *qui qu'en*

---

(1) La Chesnaye donne a son mariage la date de 1490. Il fait assurement erreur, puisque Jean de Gamaches, en 1482 et 1487, nous allons le dire, avait deja fait acte de seigneur de Quinquempoix au nom de Marguerite de Blet. De plus, les recherches de noblesse, publiées récemment par M de Toulgoet, fixent la fusion de la branche ainee des de Blet dans Gamaches, en 1475.

poise, comme pour la célèbre tour *qui qu'en grogne* ?

L'an 1271, Pierre de Roucy, chevalier, rendait foi et hommage aux chanoines de Saint-Étienne, de Bourges, du moulin de *Quiquenpoyl*, situé entre les herbages dudit Pierre de *Quiquenpoel* et une prairie contiguë au moulin. *Quipuenpoyl, Quiquenpoet*, d'après M. de Kersers, pourrait bien se traduire par *qui qu'en pèse, quoi qu'il en résulte*.

Nous signalerons ici la confusion faite de Jean de Gamaches avec ses oncle et grand-oncle du même prénom, par divers auteurs, La Chesnaye-du-Bois (édition 1774). Turpin (Histoire de Guillaume de Gamaches), Larochefoucault (Histoire des Andelys), Larousse (Dictionnaire). Jean Ier, frère du grand veneur Guillaume de Gamaches, donné par La Chesnaye comme échanson de Charles, fils de France, en 1419, fut seigneur de Rosemont, en Nivernais, par suite de son mariage avec Isabeau-Françoise de Linières, fille de Godemar, dit le Jeune, vicomte de Méreville, seigneur de Menetou sur-Cher (La Thaumassière, livre VIII, ch. 12), et d'Agnès Trousseau. Il était mort en 1443, Isabeau étant déclarée veuve en juillet 1443 (Ans VIII, 838), alors qu'elle plaidait conjointement avec Jean d'Argenton, son beau-frère, contre Dieux de Voudenay, aussi son beau-frère et Jean de Châteauneuf, son oncle, pour la succession de Jean de Linières, évêque de Viviers. — Jean II, neveu de Jean Ier, épousa Françoise de Linières, fille de Jean, baron de Mérinville, près Étampes. Il n'était que seigneur de Chevenon, en Nivernais, en 1441, alors qu'il faisait acquisition de la seigneurie de La Guerche Il était remplacé en 1490, (nous le disons plus loin d'après La Chesnaye lui-même) par son neveu Jean III, époux de Marguerite de Blet, dans l'office de maître d'hôtel ordinaire du Roy.

Au mois de janvier 1480, Jean de Gamaches obtenait trois foires par an pour sa terre de Sury (Anselme).

Le 28 septembre 1482, il s'accordait pour le droit de fief de la seigneurie de Jussy dû à Nicole Tillart, usufruitier de Dun-le Roy. Comme il avait négligé de rendre son hommage, vingt-quatre charretées de grains des dîmes de Jussy avaient été saisies et transportées à Dun-le Roi. Il composa, moyennant la perte de son blé et une amende de 40 livres, payable aux Rois. (de Brimont. Archives du château de Jussy).

Le 30 août 1483, il faisait foy et hommage des dîmes de Jussy, au nom de Marguerite de Blet, héritière de Jehan de Blet. son oncle, docteur, chanoine de l'église de Bourges (de Brimont).

Le 26 juin 1486, il faisait, par vente à Robert de Bar. seigneur de Baugy, La Guerche, etc... cession du Bois et Justice de Contremoret, en la paroisse de Marcilly (La Thaumassière, livre IX, ch. 47).

Par Lettres Royaulx du 10 août 1490, il fut retenu maître d'hôtel ordinaire du Roy, *en remplacement de Jean de Gamaches, son oncle* (Anselme. La Chesnaye), *pour récompense de services rendus à Sa Majesté* (La Thaumassière).

Dans un acte de vente à André Bardin, du 28 décembre 1493 — Arc. dep E. 759, — il est fait mention d'une vicairie fondée par Jean de Gamaches, alors qu'il était héritier. a cause de sa femme, des « hoirs feu Rollin de Blet ».

Une ordonnance de Pierre, duc de Bourbonnoys et d'Auvergne, du 13 juin 1495, lors de la conquête de Naples, lui faisait délivrer la somme de six vingt livres tournoys, « pour l'aider à soy entretenir en Ast » où il était « à l'entour » du duc d'Orléans, « oultre et pardessus » pareille somme de six vingt livres qu'il avait reçue au » mois d'avril passe, pour aller audict lieu d'Ast con » duire les francs archers du pays du hault et bas Au- » vergne, Forestz, Beaujeulloys, Lyonnois et Daul-

» phine ». Une autre ordonnance, du 5 novembre suivant, lui faisait délivrer la somme de sept vingt livres tournoys « tant en faveur des bons et agréables services
» qu'il a faicts » au duc d'Orléans, « avec lequel il a été
» assiégé, par longue espace de temps, dedans la ville de
» Novaire, que pour lui aider à supporter l'excessive des-
» pence qu'il a faicte en la dicte ville pour recouvrer des
» vivres et aultres choses necessaires pour son entretene-
» ment durant ledict siege ». (Bibliothèque Nationale. Pièces originales, registre 1273, cote 28.623, n°s 42 et 43. Documents fournis par l'obligeante communication de M. Théodore Courtaux, archiviste-paléographe, rédacteur au *Bulletin héraldique*)

Le 22 mars 1497, Jean de Gamaches rendait foy et hommage de sa Terre de Louray à « très haulte et puis-
» sante princesse, Madame Françoise d'Alebret, com-
» tesse de Nevers, dame de La Chapelle et d'Argent »,
veuve de Jean de Clamecy, comte de Nevers « à cause de
» son chastel et chastellenie dudit lieu d'Argent ». (Archives de Lauroy).

Le fief de Lauroy consistait alors en :

1° La motte et fossés, maisons, granges, molins, vergiers et aisances dudit lieu de Louray ;

2° Le droit de colombier à *pié*, de garenne par terre et par rivière.

3° Le four bannier du bourg de Clemon. .

4° Les droits sur le terrage, communement appelé le terrage de Bignolloys (de 12 gerbes 1 une) ;

5° Le censif du Bignolloys (portant sur 59 héritages) produisant : 1° 24 sols et 5 deniers parisis ; 2° 2 sols et 5 deniers tournois ;

6° (Onze) clods, pres et pâtureaux,.... ;

7° Le droit de fief...., sur 6 journées de pré.

Il existe encore un très grand colombier à pied ; serait-ce le même ? Il est dépourvu de son échelle à pivot, mais on voit encore, au milieu du sol, une large pierre dans laquelle est scellée la crapaudine qui recevait le pivot de l'échelle tournante. Nous supposons, de préférence, que ce colombier serait du XVIIe siècle.

Le 6 juillet 1500, Jean rendait hommage à Jehanne de France, duchesse de Berry, dame de Ponthoise, Chastillon-sur-Loire et Chastillon-sur-Indre, de l'hôtel-fort de Quiquenpoy, de la motte et fosses de Remords et ses appartenances, et des dîmes de blé, vins, lainages et charnages, etc , de la paroisse de Jussy (de Brimont).

On peut supposer, avec assez de probabilité, qu'il fit, peu de temps après, sur Clemon, l'acquisition de la metairie appelée La Babilonnerie Le 6 novembre 1502, il consentait sur ce lieu aux héritiers Chartier, une rente de 16 quartes de blé seigle que son fils Adrien racquitta en 1546 (Archives de Lauroy). Cette probabilité nous a semblé encore confirmée par cette mention que nous avons relevée en un terrier de 1521, de « l'estang de la » Babillonnerie assis près de la métairie du seigneur de » Loroy ». (Archives de Lauroy).

Le 15 novembre 1507, par acte reçu devant Regnier, notaire à Aubigny, il recevait de Martin Chesneau, par transaction « pour torts et dommages lors du cas de rente du Régime féodale », la création de la rente d'un muids de bled seigle, mesure d'Argent, rendu et conduit dans le grenier de Louray, le jour de Saint-Martin d'hiver, assigné et affecté sur le moulin du Gué-Peron et sur les manœuvreries des Grimousseaux (Archives de Lauroy, pièce de 1798)

Le 18 mai 1514, il fit acquisition du Roy, moyennant 600 livres tournoys, de la « justice haulte, basse et » moyenne de Quinquenpoy », et, le même jour, porta au changeur du trésor une partie de sa vaisselle d'argent pour en solder le prix Il en faisait l'hommage dès le 14 juin suivant (de Brimont. Reçu. Archives du Cher. Fonds de Saint-Etienne. Jussy, liasse 95).

Le 26 juin 1518, par acte reçu devant Guillaume Texier, notaire à Argent, il consentait par bail à rente, au profit de Jean Bertrand, la création d'une rente de six quartes de bled seigle. mesure d'Argent, et 8 livres 10 sols en argent, payable et livrable, chacun an, le jour de Toussaint au lieu de Louroy. (Archives de Louroy. 1793)

Jean de Gamaches mourut le 12 ou 13 juillet 1518, en son château de Quinquenpoix, et son corps fut transporté, suivant ses dernières volontés (de Brimont), et inhumé le 19, dans l'église de Clemon, qui possede sa dalle funéraire. Il y est representé en pied, armé, cuirassé, avec son ecusson, son heaume et ses gantelets. Sur le côté de la dalle qui a été usee par le frottement des passages, vers le milieu de cette partie fruste, on lit assez distinctement le chiffre XII ou XIII. Nous estimons que ce chiffre peut donner la date de son decès, et que le XIX très lisible qui est plus loin, donnerait plutôt celle de son inhumation. Marguerite de Blet lui survecut jusqu'en 1540. Le 20 may 1519. elle faisait foy et hommage à dame Marguerite de France, sœur unique du Roy, duchesse d'Alençon, de Berry.. .. pour raison du château et maison-fort de Quinquenpoy. .., et aussi de la Motte, fousses et lieu de Remors..... (Arch. dep. C. 866). Le 25 avril 1532, elle avait à subir, comme dame du lieu de Brinay. une sentence du bailliage de Bourges portant déclaration d'hypothèque pour la rente d'un muid de bled que ce fief devait à la Sainte Chapelle du palais de Bourges. (Tausserat. Châtellenie de Lury. page 146).

Jean laissait quatre enfants : 1° Adrien. qui va suivre ; 2° Cathelin; 3° Hippolyte, qui fut mariée à Pierre de

Loron, seigneur de Domery (Anselme) ; 4° Jeanne, qui épousa le 30 octobre 1526, Gabriel de Fontenay, seigneur de Lespinière, (Anselme) fils d'Amaury, chevalier, baron de Fontenay, et de Catherine de Châtelus, lequel Gabriel était alors veuf de Renée Chenu, fille de Jean Chenu, seigneur de Charentonnay, et de Guyonne de Troussebois (La Thaumassière, L. IX, ch. 56).

Cathelin ou Catherin, deuxième fils de Jehan de Gamaches et de Marguerite de Blet, ecuyer, fut seigneur de Sury-au-Bois et du bourg de Brinay Nous en parlons plus longuement que de ses sœurs, parce que l'une de ses deux filles, Marguerite, devra être plus tard, par son mariage, la transmission de la Terre de Lauroy de la maison de Gamaches à la maison de La Verne.

Le 20 janvier 1531, Cathelin avait fait un premier partage avec son frère (Anselme) ; il en fit un second le 27 janvier 1540, après la mort de leur mère. Dans ce dernier partage il est, comme son frère, qualifié chevalier (La Thaumassière). En 1539, il avait été présent à la rédaction de la coutume de Berry.

Le 8 avril 1540 il rendait hommage de sa seigneurie de Gamache et Sury-es-Bois au comte de Sancerre. (Arch. dep. F 14)

Le 9 octobre 1541, il fournissait l'adveu et dénombrement « du manoir, maison, motte, fossés et seigneurie » du bourg de Brinay..... à lui advenu par le trépas de » feu messire Jean de Gamaches, en son vivant seigneur » dudit lieu ». (Tausserat. Chast. Lury, page 146)

Le 3 août 1552 il transigeait avec « Vénérable personne » maistre Jehan Grangier, vicaire de la Saincte-Chapelle » du Pallais de Bourges, à cause de la cure et église paroissiale de Brinay » et consentait le prélèvement sur les dîmes, « tant comme droit de novales que pour la » portion canonique de 4 livres tournois et 6 septiers

CLEMONT (Cher).

VUE INTÉRIEURE DE L'ÉGLISE.

» de grains, mesure de Lury..., payables chaque an-
» née à la Sainct-Michel). (Arch. dép. E. 1910). »

Il avait épousé Antoinette Bongars, fille de Guillaume, seigneur de la Ferté-d'Husseau et de Dorcières, dont il eut quatre fils qui moururent jeunes, et deux filles. L'aînée de ses filles, Marguerite, fut mariée à François de La Verne, écuyer, sœur de Vauvrille (Anselme) ; leurs petits-fils, nous le verrons plus loin, vendirent la terre de Lauroy en 1613. La seconde, Antoinette, épousa Louis de Sabran, seigneur de Baudinard et d'Aiguine, à qui elle donna deux fils, Antoine et François, et une fille Françoise. (La Chesnaye. Potier de Courcy). La Thaumassière, en sa généalogie de Gamaches, dit Marguerite fille d'Adrien, ce en quoi il fait erreur ; nous l'expliquerons en parlant de Madeleine, fille d'Adrien).

Bienfaits de Jean de Gamaches envers Clemon.

Jean de Gamaches et Marguerite de Blet doivent être considérés comme insignes bienfaiteurs de la paroisse de Clemon. On peut leur attribuer la restauration des deux travées de la nef centrale de l'église qui suivent le clocher, la construction de deux autres nefs et l'érection d'un autel avec retable et deux portes latérales, le tout en pierre. Une de ces deux portes fut retrouvée et restaurée en 1896 pour servir desormais, comme au commencement du XVIIIe siècle, de porte de sacristie. Nous l'avons trouvée mutilée, sous les boiseries qui avaient été placées vers 1760. Des moellons, trouvés dans la maçonnerie qui fermait la croisée du chevet, ont permis de reconstituer le tympan de la deuxième porte semblable. D'après un plan de « l'église et ses alentours », dressé peu après 1644, cet autel existait encore vers 1650. Avait-il été détérioré déjà, à l'époque des guerres dites de reliligion ? C'est possible et probable ; il aura servi longtemps encore dans son état de mutilation ; il n'avait pas été détruit, si nous en croyons un marché passé le 12 avril 1670 devant J. Villabon, notaire, par « Modeste Daugé, » m^tre masson à Aubigny, envers prudent homme » Estienne Cottin, sculteur, estant et demeu' en ce bourg » de Clemon pour deffaire et detruire la mas^e et mur de » la grande ostelle de l'église Saint-Estienne de Clemon » et la retablir et la rapprocher de la mesure de deulx » pieds et demye, mesme eslepver la sacristie de deulx » pieds, et poser deulx marches entre les deulx portes » pour entrer dans la sacristie.. .. ». La destruction de cet autel est du moins bien anterieure à 1793 ; l'autel en bois, qui vient d'être restauré en 1901, date du commencement du XVIIIe siècle.

Pour attribuer à Jean de Gamaches la restauration de l'église, nous nous appuyons sur ces deux motifs : 1° l'existence de l'ecusson de Jean de Gamaches sur un des chapiteaux de la grande nef dont nous allons parler ; 2° l'ancien vocable de l'autel de la nef latérale du midi. Cet autel, dédié à Saint-Joseph depuis 1875, était précédemment appelé autel de Sainte-Marguerite et surmonté d'un tableau (de peu de valeur) représentant la sainte, qui fut détruit, il y a peu d'années, par la chute d'une voûte. Ce vocable de Sainte-Marguerite avait probablement été donné, dans le principe, par consideration pour dame Marguerite de Blet

Les armoiries de Jean de Gamaches et de Marguerite de Blet, dit M. de Brimont, portaient : Ecartelé : au premier fruste ; au deuxième et troisième un lion passant, qui est de Foucaud ; au quatrième à trois gerbes de blé. Ne pourrait-on pas plutôt les lire ainsi ? Ecartele : au premier, d'argent au chef d'azur, qui est de Gamaches (Anselme) ; au deuxième et troisième, d'azur au lion passant d'argent, couronne d'or, armé et lampassé de gueules, qui est de Foucaud ; au quatrième, d'azur à 3 gerbes de blé d'argent, qui est de Blet. Nous donnons les émaux des deuxième, troisième et quatrième cantons, d'après des dessins coloriés reproduits sur l'enveloppe d'un titre de 1650. Ces dessins sont, du reste, conformes aux peintures de deux moellons, trouvés en 1895, lors de la restauration de la chapelle de Notre-Dame de-Pitié et conservés maintenant à Lauroy. Ces moellons avaient fait partie autrefois de l'encadrement d'une niche au-dessus de l'autel de cette chapelle. — Ces armoiries sont expliquées autrement par M. de Kersers dans sa monographie de Clémont, canton d'Argent. Cet écusson, dit-il, « est : Écartelé au premier » canton, sans pièces ; au deuxième et troisième, un » lion ; au quatrième, trois pièces martelées, qui doivent » avoir été des fleurs de lys. Le premier et le quatrième » canton appartiennent sûrement, ajoute-t-il, aux armes » d'Albret qui écartelaient de France ; les deuxième et » troisième semblent bien donner le lion de Seuly ; et dès » lors, l'écusson appartiendrait à Charles d'Albret et à » Marie de Seuly, sa femme, qui lui porta en mariage, en » 1401, toutes les seigneuries des Seuly ». Lorsque M. de Kersers en fit la lecture, cet écusson, placé à une hauteur de quatre ou cinq mètres, était encore couvert d'une épaisse couche du traditionnel badigeon du siècle précédent. Ces diverses circonstances expliquent assez comment les trois gerbes de blé ont pu être prises pour des fleurs de lys martelées. Du reste, depuis la publication de sa monographie du canton d'Argent, notre érudit archéologue du Berry a reconnu son erreur dans une lettre adressée à M. Dufour, propriétaire de Lauroy, et, devant nous même, a remis à néant, avec la plus courtoise amabilité, l'application qu'il avait faite de cet écusson à Charles d'Albret et à Marie de Sully Ces armoiries avaient été « *pintes* » autrefois dans le vitrail « qui est devant le maître-autel ». (Archives de Lauroy, voir p. 239). Elles y ont été rétablies lors de la restauration du sanctuaire exécutée en 1896 Elles existent toujours au chapiteau de la nef centrale, et sont tracées (encore visiblement, en partie) sur la dalle funéraire de la chapelle Notre-Dame-de-Pitié, qui fut déplacée en 1895 et dressée dans le mur du nord de cette chapelle. (Ces mêmes armoiries sont aussi sculptées à une clef de voûte, dans l'église de la paroisse de Jussy-Champagne, sur laquelle est située l'ancienne terre de Quinquempoix ; elles sont aussi peintes à la voûte de la chapelle du château de Jussy, « d'argent au chef d'azur »). D'autres armoiries font face à celles de Jean de Gamaches sur le pilier opposé ; l'écusson est : Coupé : au premier, trois fasces ; au deuxième, trois coquilles de pelerin (émaux inconnus). Probablement elles doivent être attribuées aux ancêtres maternels de Marguerite de Blet qui etaient de Bar, et portaient « fascé trois fois, d'or, d'argent et » d'azur » (La Thaumassière). Les emaux de cet écusson pourraient peut-être se prendre sur l'un des moellons peints, trouvés en 1895, dans la chapelle de Notre-Dame-de-Pitié. Cet autre moellon portait aussi un écusson, dont cette lecture nous a été faite par l'érudit chanoine Augonnet. « Parti : au premier, d'argent au chef d'azur (qui est de Gamaches) ; coupé d'azur au lion..... (qui » serait de Foucaud) ; au deuxième écartelé · au premier » et au quatrième, d'azur à 3 lys de jardin sans tige, » 2. 1. (qui est de Vallee) ; au deuxième et troisième » tiercé et retiercé de fasce d'or, d'argent et d'azur (qui » est de Bar). » Les trois pièces du premier et quatrième cantons de l'écartelé, sur le moellon, sont des losanges allongés que M. Augonnet déclarait lys des Vallée qu'il faisait ancêtres de Marguerite de Blet. Mais ces trois pièces ne ressemblent pas plus à des fleurs de lis qu'à des coquilles ; elles ressemblent plutôt à des fers de lance, encore imparfaitement. Nous inclinerions à croire que le sculpteur aura voulu representer ou les trois gerbes de Marguerite de Blet, dont la mère était fille de Pierre de Bar, ou plutôt les trois feuilles de blette portees par son père et son bisaïeul, dont les armes étaient, en 1410 et 1473, d'après M. de Brimont (Ordre chronologique des officiers du Bailliage de Bourges, 1691. Imprimé). « d'azur à trois feuilles de blette d'argent ».

A partir de Jean de Gamaches, époux de Marguerite de Blet, la maison de Gamaches réside sur la paroisse de Jussy, en son hôtel et place du fort de Quinquempoix. (de Brimont. Archives du château de Jussy).

2° *Deuxième Gamaches*

Adrien de Gamaches. fils aîné de Jean et de Marguerite de Blet, chevalier, seigneur de Quinquempoix, de Louroy, de Brinay et de Jarretin (Archives de Lauroy, 1521), vicomte de Remon, fut, comme son père, conseiller et maître d'hôtel ordinaire du Roy (La Thaumassière).

Il se trouvait. en 1514, à l'entrée, à Paris, de Marie d'Angleterre, deuxième femme du roy Louis XII, et prit part au tournoi qui fut donné, aux Tournelles, à cette occasion. Le mercredi, 22 novembre, il faisait partie de la bande de M. de Florence, et luttait, troisième assaillant, contre M. de Montmorency, troisième venant ; la note fut : Bien combattu de chaque part. Le jeudi 23, il était parmi les six de la bande de M. de Saint-Pol, qui « ont très bien combattu, tant au jeu de lance qu'à » l'espée (coups d'épée à deux mains) ». (Vulzon de La

Colombière. Théâtre d'honneur et de la chevalerie. T. I. ch. 12, p. 209, 214).

Il rendit foy et hommage au Roy, le 19 mars 1519, pour ses terres de Jussy et de Quinquenpoy, mouvant de la tour de Dun-le-Roy ; au mois d'avril suivant, pour la justice haulte, basse et moyenne du château et maison-fort de Quinquenpoy (de Brimont) ; et, le 13 janvier 1538, au duc de Bourbonnais, au nom de sa mère, pour la vicomté de Remond (Anselme, de Brimont).

Le terrier de Lauroy, dressé en 1521, le qualifie « seigneur de Loroy, Gamaches, et Sury-au-Bois, et » maistre d'ostel du Roy, nostre Sire ». Ce terrier expose le droit que possédait le seigneur de Loroy, en la paroisse de Vannes (diocèse d'Orléans), d'une censive qui se tenait « chacun an, le dimanche d'après Notre-Dame de mars, au lieu de la Trense, paroisse « dudit Vannes ». D'après une note, qui peut être d'environ 1700, cette censive aurait été vendue à « noble homme Jehan Les- » carye, le vingt-troisième jour de decembre 1579, en la » presence de Lejay, n^{re} à Clemon ». Nous n'avons vu nulle part aucune autre mention de cette censive.

Le 17 juillet 1525, Adrien de Gamaches epousait damoiselle Jeanne Pelloide, fille de noble seigneur François, seigneur d'Ourouer-le Chambrier, et de Marguerite de Corquilleray. Jeanne apportait à la maison de Gamaches la moitié de la terre d'Ourouer ; l'autre moitié, demeurée à sa sœur Magdeleine, devait être acquise de la maison de Chabannes, le 12 mai 1618, par Paul-François de Gamaches, son petit-fils, qui en faisait la foy et hommage le 18 suivant (La Thaumassière, L. VI, ch. 68).

Il assistait, en 1539, avec son frère, à la Rédaction de la coutume de Berry, et fut député de la Noblesse pour faire les Remontrances du second Etat (La Thaumassière). Les chanoines de Saint Etienne, de Bourges, y prenant hautement le titre de seigneurs temporels de Jussy-Champagne, il dut n'y presenter pour lui que le titre de Quinquenpoy (de Brimont).

Le 27 janvier 1540, il faisait de nouveaux partages avec son frère, et rendait, en 1541, l'hommage du chastel de Quinquenpoy, des dîmes de Jussy, et de la vieille motte et fossés de Remords, « à lui parvenus par la mort « de sa mère » (de Brimont). Le 24 février, il réitérait la foy et hommage de ses terres (Anselme).

Il mourut vers 1558. laissant six enfants : 1° François, qui suit ; 2" Jehan, sieur de Jartin et du Pleix-Sainte-Marie en 1565, qui etait prieur de Saint Ursin en 1584 (Anselme, de Brimont) : 3° Albert, donné comme religieux par La Thaumassière et classé troisième fils d'Adrien après Philbert ; un titre du 3 mai 1593 (Archives dép. E. 759), le présente avec les titres. écuyer, sieur de Sury-aux-Bois ; 4° Philbert, qui va suivre après François ; 5° René, qui épousa, en premières noces, Charlotte de Salins, puis en deuxième noces, Chrétienne d'Assigny, fille d'Artus d'Assigny, sieur du Fort et de Pont-Marquis, capitaine gouverneur de l'Auxerrois (qui reçut, par un brevet du Roy, du 18 mars 1554, la charge et la con_ duite de 300 hommes Français pour le Piémont, et qui reçut ensuite du roi Charles IX la mission d'arrêter le sieur de la Borde, porteur de commissions pour lever des soldats au nom du parti assemblé à Orleans, et même pour dissiper l'Assemblée) ; 6" Madeleine, qui épousa, le 6 décembre 1554. Antoine Estevard, ecuyer, seigneur de La Grange (Anselme). La Thaumassière, qui mentionne aussi ce mariage en tête de la généalogie Estevard, corrige ainsi lui-même l'erreur qu'il a faite au sujet de Marguerite, fille de Cathelin. épouse de François de La Verne, dont nous aurons à parler plus loin, et qu'il disait fille d'Adrien. Il aura, evidemment, fait confusion de l'une

avec l'autre ; 7º Anne, qui, d'après Anselme, fut religieuse Bénédictine au monastère de Saint-Laurent de Bourges. Cependant, en 1553, Adrien de Gamaches recevait quittance des Religieuses de l'Annonciade, la somme de 250 livres, prix de la moitié de la dot constituée à sa fille, lors de son entrée dans le couvent des Annonciades, plus « des ustancilles de mesnaige, habillements et aul-
» tres chouses que l'on a coustume bailler aux Relli-
» gieuses au jour de leur profession ». (Archives dép. E. 1911.)

3º Troisième Gamaches

FRANÇOIS DE GAMACHES, fils ainé d'Adrien et de Jeanne Pellorde, seigneur de Jussy et de Quinquenpoy, vicomte de Remond, chevalier de l'ordre du roi, l'un des cent gentilshommes de la chambre du roi Charles IX en 1559 (Archives dép. E. 759), s'allia le 10 (Anselme), ou le 26 octobre (La Thaumassière, de Brimont), 1550, avec dam^{lle} Philippe du Puy, née au Coudray le 16 août 1532 (Anselme), fille de Georges, chevalier, — seigneur du Coudray-Monnin (Anselme), de Dames, Vaux, Chantemillem, de la Tour Saint-Aoustrille et Bellefaye, panetier du roi François Ier — et de Jehanne Raffin. Philippe du Puy, par sa mère, était petite-fille d'Antoine Raffin, dit Poton, seigneur de Pecalvary, de Beaucaire, et d'Azay-le-Rideau, sénéchal de l'Agenois, gouverneur de Cherbourg, de Marmande en Gascogne et de la Sauvetat (Anselme).

François transigea, le 11 mars 1559, avec sa mère et ses frères sur le partage des biens de son père (Anselme).

Le 23 mai 1565, il entrait en possession de la métairie du Ravoy, en la paroisse de Jussy..... en vertu du droit de retrait.... comme seigneur censivier dudit lieu. (Archives dép. E. 1155).

En 1567 et 1578, il était aussi seigneur de Louray (Archives de Lauroy). Le 7 may 1567 « devant les con-
» seillers par eulx commis et députés pour le reiglement
» des usages qu'ils ont en leurs terres de Berry et Bour-
» bonnoys », il transigeait et composait avec « haults et
» puissants prince et princesse. Monseigneur Lodovico
» de Gonzague, duc de Nyvernoys, prince de Manthoue,
» comte de Rethelloys et Auxerre, pair de France, gou-
» verneur et lieutenant général pour le Roy, notre Sire,
» des villes de Piedmont et marquisat de Saluce, et ma-
» dame Henriette de Clèves, duchesse, princesse et com-
» tesse desdits lieux ». Il renonçait aux droits « d'usaiges
» par luy prétendus en toute la forest de Bignolloys, sauf
» qu'il pourra champayer et abreuver tout son bestiail et
» de ses ayants-cause, a l'estang des Huguets, appar-
» tenant à mesdits seigneur et dame, au moingts de
» dommaige que faire se pourra et lorsqu'ils ne seront
» ensemancés de graines ». Ces droits sur la dite forêt
de Bignollais « scituée et assise en la terre et chastel-
» lenye d'Argent, appartenant à mesdits seigneur et
» dame », provenaient de « certains antians privillei-
» ges » octroyes par d'anciens seigneurs de Sully qu'il
reconnaissait « avoir este ardes et brullés par le feu »,
mais « il disait avoir este deuement informé en procès
» contradictoire auquel sentence aurait este donnée à
» leur prouffist (de luy et ceux de sa bannie) le lundi,
» 2ᵉ de décembre 1532, signé par madame à la rella-
» tion des gens tenans la court des grands jours de
» Berry ». Lesdits seigneur et dame delaissaient « a
» perpetuel audit de Gamaches, tant en son nom que
» pour et au nom desdits habitants de Clemon qui sont
» de sa bannye. un quanton de terre et boys. scitué et

» assis en ladite parroisse de Clemon faisant partie de
» ladite forest de Bignolloys, tenant d'une part au che-
» myn par lequel on va du bourg dudit Argent à Mon-
» demars,.. ... et d'aultre à l'estang des Huguets .... pour
» en joyr doresnavant par ledit de Gamaches ou dit nom
» ou ses ayant-cause a l'advenir comme de sa propre
» chose et sans que mesdits seigneur et dame.... puis-
» sent.... demander aultre chose, sinon que ledit de Ga-
» maches sera tenu de payer pour chacun an, le jour de
» Pentecouste à la recepte de mesdits seigneur et dame
» au lieu de Clemon la somme de 25 sols tournoys et
» ce pour tous les droits qu'il et ceulx de sa dite bannye
» eussent pu debvoir par les susdits privilleiges que du
» droit de cens ».

A partir de 1575, François se qualifiait seigneur de Lugny et de Sanceaux (de Brimont). Il reçut une lettre du Roy en date du 20 septembre 1576, pour se rendre aux Etats Généraux. Il testa, le 24 novembre 1579 (Anselme), —fournit, le 15 mai 1584, l'adveu et dénombrement de sa terre au nouveau duc de Berry, François, duc d'Alençon, frère unique du Roy (Archives dép. C. 842), — mourut le 31 janvier 1591, et fut inhume au milieu du chœur de Jussy, sous une tombe elevée de quatre pieds au-dessus du sol (de Brimont). Il laissait quatre enfants 1° Georges, qui acheta de Ludovic de Gonzague et d'Henriette de Clèves, le 22 fevrier 1588, la vicomté de Châteaumeillant (Chénon, monographie de Châteaumeillant. Mémoire des Antiquaires, T. VII, p. 125), et fut gouverneur d'Issoudun, ambassadeur du roi Henri IV, près la reine d'Angleterre, Elisabeth. Il avait epousé Jeanne des Guerres ; 2° Claudine, qui épousa, le 15 septembre 1584, Jehan de Culant, baron de Brécy, Sainte-Solange et Moulins (La Thaumassière), chevalier de l'ordre du Roy. capitaine de 50 hommes d'armes de ses ordonnances, gentilhomme ordinaire de sa chambre (de Brimont) : 3º Jehanne, qui épousa Geoffroy de la Chassagne, seigneur de Pressac, en Gascogne ; 4º Madeleine, qui fut mariée au sieur de Montespedon, en Auvergne (La Thaumassière)

4º Quatrième Gamaches

Philbert de Gamaches quatrième fils d'Adrien et de Jeanne Pellorde, écuyer, seigneur de Sury-au-Bois, de Lauroy, de Vildy et d'Oisières, le 5 novembre 1590 (Archives de Lauroy), était encore seigneur de Lauroy en 1599. Peut-être avait-il reçu ce fief de son frère Adrien, par son testament du 24 novembre 1579

Le 15 janvier 1599, par acte reçu devant Geoffroy Lejay, notaire de la chastellenie d'Argent, il recevait de Simon Girard la reconnaissance que « la propriété du
» lieu, métairie et moulin du Colommier est chargée
» envers lui de 20 sols et 5 septiers de bled seigle, me-
» sure d'Aubigny, de rente foncière, rendue et conduite
» le jour de Toussaint au lieu de Lauray ». (Arch de Lauroy, 1793) Il déceda sans alliance (Anselme) le mois de septembre 1602 (La Th.).

5º Cinquième Gamaches

Marguerite de Gamaches, cousine germaine de Philbert, fille ainée de Cathelin et d'Antoinette Bongars, fut mariée à François de La Verne, écuyer, sieur de Vauvrille, plus tard l'un des deux lieutenants, pour la Ligue, du marquis de La Châtre, gouverneur du Berry et d'Orléans. François était fils de Jean de la Verne, écuyer, sieur de Vauvrille (Archives 1556 et 1557 du château de

Doys, propriété de M. le marquis de Rolland-Dalon, à qu appartient aussi l'ancien fief de Vauvrille). Cette famille de la Verne serait originaire de Bourgogne (lettre de M Delort, doyen de Villequiers) : elle a donné plusieurs chevaliers à l'ordre de Saint-Jean de Jérusalem (Recherches de noblesse, par le comte de Toulgoët. Memoires des antiquaires, vol. XXIV).

Le fief de Vauvrille relevait anciennement de Cornusse : au XVIIIe siècle l'hommage en fut porté à Villequiers. Il avait autrefois une certaine importance (dit M. de Kersers, en sa monographie du canton de Sanceigues, art. Vauvrille), et se trouve souvent nommé dans les guerres de la Ligue Son château était pris le 14 juillet 1589 par MM. de Nevers, Montigny et Arquian « sur » le seigneur qui était dedans » : il était repris par La Châtre le 6 octobre (La Th. L. III ch. 104). Ce n'est plus aujourd'hui qu'un simple domaine. On peut encore y reconnaître l'emplacement exhaussé de l'ancien château, entouré de fossés larges de 18 à 20 mètres ; on y voit une tour d'angle et une des tours de la porte avec l'alvéole du pont-levis Une meurtrière a conservé une décoration extérieure, humoristique, du XVe ou XVIe siècle, une tête burlesque, vue de face, dont la bouche très ouverte, servait d'embrasure. La tour d'angle est maintenant un pigeonnier avec des embrasures plates et rectangulaires. Les bases des tours de l'est existent encore au pied de la maison d'habitation (de Kersers).

Le 1er juillet 1574 François de la Verne avait reçu la foy et hommage de Jean Jaupître, bourgeois de Bourges, sieur de Vaugibault et de Moloise. (Jean Jaupître était échevin de Bourges en 1562 et 1571, puis maire en 1572. Il eut, entre autres enfants, une fille, Geneviève, épouse de M. Jean Dorleans, seigneur des Moloizes. (La Th. L. III. ch. 89, 94, 95, L. XII. ch. 46.).

Le 3 août 1589 il était assiégé dans le château de la Prée par son neveu — à la mode de Bretagne — Georges de Gamaches, qui commandait en Berry les troupes royales. Il serait mort dans une bataille livrée dans les champs de Lafaye, près de Villequiers (lettre de M. l'abbé Delort).

Marguerite posséda la terre de Sury-au-Bois, dont elle aurait hérité (renseignement fourni par M. l'abbé Hortu, doyen de Mehun-sur-Yèvre, d'après les documents recueillis par M. Manceau, ancien curé de Sury-ès-Bois) ; ses enfants l'y continuèrent. — A-t-elle pareillement possédé la terre de Lauroy ? Nous ne pouvons que le supposer ; aucun document positif ne nous permet de l'affirmer. Du moins un titre de 1606 et un acte de vente de 1613 nous permettent d'en affirmer la possession à ses enfants Claude et Jean, aussi bien que la possession de Sury au Bois

Art. 3ᵉ. — Possession de la Verne

1° Premier de la Verne

Claude de la Verne, fils aîné de François et de Marguerite de Gamaches, écuyer, seigneur de Vauvrille (La Th.), de Lauroy et de Sury-au-Bois (Archives de Lauroy), épousa, le 26 février 1591, dame Chrétienne d'Assigny, veuve de son cousin René de Gamaches. — La maison d'Assigny tirait son origine du fief d'Assigny qui passa, dans le cours du XIVᵉ siècle, aux mains des Comtes de Sancerre. En 1175 et 1180 il est fait mention de Geoffroy d'Assigny, — Gaufridus de Assignio (1175, Bibliothèque de la Ville Bourges, Cartulaire de Fontmorigny, folio 111, V°).

Le 15 janvier 1605, dans un aveu et dénombrement

de la Terre et seigneurie de Sury-es Bois.... du lieu seigneurial nommé la Gamache, .. d'un autre lieu appele le lieu de la Cognardière, il ne portait que le titre de escuyer seigneur de Sury es Bois — (Arch. dép. F. 14).

Le 10 mars 1606, Claude de la Verne donnait à bail le four bannal du bourg de Clemon (Archives de Lauroy).

Il mourut sans postérité, etablissant son frère heritier de la terre de Lauroy, dont il réservait l'usufruit à sa veuve, Chrétienne d'Assigny. (Archives de Lauroy, 1613).

2° *Deuxième de la Verne*

JEAN DE LA VERNE, 2ᵉ fils de François et de Marguerite de Gamaches, ecuyer. sœur de Vauvrille (Archives de Doys), de Sury au Bois et de Lauroy (Archives de Lauroy), avait epouse, le 29 septembre 1573, damoiselle Nicole d'Assigny.

Par acte du 29 janvier precedent (Archives de Doys), il avait traite au nom de François de la Verne. son père, par lui représenté et acceptant (Autre acte du 26 mars 1574, entre Pierre Descauts et damoiselle Nicolle d'Assigny, femme de noble homme Jean de la Verne, écuyer, sieur de Vauvrille).

Le 12 novembre 1611 il faisait abandon a ses enfants de ses terres de Sury-au-Bois et de Lauroy (Acte de vente, 1613).

La Thaumassière le fait assister en 1539 à la rédaction de la Coutume de Berry Il le confond probablement avec son aïeul qui portait le même prénom. Jean de Gamaches ayant épouse Marguerite de Blet en 1475, il etait assez difficile que leur arrière petit-fils, marié en 1573, existant encore en 1613, eût eté majeur en 1539.

3° *Troisième de la Verne*

Philbert de la Verne, fils aîné de Jean et de Nicole d'Assigny, sieur de Sury au-Bois, de Lauroy, Vauvrille, et Vissy (Acte de 1613), épousa, le 20 mai 1606, damoiselle Charlotte Chertier (La Th). Ses petits-fils, Charles, seigneur de Sury-es-Bois, et Philebert, sieur de Gamaches (1), comparaissaient pour les recherches de noblesse en 1666 et 1667.

Il possédait les terres de Sury-au-Bois et de Lauroy, par indivis, avec ses frères Gabriel et Jean (Acte de vente, 1613). La terre de Lauroy fut abandonnée par eux, de préférence à celle de Sury-au-Bois, au notaire Contesse, sieur d'Ourcières, pour libération d'une somme de six mille livres Tournoys dont leur père était débiteur (même acte de 1613).

La terre de Lauroy comprenait alors : 1° le lieu seigneurial de Lauroy, consistant en « maisons bâties de bricques et
» un pavillon couvert d'ardoises, deux basses-cours esquel
» les il y a une grange, deux escuyries, et plusieurs aultres
» bâtiments avec un moulin ayant trois roues sur la ri-
» vière de Sauldre, assavoir deux à bled, et une à foul-
» lon, jardin, garennes à eaux et à lappins, collombiers
» à pied, prés, terres labourables, bois, buissons et aul-
» tres aisances qui en deppendent ;

» 2° Une mestairie, appelée la Babilonnerie, avec ses
» appartenances ;

» 3° La tierce partie en une aultre mestayrie appelée
» les Truyes ;

(1) Ce titre de sieur de Gamaches lui venait assurement du chateau de ce nom construit sur le territoire de Sury-es-Bois. D'après la tradition locale, ce château aurait été détruit par les bandes calvinistes qui, en 1567, s'étaient emparées d'Orleans.

» Le tout assis en la paroisse dudit Clemon et ses en-
» virons ;

» 4° Les prés Baullin. trois estangs, un bois de haulte
» futaye proche de ladicte maison, un autre bois aussi de
» haulte futaye appelle la Forest ;

» 5° Les terrages et champarts deppendant dudict lieu,
» revenant à cent septiers ou environ de bled par chacun
» an ;

» 6° La chapelle dedans l'église dud. Clemon, avec les
» devoirs à quoy sont obligés les curés dudict lieu ;

» 7° Les droits honorifiques, ains tous aultres tistres et
» préeminances qui ont appartenu et appartiennent aux
» seigneurs dudict Lauroy et génerallement tout ce qui
» est et se trouvera déclaré par les tistres, adveux et dé-
» nombrements, papiers de recettes de ladicte terre sei-
» gneuriale de Lauroy ;

» 8° Le four bannal au bourg dudict Clemon ;

» 9° Trois censives montant ensemble, par chacun an,
» à la somme de 24 livres parisis de menus cens, et plu-
» sieurs poullets, portant lauds, ventes, saisines, et
» amendes ;

» 10° Le droit annuellement dû au seigneur dudict Lau-
» roy par le prieur de Framey, qui est de deffrayer ledict
» seigneur, son train, chevaulx, chiens et oiseaulx, par
» chacun an, le jour de la Magdelaine, audict lieu de
» Framey, chanter les vespres la veille de la feste de la
» Magdelaine, dire les matines et célébrer la grand-messe
» le dict jour de la Magdelaine, ensemble faire prières et
» oraisons à Dieu pour le seigneur de Lauroy, et sans
» pour ce payer aucune chose par lesdicts sieurs de Lau-
» roy aux dicts sieurs prieurs; (ce droit etant servi au sei-
» gneur de Lauroy, en retour du *servage* qui autrefois lui
» était payé par le lieu de Framet. (Archives de Blois, dos-
» sier 8. reg. 2 et 3, voir p. 233).

CHÂTEAU DE LAUROY — CLÉMONT (Cher).

Façade Nord

MÉMORIAL DE LA COMMUNE ET PAROISSE DE CLÉMONT 231

» 11° Les rentes dues à ladicte seigneurie de Lauroy par
» les propriétaires du lieu des Montaulx, des moulins
» et mestairie de Baudran, et du moulin du Gué-Pau-
» ron..... dues rendues et conduites aux greniers dudict
» Lauroy. (La rente de Baudran était de 12 septiers de
bled seigle, mesure d'Aubigny, et de 25 sols tournois
en deniers de rente seigneuriale foncière. Cette rente
était reconnue le 28 octobre 1671, par messire Jean Des
paigner, chevalier, seigneur de Tericson et de La Lande,
conseiller du Roy en son parlement de Bourdeaux).

» La dicte terre de Lauroy, tenue mouvante du sei-
» gneur chastelain d'Argent, fors et excepté les terres du-
» dict terrage qui relève du seigneur de Blancafort. »

III. — POSSESSION MIDOU

Avant d'acquérir la terre de Lauroy, la famille Midou
possédait déjà sur la paroisse de Clemon Un titre des
Archives de Lauroy, du 26 janvier 1556, établit le partage des Roujoux entre Pierre Midou, marchand à Saint Gondon (aïeul de Jean, — Archives de Lauroy 1567 1577) en son nom et comme soy-tenant fort pour Silvine Parlant, sa femme. — et deux frères Jourdain, au nom de leur mère Catherine Roujou, ledit partage fait des héritages « estant ès lieux et mestayrie des Roujoux, Monturpain etc... »,

Midou portait :
Coupé d'argent et de gueules, a la croix de huit pointes de l'un en l'autre.
(de Toulgoet).

1° *Premier Midou*

Jean Midou, fils de deffunt Aulbin et d'Etiennette Chabot (Archives de Lauroy. 3 juillet 1577), escuyer, seigneur de la Brosse (Archives Lauroy, 27 février 1613), des Rougeoulx et de Bribon (12 juillet 1615), conseiller du roy (27 février 1613). « prévost de la grande cones- » tablye de France, camps et armées de Sa Majesté (Ar » ch. L. 1615) », acquit, le 20 mai 1617, du notaire Contesse la propriété de la terre de Lauroy, en échange d'une maison sise en la ville de Paris, rue Saint Honoré.

Il avait épousé dame Catherine *du Four*, fille de feu m^re François *du Four*, et de damoiselle Berault de Bonnestat (Archives de Lauroy, 3 juillet 1597). La famille de Bonnestat était encore representée en 1722 par dam^elle Jeanne de Bonnestat, fille du seigneur de Pierrefitte-és-Bois, marraine, le 19 juillet, d'une cloche de la paroisse Saint-Firmin-sur-Loire. (La Vie communale dans le Marquisat de Saint-Brisson). Jean Midou avait pour beau-frère m^re François *du Four*, chevalier, seigneur du Mee, capitaine d'une compagnie de cavalerie entretenue par le roi de Hollande (Archives de Lauroy, 20 mai 1617).

Des lettres de noblesse lui furent données en 1619 par Louis XIII, pour services militaires. (Memoires des Antiquaires du Centre, vol. XXIV. Recherches de noblesse, par de Toulgoët).

Dans un titre du 20 novembre 1620 nous voyons qu'il faisait partie « de la compagnie des deux cents cents che- » vaulx legers de la garde ordinaire du Roy ».

Le 9 avril 1620 le juge de Concressault avait rendu, en sa faveur, un arrêt qui condamnait frère Jean Chasse, prieur de Framet, « à nourrir, la veille et le jour de la » Magdeleine, le seigneur de Lauroy, sa femme, sa fa-

» mille et ceux qui sont envoyés par lui, avec ses oi-
» seaux et ses chiens ». Le 6 avril 1621 un arrêt du Parlement de Paris ramenait cette redevance à la teneur de
l'acte de vente du 21 juin 1613 et donnait seulement au
prieur de Framet l'obligation de « à chacun an, la
» veille et le jour de la feste de Sainte-Marie-Madeleine,
» dire une Vigile des morts à neuf psaumes et neuf leçons
» et laudes, et le lendemain une grand'messe à notte de
» Requiem pour l'âme du seigneur de Lauroy, sa femme,
» prédécesseurs et successeurs, — et qu'à chacune des
» festes de lad. Madeleine à sa grand'messe, après l'of-
» ferte, dirait et annoncerait aux assistants led. service
» et les prierait de dire un Pater noster et un Ave Maria
» — donner à dîner, le jour de la Madeleine, aud. sei-
» gneur de Lauroy, sa femme, et quatre personnes avec
» eux, avec deux chevaux seulement, ou à ses fermiers,
» et ce *modérément et sans exces* (Arch. de Lauroy et de
» Blois) ».

Jean Midou mourut le mois de juin 1625, et fut inhumé
dans la chapelle de Notre-Dame-de-Pitié (Actes paroissiaux). Il eut quatre enfants : 1° Charles, baptisé le 27 mai
1618 ; 2° Françoise, baptisée le 26 août 1619 ; 3° Magdallenne, baptisée le 22 novembre 1620 ; 4° Jean, qui va
suivre. L'une des deux filles est sans doute la même personne que dame Gabrielle Midou, fille de Jean, marraine
en 1625, qui fit l'acquisition en 1660 de la maison précédemment occupée par le notaire Villabon, occupée en
1899 par M. le docteur Albert Boyer ; elle fut inhumée
dans la dite chapelle de Notre Dame-de-Pitié, le 13 décembre 1662, « étant veuve de feu messire Louis d'Angest,
chevalier, seigneur de La Mitour, capitaine dans le régiment de Bussy-Lameth », (Archives de Lauroy, 28 juillet
1660), dont le cœur avait été inhumé dans cette même
chapelle le 18 juin 1640. (Actes paroissiaux).

2° *Deuxième Midou*

Jean Midou, fils du précédent et de Catherine *du Four*, seigneur de Lauroy. Champroux, Bribon, Martinière, les Rojoux, et autres lieux (Archives de Lauroy), fut baptisé à Clemon. le 15 décembre 1622.

Le 9 juin 1632, dame Catherine du Four, sa mère et tutrice, obtenait un nouvel arrêt du Parlement qui déclarait exécutoire contre frère Jean Fougeu, prieur de Framet, la sentence du 6 avril 1621, rendue en faveur de Jean Midou, son mari. — Le 28 mai 1644, tant en son nom que comme ayant la garde noble des enfants « de » son défunt époux et d'elle », elle rendait foy et hommage de la terre de Lauroy à messire Charles de Vetus. seigneur d'Argent. Clemon et Villezon, maréchal de camp des armées du Roy (Archives de Lauroy).

Jean épousa en premières noces damoiselle Suzanne Buzy, qui mourut en janvier 1663, donnant le jour à une fille qui vécut à peine ; puis en deuxièmes noces damoiselle Marie Briçonnet, fille et unique héritière (Arch. du Loiret. A. 516. 23 avril 1745) de messire Pierre, chevalier, seigneur de Cormes, et de Françoise Begon. Après son décès, sa veuve devait contracter un second mariage avec Claude Durand, écuyer. seigneur de Villiers (Archives de Lauroy, 9 novembre 1685). conseiller du roy, juge, magistrat au baillage et juge présidial d'Orléans (Arch. du Loiret. A. 516. 8 août 1684).

En 1645, il était capitaine d'une compagnie de gens de pied dans le regiment de St-M... : (Actes paroissiaux, 28 mai 1645).

Le 29 mai 1652. une sentence de la Cour du Palais lui permettait de faire assigner à ladite cour le seigneur d'Argent pour voir decharger divers particuliers du bourg de

Clemon de l'ordre que ledit seigneur leur avait signifié de monter la garde au château d'Argent. — Le 25 octobre 1655 il obtenait une autre sentence des Eaux-et-Forêts de Paris portant « qu'il sera plus ample-
» ment informé des procès-verbaux contre le seigneur
» d'Argent qui avait use de violence contre le seigneur
» de Lauroy et son domestique au sujet de la propriété
» de la rivière de Saudre ». (Archives de Lauroy). — Nous donnerons, p. 238, de longs extraits d'un mémoire sur les différents qui ont causé ces deux sentences.

Le 28 mars 1656, le sieur Chesneau avouait tenir en fief de dame Catherine *du Four*, plusieurs héritages dépendant de la maladrerie de Clemon. (Archives de l'Hospice d'Aubigny. B.).

Dame Catherine du Four faisait acquisition, le 18 février 1657, pour la somme de 3,535 livres tournois, de la terre des Roujoux — de la seconde moitié, sans doute ? — (Archives de Lauroy)

Le 16 avril, 1664 Jean se qualifiait, seigneur de Lauroy, gentilhomme ordinaire de la chambre du roy et escuyer de sa grande Escurie (Archives de Lauroy).

Le 17 avril 1670, (1) il accordait à messire Jean Ageorges, curé d'Argent, l'établissement d'une « épitaphe
» dans le chœur de l'église de Clemon, du côté de l'épitre,
» faisant mention de la fondation faite par le deffunt
» messire Claude Ageorge, son oncle, vivant prestre
» dudit Clemon, en ladite église, avec l'empreinte du
» cachet dudict deffunt sur la pierre, et ledict sieur Jean
» Ageorge a reconnu accepter du seigneur de Lauroy
» sans tirer à consequence ni prejudicier et preroger aux
» droits et honneurs qui lui appartiennent dans le chœur

(1) Le 29 juillet de cette même année 1670, Estienne Laviron, oullon, était trouvé noyé sous la roue du moulin à draps de Lauroy (Actes paroissiaux).

» de la dicte église de Clemon, comme étant patron de
» l'église dudict Clemon et ayant droit d'avoir tous les
» droits honorifiques en ladicte église, ledict droit d'épi-
» taphe ne pouvant appartenir ni être concédé à aultre
» qu'à lui » (Archives de Lauroy).

Jean Midou mourut à Orléans, le 4 mars 1683, en la paroisse de l'Alleu-St-Mesmin, et fut inhumé, le 27 suivant, en la chapelle de Notre-Dame-de Pitié de l'église de Clemon (Actes paroissiaux). Il avait eu trois enfants de son second mariage : 1° Marie, qui mourut en mai 1670, âgée de 2 ans ; 2° Jean Maximilien, qui va suivre ; 3° autre Marie, qui mourut en octobre 1678. (Actes paroissiaux).

Notice sur la seigneurie de Cormes

Par suite de la seconde union de Jean Midou avec Marie Briçonnet la seigneurie de Cormes, paroisse de St-Cyr-en-Val, diocèse d'Orléans, était entrée en 1667 dans la famille Midou qui devait la conserver jusqu'après 1745. — Le fief de Cormes, autrefois forteresse, relevait en 1745 « de Monseigneur le duc d'Orléans à cause de son duché et chatelet d Orleans (Arch. Loiret, A. 516. 23 avril 1745). Les seigneurs exerçaient les droits de haute, moyenne et basse justice. Il comprenait en 1357, en un grand nombre d'héritages, 61 vassaux, dans une grande partie de la Beauce et dans plusieurs paroisses de la Sologne. Dès janvier 1016 il était dénommé, CORMA, VILLULA, dans un acte de donation du roi Robert au bénéfice du chapitre de Saint-Pierre-le-Puellier d'Orléans. En 1357 et 1405 il était possédé successivement par Philippe et Pierre Grosseteste, vicomtes d'Orléans Les Anglais démantelèrent le château. — En 1503, Etienne de Foville le vendit, sous la réserve de sa jouissance viagère, pour le prix de quatre mille livres, à « noble homme Monseigneur » Pierre Briçonnet, chevalier, conseiller du roy, nos- » tre sire, et général de ses finances » en Languedoc, puis argentier du Roy, et maire de Tours, seigneur de Praville, Pannes, Cornay, et de la petite Kaérie en Touraine. La prise de possession en fut faite, le lundi 29 avril 1504, par « l'apprehension du courreau (verrou) des » portes du portail, et des clefs de la chambre haute ». Les droits et dépendances s'étendaient, à cette époque, a deux lieues environ autour du château.

Selon le chanoine Hubert (manuscrits déposés à la bibliothèque publique d'Orléans), Pierre Briçonnet « por- » tait : d'azur à la bande componnée d'or et de gueules, » brisé d'une étoile d'or sur le premier compon de » gueules, et accompagné d'une autre de même en chef — » Il bastit le château de Cormes, *en l'estat où il est aujour-* » *d'huy,* et mourut à Orléans en 1509. Il gist en l'église » de Saint-Maclou, en la chapelle des Briçonnet », où on lui éleva un tombeau de marbre blanc qui fut détruit par les Huguenots. — D'après la monographie de Gautray (par Maxime des Francs, 1900, p 16), les armes de Pierre Briçonnet, 1500, se trouvaient à l'Hôtel Dieu de Paris. « On y voyait un pélican, s'ouvrant du bec la veine, afin » de repaître ses petits de son sang ».

La famille Briçonnet occupait au XVIe siècle un rang d'une haute importance. Un des frères de Pierre, Robert, archevêque et duc de Reims, avait été fait chancelier de France en 1495. Un autre, Guillaume, general des finances, étant devenu veuf, fut plus tard évêque de Saint-Malo ; créé cardinal par Alexandre VI, il devint évêque de Nîmes, archevêque et duc de Reims, pair de France, puis archevêque de Narbonne ; privé de ses dignités par Jules II, il y fut rétabli par Léon X, qui le nomma successivement aux évêchés de Frascati, d'Albano et de Palestrine. A Rouen, il avait relevé de ses ruines la vieille église de Saint-Ouen ; à Reims, il fit élever le palais archiépiscopal dans le style de la Renaissance. Sa fille, Catherine, épousa Thomas Bohier, lieutenant général dans le Milanais ; pendant que son mari était retenu par ses fonctions en Italie, elle prit la direction des travaux de construction de leur château de Chenonceaux, qu'elle poursuivit jusqu'à leur complet achèvement.

Pierre Ier Briçonnet fut continué dans la seigneurie de Cormes par son fils Pierre II, qui, d'après la monographie de Gautray, mort vers 1522, serait le reconstructeur du château. Probablement il aura continué et terminé l'œuvre entreprise par son père. Pierre V, arrière-petit-fils de Pierre II, n'ayant laissé en 1667 que trois filles (1), la seconde, Marie, eut en partage la seigneurie de Cormes. La terre de Cormes est possédée aujourd'hui par M. le vicomte Raoul de Tristan, dont les ancêtres de Montaudoin la possédaient en 1782. (Notions extraites de la brochure de M. de Buzonnières : *La Seigneurie et le château de Cormes*, 1863).

Différents entre MM. d'Argent et de Lauroy

Il nous a semblé qu'il ne serait pas sans intérêt de reproduire de longs extraits d'un Mémoire Instructif pour l'accommodement d'entre M. d'Argent et M. de Lauroy, au sujet des nombreux et graves différends que la maison de Lauroy eut avec celle d'Argent, et qui reçurent leur solution par les sentences de 1652 et 1655 que nous

---

(1) Cette mention de trois filles de Pierre V, en 1667, est en désaccord avec la « Foy et hommage » du 27 avril 1745 (Arch. du Loiret. A 516.) qui présente Marie comme unique héritière.

avons citées, p. 39. La seigneurie d'Argent était alors occupée par messire Charles de Vetus, chevalier, maréchal de camp et général de la cavalerie légère de France, qui paraissait à un baptême avec ces titres en 1652.

1° Le seigneur d'Argent revendique les droits honorifiques de l'église de Clemon pour ses officiers, en son absence, de préférence à Madem¹¹ᵉ de Lauroy, alors dame Catherine du Four, veuve de messire Jean Midou, père du present seigneur de Lauroy. (Ces droits honorifiques consistaient dans la presentation de l'eau bénite, du pain bénit et de l'encens. Mᵐᵉ de Lauroy pensait pouvoir, à bon droit, se prevaloir de ce principe qui regissait alors ces droits honorifiques Toutes personnes qualifiées ayant fief dans une paroisse ont les premières le pain bénit et les autres honneurs de l'eglise à l'exclusion des officiers des seigneurs.) La maison de Lauroy repond que
« ces droits lui appartiennent tant par titres que par pos-
» session immemoriale ; Mademˡˡᵉ de Lauroy, oultre
» qu'elle possedde des fiefs en la paroisse de Clemon, y
» possedde plusieurs autres beaux droits et mesme une
» chapelle dans l'église. Les armes de Lauroy sont
» *pintes* dans la *Vitre* qui est devant le maître autel, et
» gravees en deux piliers de la dicte église, ce qui fait
» croire evidemment que les seigneurs de Lauroy sont
» fondateurs de lad. église, joinct qu'elle est située au
» dedans du censif de Lauroy et enclavée, de toutes
» parts, des maisons et heritages tenus à cens dud.
» Lauroy ».

2° Le seigneur d'Argent se dit seigneur et proprietaire de la rivière de Saudre en l'etendue de la paroisse de Clemon : il a fait informer, « en cette qualité, contre
» Jean Lesveille, jardinier du seigneur de Lauroy, qui
» avait pesche en ladicte rivière par le commandement
» dud. seigneur de Lauroy, son maistre, lequel (Lesveillé)

» fut condamne en XXX livre d'amende, et, pour ce,
» emprisonne ». Monsieur de Lauroy « en appelle à la
» cour, se pourvoit à la *Table de marbre*, appelle de la
» proceddure criminelle faicte en Clemon. tant comme
» de juge incompettant que autrement, soutient la ri-
» viére libre de pesche, et obtient arrest d'élargissement
» pour Lesveillé, et deffenses de faire aucunes poursuites.
» Quand bien la qualité de Justice haulte, moyenne et
» basse, ne lui serait point contestee par le seigneur
» de Lauroy *(que sy)*, le seigneur d'Argent ne pourrait
» pas s'approprier ladicte riviére, qui, *par maniere de*
» *dire*, est un grand chemin, et empêcher la liberte d'i-
» celle, notamment au seigneur de Lauroy, qui possedde,
» en propriété. les pres estant des deux costés de la ri-
» vière en partie, et, en l'autre partie, sont tous les prés
» de luy tenus à cens, ce qui lui donne un grand advan
» tage, et mesmes plus grand que ne le saurait prétendre
» led. seigneur d'Argent ».

3° Villabon, procureur fiscal de Clemon, use ordinai-
rement du droit de chasse, de toutes fassons, sous l'auc-
torité du seigneur d'Argent, et mesmes sur les domaines
et fiefs de Lauroy. « Le droit de chasse n'appartient pas
» seulement au seigneur justicier, mais appartient encore
» plus précisément et particulièrement au seigneur de
» fief ; il n'y a donc point de doulte que le seigneur de
» Lauroy n'ait droit de chasse et d'empescher que Villa-
» bon chasse sur ses fiefs et domaine, quelque permis-
» sion qu'il en puisse avoir du seigneur d'Argent, car ces
» permissions sont abusives et contre l'ordonnance, ne
» pouvant permettre de porter l'arquebuse qu'en leur pré-
» sence. sur les terres dont ils sont seigneurs abso-
» lus ».

4° Le seigneur d'Argent prétend que la garde doit être
faicte en son château d'Argent par les fermiers et tenan-

ciers de Lauroy, que le Roi lui a confirmé ce droit de garde par lettre de cachet, et que, par conséquent, les mestaiers du s' de Lauroy ne peuvent s'exempter de lad* Garde. — « Cela ne vaut rien du tout, d'autant que
» au mesme temps de l'injonction faicte aud. s' d'Argent,
» qui fut au mois d'octobre 1651, de faire faire la garde
» en son château d'Argent par les habitants de Clemon,
» en mesme temps le d. s' de Lauroy a obtenu du Roy
» descharge, pour ses mestaiers et tenanciers, de faire
» lad* garde, — et quand bien led. s' de Lauroy n'aurait
» obtenu lad* descharge, sy les mestaiers dud s' de Lau-
» roy estaient tenus à lad. garde, led. s' d'Argent n'au-
» rait pas reçu les adveux de la terre de Lauroy qui re -
» lève de lui en plein fief pour les deux tiers, sans obli-
» ger les seigneurs de Lauroy à envoyer à lad. garde les
» susd. mestaiers ».

5° Le sieur d'Argent a donné à un particulier permission de bastir un moullin sur la rivière au dedans de la paroisse de Clemon, en assubjestissant led. particulier à lui paier un denier de cens sur la roue du moullin. — Le seigneur de Lauroy dit que « le seigneur d'Argent n'a
» pu, à son préjudice, avoir led. denier de cens sur lad.
» roue du moullin, d'autant que c'est usurper sur la ri-
» vière qui ne luy appartient pas en propriété, comme il
» a été dict cy dessus, et est à remarquer que la place où
» led. moullin a esté basty tient a cens de Lauroy. »

6° Le seigneur d'Argent doitz faire satisfaction au seig' de Lauroy « pour avoir battu un nommé Toiteau,
» foullon du moullin à draps de Lauroy, au subject qu'il
» est de la maison dudit Lauroy, et pour faire injure aud.
» s' de Lauroy ».

7° Autre satisfaction due encore au seigneur de Lauroy « pour raison de la proceddure criminelle et inju-
» rieuse faicte contre Bonnivet, sans autre subject, sinon

» que d'avoir suivi M. de Lauroy dans le bourg de Cle-
» mon, c'est-à-dire, que l'on a attaqué *celui qui n'en peult
» mais, et qui a seulement regardé par-dessus la haye*; par
» haine et par bravade, sans apparence de justice,
» cruauté et tyrannie, on décrette prise corps contre Bon-
» nivet, on le constitue prisonnier à Argent, où il est de-
» tenu avec des cruautés plus que barbares, *dans une cage
» enfermé, sans voir le jour, réduit à l'ordure et vilenies,*
» pendant et pour l'espace de... mois et plus, et n'en est
» sorti qu'après un élargissement de la Cour, sans juge-
» ment aucun ».

8º Plus « diverses informations ont été faictes par le sʳ
» de Lauroy, et la Tour, son vallet, contre les nommés
» Lemoyne et Bougeret touchant l'assassinat que lesd.
» Lemoyne et Bougeret auraient voulu commettre a
» la personne dud. sʳ de Lauroy et son vallet, et ès re-
» questes dud. sʳ d'Argent ou son procureur contre led.
» sʳ de Lauroy et son vallet, touchant le port d'armes
» dans le bourg de Clemon, pourquoy aurait esté dé-
» crette contre led sʳ de Lauroy avec assignation et pro-
» clamation à trois briefs jours, ce qui est injurieux et
» scandaleux, pour lesquelles informations led. sʳ de
» Lauroy se rapportera volontiers à l'arbitrage des gens
» d'honneur, son honneur estant confirmé et réparé »

Nous avons vu, par les sentences de 1652 et 1655,
p. 234, que le présent mémoire instructif ne demeura pas
sans effet pour l'honneur et la sûreté de M. de Lauroy.

3º *Troisième Midou*

Jean-Maximilien Midou, fils du susdit Jean et de dame
Marie Briçonnet, eut pour parrain, le 29 juillet 1669
(Actes paroissiaux), très hault et très puissant seigneur
Pierre-François-Maximilien de Béthune, duc de Sully,

pair de France, prince souverain d'Henrichemont, Boisbelle, la Chapelle-dam-Gilon, etc .... et pour marraine, damoiselle Briçonnet, fille de deffunt messire Pierre Briçonnet, chevalier, seigneur de Cormes. Le parrain était issu du premier mariage de Charlotte Séguier, dame de Brinon ; par suite il était petit-fils du chancelier de France, Pierre Séguier, comte de Gien, qui avait acheté en 1643, la terre de Brinon. Du côté paternel il était arrière petit-fils du ministre d'Etat de Henry IV, Maximilien de Béthune, duc de Rosny (plus communément appelé le grand Sully), qui avait acheté en juillet 1602, de Claude de la Trémouille, pour la somme de 150 mille livres, les terres de Sully, et de Charles de Gonzague, duc de Nevers, en 1605, pour la somme de 50 mille livres, la terre de La Chapelle, et, pour la somme de 54 mille livres, celle d'Henrichemont-Boisbelle, ou il avait le droit de battre monnaie (Mémoires de Sully, édition du château de Sully, 1618, 2ᵉ vol. p. 414. — Sully, son château..., par le Dʳ Boullet, p 77).

En 1695, « faute de la délivrance de l'adveu », une saisie du fief de Lauroy était faite « pour Madame de la » seigneurie d'Argent contre le seigneur de Lauroy ». (Archives d'Argent, feuille détachée, insérée dans le terrier de Villezon).

Les différents de 1650 avec la maison suzeraine d'Argent s'étaient renouvelés avec le retour des mêmes prétentions. Jean-Maximilien dut, comme son père, recourir à l'emploi des voies judiciaires pour obtenir la jouissance, pleine et paisible, de ses droits féodaux et fonciers. Une sentence arbitrale, rendue à Paris le 26 mars 1697, par les conseillers de Parlement Portail et Pollard, contre dame Anne de Gamaches (arrière-petite-fille de Georges de Gamaches), veuve de mʳᵉ Charles Marie de Gauville, seigneur d'Argent, Clemon et Villezon, lui recon

nut, à l'exclusion du seigneur d'Argent et Clemon « le
» droit absolu de la chasse sur les terres étant dans la
» paroisse de Clemon qui sont dans la censive et sur son
» fief de Lauroy » ; défense fut faite à ladite dame de
Gamaches « d'affermer le droit de pesche dans la rivière
» de Saudre, dans l'etendue du fief de Lauroy, apparte-
» nant audit Midou ».

Le 15 juin suivant, Jean-Maximilien etait qualifié chevalier, seigneur de Cormes, Lauroy, Champroux et autres lieux. Il fut aussi lieutenant général de Nos S^{grs} les marechaux de France de l'Orléanais. (Actes paroissiaux, 6 août 1702).

Le 18 juin 1729, il rendait, par procureur, la foy et hommage de la Terre et Seigneurie de Cormes, comme fils et unique heritier de dame Marie Briçonnet, sa mère. (Archives du Loiret. A. 516).

Le 10 juin 1732, la même foy et hommage etait rendue, aussi par procureur, « au nom de ses enfants, — Maximi-
» lien, escuyer, seigneur de Villiers, Charles-Maximilien,
» chevalier de Cormes, lieutenant de MM. les marechaux
» de France de l'Orléanais, Charlotte, damoiselle, Hen-
» riette, damoiselle, et Louis-Claude, escuyer, — sei-
» gneurs du château, terre et seigneurie de Cormes,..
» tous majeurs... pour la part et portion indivise qui en
» appartient à chacun d'eux.. en qualité d'heritiers de
» deffunt Jean-Maximilien Midou, leur pere... »

Le partage de sa succession se fit entre ses enfants a Orléans, le 25 mai 1736 ; nous le trouvons indiqué dans la foy et hommage de la seigneurie de Cormes, le 23 avril 1745, par messire Maximilien Midou, écuyer, seigneur de Cormes, Villiers et autres lieux, « ledit sei-
» gneur de Cormes possédant comme fils ainé et héritier
» de messire Jean-Maximilien Midou, chevalier, seigneur
» de Cormes, lieutenant de MM. les marechaux de

» France de l'Orléanais, suivant le partage fait... à Or-
» léans le 25 mai 1736... le surplus de la seigneurie pos-
» sédé par messire Charles-Maximilien Midou, cheva-
» lier, lieutenant .. et Claude-Louis Midou, écuyer, sei-
» gneur de la Chesnaye... »

Le même 23 avril 1745, Charles-Maximilien Midou, chevalier, seigneur de Concife, lieutenant... rendait foy et hommage pour « 12 arpents de pré, 12 arpents de bois
» et 11 arpents de terre, dépendants de Cormes...
» comme fils et heritier en partie de messire Jean-Maxi-
» milien Midou. »

Nous nous demandons, en considérant ces divers documents des Archives du Loiret A. 516, comment M. de Buzonnière, dans son très intéressant travail sur la seigneurie de Cormes, a pu produire un titre qui attesterait que Charles-Maximilien Midou aurait pris possession en 1736 du fief de Cormes et l'aurait vendu, la même année, à Simon Boutin, seigneur de la Source, fermier général des finances.

Jean-Maximilien avait eu pour épouse, en 1res noces, dame Catherine Durand de Villiers (d'Hozier, 3e reg', 2e partie, art. d'Orléans, p. 76), puis en 2mes noces, dame Anne-Marguerite Fougeu (Archives de Lauroy. — Actes paroissiaux); et en 3mes noces, dame .. .. Descures (Archives d'Argent, voir page suivante. Actes paroissiaux, 7 juillet 1705, mariage auquel il assistait avec Fouque d'Escures et signait Midou de Cormes). De sa première union, il eut une fille, Marie-Catherine, qui fut unie, par contrat du 14 avril 1714, à Jacques d'Orleans, 3e du nom, seigneur de Rère et de Montesan, fils de Jacques II et de dame Elisabeth de Berthereau (d'Hozier, art. d'Orleans). Jacques III avait pour sœur Marie-Thérèse, qui epousa Louis-David de Conflans en 1722, et dont la fille devait épouser en 1755 Claude-Joseph Dubuc.

Jean Maximilien Midou vendit la terre de Lauroy, par acte du 28 juin 1715, pour le prix de 40 mille livres, à dame Marie-Marguerite Le Sueur de Mitry, épouse en 2mes noces, de messire Charles Coysevox, sieur de Brécourt. Il était alors uni à dame ...x.. Descures (Archives d'Argent, acte de foy et hommage de dame de Brécourt, du 30 septembre 1715).

A partir de cette transmission, la terre de Lauroy, malgré les variations de noms des propriétaires causées par les transmissions qui s'en feront par voie feminine, ne cessera pas néanmoins d'être possédée par la même famille, représentée aujourd'hui par M. Alfred-Joseph-Armand Dufour.

IV. — POSSESSION LE SUEUR DE MITRY, DUBUC, D'ALLAINES, DUFOUR

Article 1er — Le Sueur de Mitry

Dame Marie-Marguerite Le Sueur de Mitry était fille de messire Pierre Le Sueur, écuyer, sieur de Mitry, et de Catherine Jouglet (Le fief de Mitry est aujourd'hui une commune du département de Seine-et-Marne).

Elle a embelli le château de Lauroy d'un certain nombre d'objets d'un vrai mérite artistique, dont il possède encore une partie : un mobilier de salon, du style Louis XIV, à belles soieries ; plusieurs toiles de mérite, dont un tableau de *Thétis dans les eaux* ; de belles faïences ; d'antiques potiches de Rouen ; des porcelaines de vieux

Le Sueur de Mitry portait : d'azur à 3 soucis d'or, feuillés de sinople.

CHATEAU DE LAUROY — CLEMONT (Cher).

TAPISSERIES DU SALON (Spécimen de-).

Chine ; une horloge à marqueterie (chiffrée Oury, horloger du Roy. Paris), marchant encore durant six semaines (autrefois, deux mois) ; enfin, de magnifiques tapisseries qui ornent le salon, la salle à manger, le vestibule et plusieurs chambres.

Les tapisseries « sont presque aussi vives de couleur » qu'en 1715, du moins dans les nuances accentuées ; » elles représentent de gracieux sujets : Colin-Maillard, » la Main Chaude, jeu de balançoire, fête villageoise » avec repas et danses, un berger avec sa houlette, une » femme portant une corbeille sur sa tête, une autre por » tant des fruits ». (Description par M. P. A. Leroy. dans sa notice sur Lauroy : *Esquisses d'histoire et d'art*). Les autres objets sont énumérés dans l'inventaire qui fut dressé après le décès de dame Marie Marguerite Le Sueur. Il est fait mention — dans cet inventaire — de vêtements d'une valeur de 120, 150, 200, 450 livres ; de deux montres, l'une d'or, à cadran d'émail avec chaîne d'or, estimée 300 livres, l'autre à *boette* et cadran chaîne d'Angleterre, crochet d'or, à double *boette*, façon d'Angleterre, estimée 400 livres ; d'un miroir (qui existe encore) à bordure de fronton de glaces avec ornements de bois doré, estimé 200 livres ; de sept pièces de tapisserie de haute lisse (les scènes champêtres ci-dessus) estimées 600 livres ; de deux bijoux, une rose, pour servir à un bracelet, *d'argent vermeil doré*, formée d'un gros brillant entouré de six *rozettes*, et un anneau d'or dans lequel est enchâssé un gros diamant brillant avec deux *rozettes*, le tout estimé 2.000 livres ; d'une valise contenant une quantité de 155 louis d'or, *de la nouvelle fabrique*, de 30 livres chacun, et des liasses de billets sur l'Etat pour la somme de 73.150 livres. (Aujourd'hui, pour avoir la valeur relative de l'époque, il faudrait multiplier 6 à 8 fois, sinon 8 à 10, les chiffres de l'inventaire). Voir l'estimation du cheptel des métairies à la page 251.

La possession des objets artistiques, et le fait de son second mariage avec un fils du célèbre sculpteur Coysevox, auraient pu donner à croire que Marie Marguerite Le Sueur pouvait être parente, ou même fille, du non moins célèbre peintre Lesueur. De plus, le peintre Le sueur, disent les souvenirs du lieu, allait souvent à Mitry, où se trouvaient des membres de sa famille ; il avait offert à l'église de ce lieu une Annonciation, qui fut échangée, en 1804, avec le musée du Louvre, contre un tableau de Doyen. A cette occasion, le curé de Mitry écrivait que Lesueur passait une partie de la belle saison chez M. Durand de Linnois, propriétaire en sa paroisse, qu'il avait sans doute connu par l'intermédiaire de ses parents (Lettre du 18 septembre 1895, de M. de Champeaux, conservateur du Musée des Arts decoratifs. Les tableaux généalogiques que nous allons présenter établissent avec evidence la distinction des deux familles. Le peintre Lesueur merita, par son talent, la celebrité, avec le surnom de Raphaël français ; mais, venu de modeste origine, et surpris par la mort à l'âge de 39 ans, il ne put voir son rare talent récompensé par la fortune, et dut laisser sa descendance dans la simplicité de sa condition première.

Marie-Marguerite Le Sueur, avait épousé, en premières noces, par contrat du 24 novembre 1682, messire Nicolas Dubuc, écuyer, sieur de Valmont, conseiller secrétaire du roi, maison, couronne de France, et de ses finances, inspecteur général des gabelles, entrées et sorties du Royaume et autres endroits en dépendant dans l'étendue de la direction de Nantes. Le titre de conseiller secrétaire du Roy du grand collège avait été donné à messire Nicolas Dubuc par lettres patentes, delivrées à Versailles, le 29 août 1700.

Extraction du peintre Lesueur

Cathelin LESUEUR, tourneur sur bois, époux de Antoinette Touroide

- Pierre 1608
- Eustache 1616 à 1655, peintre et sculpteur ordinaire du roy
  - Geneviève Marguerite 1648-1652
  - Louise 1651-1652
  - Eustache 1645-1698, épicier
    - Louis époux de Madeleine Quentin
      - Gabriel-François Sieur de la Boissière
    - Claude Quentin
  - Élisabeth 1652
- Jeanne 1619
- Marie Geneviève Dame François Violaine épicier cuer 1655 - x
- Spire 1621
- Michelle 1655

Extraction de Marie-Marguerite Le Sueur de Mitry

1536 — Claude Le Sueur, seigneur de La Croix (près de Senlis)

1553 — Claude II époux de Geneviève de Bragelongue

- Claude III, sœur de la Croix, époux de Marie Boulianc
  - Nicolas
    - Catherine
- Jean
- Pierre, sieur de Mitry époux de Catherine Jougler
  - Marie-Marguerite LE SUEUR DE MITRY Dame : 1° Nicolas Dubuc 2° Charles Coisevox
- Marguerite dame Pierre de Boudeville
- Anne dame Pierre l'Hermite

Armoiries de la maison Dubuc de Lauroy.

Enregistrées dans l'Armorial général de France, en vertu de l'édit royal de novembre 1696, par Charles d'Hozier, juge d'armes de France et garde dudit Armorial (Registre I, p. 253 Bureau d'enregistrement de la rue des deux rues, paroisse Saint-Eustache). Paris, Bibliothèque nationale (1).

(1) Sur les Armoiries Dufour (p. 275). Voir Bibliothèque nationale Paris, manuscrit d'Hozier, Général de Bourges, Élection de Saint-Amand, p. 176, n° 70.

Nicolas Dubuc et Marie Marguerite Le Sueur, son épouse, portaient « d'azur à un cœur d'or, accompagné » de trois étoiles du même, qui est Dubuc, accoté d'azur » à trois soucis d'or, feuillés de sinople, qui est Le » Sueur de Mitry. » (Armorial général de France. Soissons. p. 686).

Les armoiries Dubuc ont été découvertes dans l'église de Clémont, en 1896, peintes de chaque côté sur le doubleau de l'entrée de la chapelle de Notre Dame de Pitié, mais avec cette variante : d'azur à un cœur d'or, accompagné en chef de deux étoiles du même et en pointe d'une fleur de lys aussi du même. Vers 1760, on les avait cachées en établissant des boiseries d'une hauteur de 3^{m}70, qui entouraient le sanctuaire et le chœur ; ces boiseries tombant de vétusté et de pourriture, on dut les enlever en 1896. L'un des deux écussons est surmonté d'une couronne de marquis ; l'autre est losangé.

Cela nous indique qu'ils ont été apposés là, entre 1717 et 1727, par leurs enfants, Claude et Marguerite, possesseurs par indivis de la Terre de Lauroy, et pour la couronne de marquis, alors que messire Claude Dubuc avait la jouissance de la seigneurie de Clémon.

Messire Nicolas Dubuc étant mort le 16 juin 1711, Marie-Marguerite Le Sueur avait épousé, en deuxièmes noces, par contrat du 2 mars 1715, Charles Coisevox, sieur de Brécourt, capitaine au régiment de Navarre, qui était fils, nous l'avons dit, du célèbre Antoine Coisevox, ancien directeur et recteur de l'Académie *royalle* de peinture et sculpture (Archives de Lauroy. Contrat de mariage). C'est au sujet de Charles, sieur de Brécourt, et de ses deux autres fils, Pierre et Jean, qu'Antoine fit à Louis XIV la réponse suivante. Le roi qui honorait le sculpteur de sa bienveillance venait très souvent le voir travailler sous la tente dressée dans les jardins de

Armoiries de la maison Dubuc de Lauroy.

Enregistrées dans l'Armorial général de France, en vertu de l'édit royal de novembre 1696, par Charles d'Hozier, juge d'armes de France et garde dudit Armorial. (Registre I, p. 253. Bureau d'enregistrement de la rue des deux rues, paroisse Saint-Eustache). Paris, Bibliothèque nationale (1).

(1) Sur les Armoiries Dufour (p. 275). Voir Bibliothèque nationale. Paris, manuscrit d'Hozier, Général de Bourges, Élection de Saint-Amand, p. 476, n° 70.

Marly. Il eût un jour la bonté de lui demander s'il avait un fils qui suivit sa profession. « Sire, répondit Coise-» vox, j'ai plusieurs enfants, entre autres trois garçons qui » dépensent au service de Sa Majesté ce que je puis gagner » au bout de mon ciseau ». Louis XIV promit de les faire avancer. Le monarque tint parole, et les anciens services de son père, sculpteur du Grand Roy, ne furent pas étrangers à la pension de 1.000 livres qu'obtint plus tard le sire de Brecourt. (Extrait de la notice sur le château de Lauroy, par M. P. A. Leroy, dans les *Esquisses d'histoire et d'art*.)

L'acte d'acquisition que fit Marie-Marguerite Le Sueur de la Terre de Lauroy, en 1715, en fait ainsi la description :

« 1º Un grand corps de logis de 22 toises de long » *nouvellement bâti*, accompagné de deux ailes, l'une à » droite et l'autre à gauche, en face duquel corps de » logis, il y a un parterre entouré de palissades de » charme, et de l'autre une cour entre les deux ailes. » Une basse cour à côté où sont les écuries, remises, » granges, toits à bestiaux, collombier à pied, le tout » entouré de fossez pleins d'eau, et de terrasses, lesdits » fossez empoissonnez. Hors de cette enceinte est un » grand jardin potager, entouré de fossez aussi pleins » d'eau, aussi empoissonnez, de six toises de largeur, et » d'allées de charme, etc...

« 2º plus une mestairie appelée les Truies, et locatures » en deppendantes ;

» 3º plus la mesterie de la Babilonnerie (alors, dit » l'inventaire après décès, affermée pour le prix annuel » de 350 livres) » Ledit inventaire, du 18 novembre 1717, estime : le septier de bled seigle 2 livres 15 sols ; de bled noir 1 livre 12 sols ; une cavale avec poulain, 80 livres ; seule 60 livres ; cent bottes de foin 3 livres ;

les bœufs de trait, selon l'âge de 20 à 50 livres: les vaches mères 20 livres; les taures, selon l'âge, de 10 à 18 livres; les cochons 7 livres: les brebis mères 5 livres; les reguines (agneaux) 4 livres; les dindes 1 livre: les poules 6 sols.

4° plus la mestairie des Roujoux et trois locatures en
» deppendantes :

» 5° plus une briquerie, fourg, bastiments, terres à
» prendre briques, et deppendances ;

» 6° plus une chapelle dans l'église de Clemon où sont
» enterrez plusieurs seigneurs de Lauroy, et qui leur
» appartient ;

» 7° plus trois censives, sçavoir : celle de Lauroy. celle
» de Vilaines et celle de Coulommiers, portant profits
» de vente, et collatéraux, deffaut, amandes et droits de
» revenus. menus cens et dependances desdites trois
» censives:

» 8° plus le four bannal dans laditte paroisse de Cle-
» mon ;

» 9° droit... de pesche dans la rivière de Saudre d'une
» demi-lieue de long, et de prez demi-lieue dans la rivière
» de Nerre : droit de chasse dans l'etendue des trois cen-
» sives ;

» 10° plus un droit de terrage de tous grains, de 12
» gerbes une, sur plusieurs maitairies de ladite paroisse
» de Clemon. »

Dès le 13 septembre suivant « dame Marie Marguerite
» Le Sueur de Mitry... portait foy et hommage à Messire
» Jacques de Gauville, chevalier, seigneur marquis
» d'Argent, Clemon et Villezon, chevallier de l'ordre de
» Saint-Louis. lieutenant aux Gardes Françaises de Sa
» Majesté, du fief et seigneurie de Lauroy et dépen-
» dances.. relevant en plain fief de la seigneurie d'Ar-
» gent, par ladite dame acquis de Messire Jean-Maximi-

» lien Midou, écuyer, seigneur de Cormes, et de dame X...
» Descures, son epouse, le 28 juin dernier. Apres avoir
» heurté à la porte, a demandé à Estienne Ponot, con-
» cierge dudit château, si Monsieur de Gauville etait en
» son château ou à dix lieues près ou sy absent il avait
» donné sa procuration pour recevoir ses vassaux à foy
» et hommage, lequel Ponot a repondu que ledit sieur
» de Gauville etait de présent à Paris et qu'il avait
» chargé dame Anne de Gamaches, veuve de Messire
» Charles-Marie de Gauville .. de present audit château,
» de sa procuration pour recevoir ses vassaux à foy et
» hommage, qui à l'instant nous a conduit en la chambre
» de ladite dame en laquelle estant entrée ladite dame Le
» Sueur de Mitry en devoir de vassal a porté la foy et
» hommage dudit fief et seigneurie de Lauroy à mondit
» sieur de Gauville entre les mains de ladite dame de
» Gamaches qui l'a receue au nom dudit sieur de Gau-
» ville, son fils, de laquelle elle l'a quitté, sans ce preju-
» dicier audit sieur de Gauville, et tout ainsi que le
» desire la coutume de Lorris sous laquelle ledit fief est
» regi et gouverné (Arch. d'Argent) ».

L'acte de vente, nous l'avons vu, mentionnait comme ceux de 1613 et 1617, parmi les biens compris dans la terre de Lauroy, la propriété et jouissance d'une chapelle dans l'eglise de Clemon. Les nouveaux acquereurs entreprirent de clore cette chapelle par l'etablissement d'une grille. Leur droit de propriété leur fut alors contesté. Une première assemblée des habitants choisit, pour le soutien de la contestation, un « *homme vivant et mourant* » pour les biens de la Fabrique. Les nouveaux châtelains pretendirent defendre le droit qu'ils avaient récemment acquis. Un gros procès menaçait la paroisse. En septembre 1716 une seconde assemblée fut tenue en grande agitation « La bonne foi de la première avait eté sur-

» prise ; le mandat qu'elle avait conféré avait donné
» pouvoir pour s'opposer seullement à la fermeture d'une
» chapelle prétendue par Madame Marguerite Le Sueur
» de Mitry ». — La réunion de l'assemblée des habitants
avait été entreprise cette fois contre la volonté du curé-
mandataire : le syndic se refusant à y prendre part, le
procureur fiscal, en l'absence du bailly, fut commis pour
le remplacer ; le curé y faisant opposition, l'assemblée
ne put être annoncée, comme il était d'usage de le faire,
par la sonnerie de la grosse cloche : les paroissiens « as-
» semblés faisant et representant, dit le procès verbal
» selon la formule usitée, la plus grande et la plus saine
» partie d'iceux habitants », ne purent que protester et
se retirer en invitant le procureur fiscal à « écrire leurs
» plaintes et remontrances », et declarant « qu'ils enten-
» dent se pourvoir pardevant monseigneur l'Archevêque
» de ce diocèse de Bourges » — Le droit foncier des
propriétaires de Lauroy fut sans doute reconnu ; en
novembre suivant, les actes paroissiaux portent la signature d'un nouveau curé Nous avons vu, page 77, que
ce droit fut respecté en 1792, et nous verrons, p. 277,
comment on ne le respecta pas moins en 1892.

Le 27 octobre 1716, par acte passé pardevant Arme-
nault, notaire, commis à Argent, Marie Marguerite Le
Sueur fournissait aveu et dénombrement de la Terre de
Lauroy à Monsieur Jacques de Gauville, chevalier, seigneur d'Argent (Arch. de Lauroy), conformement à sa
foy et hommage du 13 septembre de l'année précédente.

Elle mourut le 14 novembre 1717, à Paris, rue des
Petits-Champs, dans la maison à l'enseigne du Dauphin,
où elle était venue de Lauroy, « prise d'indisposition ».
Elle ne laissait d'enfants que de sa première union :
1° Claude, qui suivra ; 2° Marguerite, qui mourut à l'âge

de 32 ans, et fut inhumée dans la chapelle N.-D. de Pitié, le 19 janvier 1722 (Actes paroissiaux).

Article 2 — Dubuc

Notice généalogique

Messire Nicolas Dubuc, premier époux de dame Marie-Marguerite Le Sueur de Mitry, avait sa demeure habituelle en la ville de Nantes. Étant venu à Paris pour ses affaires, il y avait été surpris par la maladie et y était mort en la paroisse de Saint-Séverin, le 16 juin 1711. Il était fils puiné de feu Jean Dubuc, conseiller du roy et son procureur au magasin à sel de Dieppe et chambre de Saint-Valery-en-Caux, et de demoiselle Catherine Gueroult. Il avait eu pour frère aîné « discrette personne » Maistre Jean Dubuc, prestre cohéritier en la succession » de feu Jean Dubuc, leur père », et un autre frère puiné, Maistre Anthoine Dubuc, aussi conseiller et procureur du roy audit magasin à sel de Dieppe et chambre de Saint-Valery-en-Caux, aussi cohéritier, tous demeurant en cette même ville de Dieppe (Arch. de Lauroy, 1680).

Les archives de Lauroy mentionnent, en 1639, Pierre Dubuc, conseiller élu en l'élection d'Arques ; le 9 juin 1640, le même Pierre, tuteur des enfants de deffunct Jean, son frère ; le 1er juin 1644, Jean Dubuc, fils de deffunct Jean et de damoiselle Marthe Baudouin ; le 8 mars 1647, maistre Marin Dubuc, prestre, fils puiné et co-heritier en la succession de feu noble homme Paul Dubuc, vivant conseiller et eschevin dudit Dieppe. Une pièce des archives, du 1er juillet 1649, mentionne une sentence d'élargissement, faute de preuves, en faveur de Lemoyne et

Lefebvre, membres de la Religion *prétendue réformée*, accusés par Pierre et Jean Dubuc de la disparition de leur frère Marin Dubuc, prestre.

Vers 1657, un Pierre du Buc, qui était aussi normand, s'étant battu en duel, fut obligé de passer aux colonies et perdit sa noblesse (Louis XIV ne plaisantait pas sur ce point). Pierre serait né à Guéville, diocèse d'Évreux (serait-ce le petit lieu de Guéville, 12 habitants, commune de Trouville-la-Haule, département de l'Eure ?). Après 44 années de séjour dans les Iles d'Amérique, ses longs services furent récompensés par de nouvelles lettres de noblesse : *d'azur à un sauvage d'or, au chef de gueules chargé de 3 dards posés en fasce* Les du Buc se multiplièrent beaucoup à La Martinique, et furent obligés de prendre d'autres noms pour se distinguer : du Buc de Saint-Olympe, de Sainte Preuve, Duferret, Desturet, de Marcussy. Le dernier descendant mâle du duelliste était un du Buc de Marcussy, mort il y a seulement quelques années. Ces du Buc, de la Martinique, sont venus, à une époque inconnue, s'établir dans le Périgord, où ils ont contracté de nombreuses alliances des plus honorables, notamment avec les Malet, les de Sales, les Rémondias. Les deux dernières dames connues, nées du Buc, étaient Mme de Rémondias, née du Buc de Marcussy, morte en 1899, et Mme Sirey, née Laure du Buc Duferret, mère du réputé jurisconsulte, M Jean Sirey, (Ces divers renseignements nous sont venus de M. Sirey, et de son cousin, M. de Malet, dont la mère, Mme la comtesse de Malet, était sœur de Mme Laure Sirey).

Les du Buc du Périgord, de la Martinique, sortent-ils de la même souche que ceux de Lauroy ? Nous sommes porté à le croire, vu la similitude d'origine du pays normand. La différence d'écriture du nom n'en doit pas éloigner : les archives de Lauroy portent soit Dubuc, soit du Buc. De plus, de ce côté, comme de l'autre, on a conservé les mêmes traditions, avec les mêmes impressions et appreciations, au sujet d'une autre branche que nous avons été surpris de ne pas voir nommée parmi les descendants de Pierre le duelliste. Les journaux, vers 1867 et 1895, l'ont assez mise en relief à propos d'une histoire assez étrange. L'exactitude de cette romanesque histoire n'a pas encore été absolument démontrée, mais on pourrait peut être, dit-on, la prouver facilement au moyen des notes confidentielles conservées au ministère des Affaires étrangères. Le souvenir de cette aventure n'était pas agréablement goûté d'une part comme de l'autre, mais il a été conservé aussi bien par les du Buc du Périgord que par ceux de Lauroy Nous voulons parler de la branche des du Buc de Rivery, dont une jeune fille serait devenue « sultane Valide » à la fin du XVIII⁰ siècle.

Aimée du Buc de Rivery était née en 1766 à la Martinique, à la Pointe Royale, quartier du Robert, où son père possédait une sucrerie. Envoyée en France, à l'âge de 10 ans, pour compléter son éducation, elle passa huit années à Nantes, au couvent des Dames de la Visitation. (Les lettres des « bonnes sœurs » ne tarissaient point sur le « vif esprit et les accomplissements » de la jeune fille). Elle quittait Nantes en 1784, accompagnée d'une vieille gouvernante; le navire qui la transportait, atteint d'une voie d'eau, prêt à sombrer, fut recueilli par un bâtiment espagnol, qui était attaqué et capturé, quelques jours plus tard, près de Majorque, par un corsaire d'Alger. Aimée du Buc fut conduite au sérail d'Alger ; sa beauté et sa vive intelligence frappèrent le Dey. Celui-ci voulut faire sa cour au Grand Seigneur. Suivant en cela les mœurs orientales des pirates barbaresques, il lui expédia en présent la jeune captive Une légende, conservée encore dans quelques grands harems de Stamboul rapporte que Mlle de Rivery, à la vue du « Capou agassi, chef des eunuques blancs. » si tristement significative du sort qui la menaçait, manifesta un tel sentiment d'horreur, que celui-ci dut se retirer et renoncer à remplir directement et sur le moment, vis-à-vis de la captive, son rôle de... Chambellan. Elle était arrivée à Constantinople vers la fin de 1784. Subissant à regret son étrange destin, elle devint la sultane favorite du Grand Seigneur Abd-ul-Hamid, dont la tendresse la conduisit en 1808, au rang de « sultane validé (sultane mère) » (1).

Aimée du Buc aurait exercé une influence considérable, non seulement plus tard sur son fils, né en 1785, qui prit, le 11 août 1808, les rênes de l'empire turc sous le nom de Mahmoud II (*Histoire de la Martinique*, par Sidney Daney, T. IV, p. 235), mais aussi auparavant sur Sélim III. neveu et successeur d'Abd ul Hamid (*Encyclopédie* Glaire et Walsh, article Turquie). Dès 1786, elle aurait mis Selim en relation avec le comte de Choiseul, ambassadeur à Constantinople. (La famille de Rivery compte parmi ses membres, un Jean-Baptiste du Buc, qui fut chef du Bureau des colonies sous M. de Choiseul). Elle n'aurait pas été étrangère à la formation de l'étroite alliance qui succéda à l'état de guerre précédemment créé entre la France et l'empire ottoman par l'expédition d'Egypte. Des officiers français, parmi lesquels le général Doubet et le général Marmont, instruisirent les nouveaux corps de troupes créés par Sélim III. dirigèrent ses arsenaux. etc.. Les feuilles anglaises attribuèrent à la future sultane validé l'entente du Sultan (1802-1803)

(1) Les traditions des serviteurs du Palais de Constantinople ont aussi gardé le souvenir de la — sultane franque. — Des ouvriers français avaient été appelés pour la restauration du Sérail. Une fontaine, avec vasque et encadrement, de style très mélangé, arabe le plus pur, renaissance, Louis XV et Louis XVI, lui était encore attribuée en ces dernières années.

avec le général Sebastiani, après la paix d'Amiens (27 mars 1802). Quand la flotte britannique vint menacer Constantinople, en février 1807, ce fut ce même général Sebastiani, alors ambassadeur de France, qui, secondé par des officiers français, fit établir les batteries et força les bâtiments anglais à battre en retraite.

Aimée aurait conçu elle-même tout le plan des réformes que s'épuisèrent à réaliser ses fils et petit-fils, les trois sultans, Mahmoud II, Abd-ul-Medjid et Mourad V. Ce dernier, petit-fils de Mahmoud et frère du sultan régnant, Abd-ul-Hamid II, déclarait lui-même « devoir ses » sympathies françaises, son goût pour notre littérature » et notre langue, au sang français qui coulait dans ses » veines » (Lettre du docteur Paul de Régla, du 18 décembre 1896, publiée par la Chronique médicale d'octobre 1901).

Aimée du Buc de Rivery mourut en 1817. « Elle était restée fidèle à sa foi chrétienne », écrivait son petit neveu, M. le comte de M.. Mahmoud permit qu'un prêtre catholique, le P. Chrysostome, supérieur du couvent de Saint-Antoine à Constantinople, l'assistât à ses derniers moments, dont le récit parut vers cette époque dans une publication pieuse (*La Semaine religieuse* de Bourges a donné ce récit, ou du moins un récit identique, extrait du *Messager catholique*, dans son numéro du 17 juillet 1867)

On a dit aussi que les du Buc de Rivery étaient parents avec les Tascher de la Pagerie. Cette parenté est assez probable, toutes les familles anciennes de l'île ayant été unies par de multiples alliances. Aimée naquit la même année et le même mois que Joséphine, future impératrice, à quelques pas de sa maison. Il faut reconnaître, il est vrai, que le baron Prévost, intermédiaire secret de la correspondance confidentielle qui existait entre Sélim III et Napoléon Ier, dans les notes qu'il a publiées, ne fait aucune allusion à Mlle du Buc de Rivery ; mais il faut aussi considérer que l'intermédiaire secret a pu garder intentionnellement le silence par crainte de déplaire à l'empereur, qui, en plus d'autres motifs, devait être désireux, sa correspondance étant confidentielle, de tenir secrète la parenté de la sultane avec l'impératrice Joséphine.

Cette étrange aventure, considérée par plusieurs uniquement comme un prétendu roman, est-elle absolument conforme à la vérité ? Elle fut du moins l'objet d'un grand intérêt, sous le second empire, une première fois au moment de la guerre d'Orient, puis en 1867 à propos du voyage du sultan Abd-ul-Azis, à Paris, pendant l'Exposition. Le journal *La Turquie*, journal officiel de Constantinople, prenait prétexte de cette parenté pour célébrer « les liens qui unissaient les deux dynasties », et faisait remonter « à la cousine des Tascher de la Pagerie, l'honneur d'avoir « lancé la Sublime Porte dans la voie des re-» formes » L'académicien, M. de Jouy, en 1821, avait fait de cette *romanesque* histoire, qu'il disait tenir d'un armateur du Havre, M. Dub..., le sujet d'une de ses causeries de « l'Hermite de la Chaussée d'Antin ». Les journaux anglais en avaient parlé les premiers en 1807 et 1808.

Dans la famille du Buc du Périgord, les opinions étaient diverses. Pour tous, une demoiselle du Buc, de la famille, a disparu dans le cours d'une traversée. Pour les uns, elle a péri dans un naufrage ; pour les autres, prise par les barbaresques, elle est devenue *sultane validé*. Les traditions du couvent de la Visitation de Nantes s'accordent avec la deuxième opinion. Aimée Dubuc, originaire de la Martinique, venue en France faire ses études entre 1750 et 1780, quitta le pensionnat ; le navire qui la portait fut capturé par les corsaires ; prisonnière, elle fut livrée au sultan qui en fit son épouse ; elle garda jusqu'au bout sa foi chrétienne ; elle eut un fils qui devint sultan à son tour. « C'était, écrivait la supérieure du couvent en 1897, la tradition racontée lors de mon entrée au couvent ».

Mᵐᵉ de Gaudart d'Allaines, née en 1758, et sa sœur Mᵐᵉ Lancelot du Lac, filles de Claude-Joseph Dubuc, dont nous parlerons p. 268, racontaient ce fait, d'après leurs souvenirs, dans les mêmes conditions que la tradition du couvent de Nantes. A Lauroy, comme dans le Périgord, on était peu sensible au fait d'avoir une cousine dans le sérail, même au rang de sultane validé.

Cette conformité de souvenirs, d'appréciations, d'impressions, malgré la distance qui séparait les divers opinants, ne semble-t-elle pas établir, avec le fait de l'origine commune, l'authenticité même de l'étrange histoire ? Le mot de Mourad V, au docteur Paul de Régla, n'infirme pas cette authenticité.

1⁰ *Premier Dubuc*

Messire CLAUDE DUBUC, de Lauroy, chevalier, seigneur de Lauroy, Colommier, Vilaines et autres lieux, succéda à sa mère Marie-Marguerite Le Sueur de Mitry dans la possession de Lauroy, par indivis avec sa sœur Marguerite (voir ci-dessous, la foy et hommage de 1718). Il avait été pourvu, par lettres du 12 décembre 1711, de l'office d'inspecteur des fermes générales des Gabelles , dont son père avait fait l'acquisition. Dans une quittance du 14 janvier 1720, il reconnaissait avoir été remboursé par le roy d'une somme de 32.475 livres, jadis payée par son père, Nicolas du Buc, pour l'acquisition dudit office. (Bibliothèque nationale. Pièces originales, registre 545, cote 72.310).

Il rendit foy et hommage le 12 janvier 1718 à Messire

Jacques de Gauville, tant pour lui que pour damoiselle Marguerite, sa sœur puînée.

Le 27 octobre 1719, il agissait, conjointement avec elle encore, contre Euverte Fontaine au sujet de la destruction d'un fosse. (Arch. dep., B. 4.011)

Par contrat du 17 mai 1719, il avait epousé en premières noces damoiselle Marie-Catherine Huby, fille de messire Jacques Pierre, avocat au Parlement, cy-devant principal commis des décrets et « tenant le plumitif des « audiances du parquet des requestes du Palais », et de défunte dame Marie Breteau Le 25 juillet 1729, il epousait en deuxièmes noces damoiselle Françoise de Ramaceul, fille de noble homme Joseph, sieur des Landes, lieutenant-colonel de la milice des villes et faux-bourgs de Nantes, et de dame Marie Frell

Le 23 novembre 1723, il recevait du bailliage de Concorsault la décision que « les terres et châtellenies d'Ar-
» gent et de Clemon, bien que sises au pays et duché de
» Berry, sont néanmoins régies, de toute ancienneté, par
» la coutume de Loris (admis par Marie d'Albret en 1531,
» comtesse de Nevers et dame de plusieurs terres en
» Berry). »

Le 29 juillet precedent, en retour d'une somme de 11 800 livres, il avait acquis de messire Jacques de Gauville, la terre et seigneurie de Clemon, et le 23 août, à sa requête « Jacques Henri Boucé, garde en la connestablie
» et maréchaussée de France, transporte au domicile de
» Jean Drais, greffier et syndicq du bourg et paroisse de
» Clemon, lui signifiait et faisait savoir, tant pour lui
» que pour MM. les officiers de la justice et terre de Cle-
» mon, et génerallement les habitans dudit bourg et pa-
» roisse, le contrat d'acquisition, fait par mondit seigneur
» Dubuc, de la terre et justice de Clemon ». (Arch. dép., B. 4.011). Mais le 7 fevrier 1727, pour des motifs qui

nous sont restés inconnus, il dut signer un acte de « dé-
» guerpissement » (Arch d'Argent. Procédure de la vente
de la seigneurie d'Argent, Clemon et Villezon, 1735).
Dans l'intervalle il porta le titre de — seigneur marquis
de Clemon, Lauroy (3 janvier 1724) ; — seigneur de Clemon, Lauroy (9 janvier 1725. — Arch. dep., B. 4.012) ;
— seigneur chastellin de Clemon (26 may 1727. —
Arch., Etude d'Argent).

Les deux ecussons qui decorent le doubleau de la chapelle Notre-Dame-de-Pitié avaient été peints entre 1717
et 1722, années de la mort de Marguerite Le Sueur de
Mitry et de sa fille Marguerite ; l'écusson de cette dernière porte la forme losangée : Claude Dubuc, après
1723, fit surmonter le sien de la couronne de Marquis.

Le 3 avril 1727 il vendait, pour la somme de 22 mille
livres « payable, le tout, en espèces d'or et d'argent »,
les immeubles qui lui provenaient de la succession de sa
sœur Marguerite. Ces immeubles, situés en la paroisse
du Thil, élection d'Arques, generalité de Rouen, consistaient en un « pavillon quarré » de bâtiments,... entouré
d'une terrasse avec deux portes « à barreaux de fer doré »
pour descendre au parterre, au milieu duquel était « une
» statue, peinte et dorée, sur son piédestal de grès, repré-
» sentant la deesse Vénus .. » ; — de deux grands jardins,
l'un clos de murs, l'autre, sans clôture, orné d'allées et de
charmes, dont la principale allée était ornée, à son milieu, d'une « pyramide dorée sur son pied de grès... »,
et, à ses deux extremités, d'une « grande grille de fer
» dorée, portant au-dessus les armes du feu s^r Dubuc, père
» dudit s^r vendeur ». Avec ces terres labourables, trois
grands clos remplis d'arbres fruitiers, et deux petits
bois, la maison du fermier, le pressoir, deux granges,
plusieurs celliers, remises de carrosses fermées, écuries,
le tout composait « cinquante acres (40 hectares) de terres

» bailliées moyennant 900 livres de loyer par chacun an ».

Messire Claude Dubuc mourut au *commencement* de février 1743 à Orléans, paroisse de Notre Dame-du-Chemin. (L'inventaire de sa succession est daté du 6 février). Il avait eu trois enfants : 1° de son premier mariage, Claude-Joseph, qui va suivre ; 2° de son second, une fille, Elisabeth-Françoise, qui fut inhumée, âgée de 16 ans, dans la chapelle de Notre Dame-de-Pitié, le 5 décembre 1748, et un fils, Alexandre-Michel, qui fut aussi inhumé dans la même chapelle, à l'âge de 14 mois, le 17 avril 1742 (actes paroissiaux).

2° *Deuxième Dubuc*

Messire CLAUDE-JOSEPH DUBUC de LAUROY, fils de Claude, et de dame Marie-Catherine Huby, chevalier, seigneur de Lauroy, Vilaines et Colomiers, de la Brossette et Glatignies (acte de mariage du 22 octobre 1776), né en 1721, épousa le 19 septembre 1755 damoiselle Louise David de Conflans, fille de messire Louis, chevalier, seigneur de la Motte-Ennordres, et de dame Marie-Thérèse d'Orléans (1).

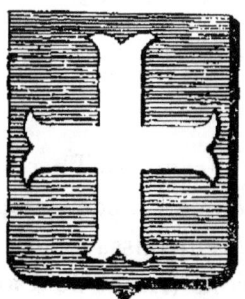

David de Conflans portait : d'azur à la croix ancrée d'argent.
(Chartr et français, généalogie d'Allaines).

Ce mariage lui donnait rang dans la parenté du chevalier Jacques-Marie d'Estampes, seigneur de la Motte-Ennordres, de la Parace, de la Brossette et autres lieux, qui avait été premier gentilhomme

---

(1) D'Orléans portait : d'argent, a 3 fasces de sinople accompagnées de 7 tourteaux de gueules, 3, 3 et 1.　　　(d'Hozier).
Supports : deux anges. Cimier : un ange Devise : Cunctis nota fides.
(La Th.)

de la chambre de monseigneur le prince de Dombes. Sa deuxième fille, Marie-Joseph-Françoise, devait un jour, par suite de cette parenté, posséder le château d'Ennordres avec une partie de ses dépendances.

Au contrat du mariage de Louis David de Conflans, 23 avril 1722, avec Marie-Thérèse d'Orléans, fille de Jacques, seigneur de Rère, paroisse de l'heillay, et de dame Elisabeth de Berthereau, M d'Estampes avait fait donation au futur époux, son neveu à la mode de Bretagne, de tous ses biens meubles et immeubles, sous la reserve de l'usufruit jusqu'à son décès, à la condition de transmettre, par préciput, à l'aîné « des enfants malles qui naîtront de » ce futur mariage », les fiefs de la Motte-Ennordres, de la Palace et de la Brossette. Cette clause ne put avoir son effet : Louis David de Conflans ne laissa que trois filles : Françoise Thérèse, qui mourut peu après lui ; Louise, dame Claude-Joseph Dubuc ; et Marie-Therèse, à qui sa sœur laissa la jouissance et la propriété de tous ses droits (Arch. de Lauroy, 11 août 1784)

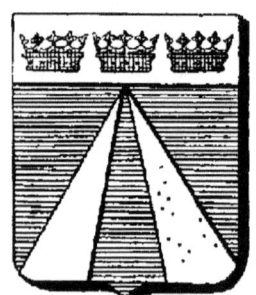

D'*Estampes* portait : d'azur, a deux pointes de giron d'or, au chef d'argent, chargé de 3 couronnes de gueules.
(La Th.)

Messire Jacques-Marie d'Estampes avait fait partie, au titre de gouverneur, de la maison militaire que le duc du Maine voulut constituer à son fils aîné, Louis-Auguste de Bourbon, prince de Dombes, lorsque ce jeune prince, âgé de 17 ans, partit sous la direction du comte d'Estrade, au commencement de 1717, pour aller servir en Hongrie contre les Turcs sous les ordres du célèbre prince Eugène. Le jeune prince se distinguait au siège de Belgrade, où le comte d'Estrade, 5 août 1717, fut mortellement blessé par un obus à ses côtés. A son départ, il avait reçu de son père de longues et intéressantes instructions, fort circonstanciées, dans lesquelles le chevalier d'Estampes est désigné comme son « pre- » mier gentilhomme de la chambre et son gouverneur, à » qui la porte du jeune prince sera toujours ouverte ». Un an plus tard, le duc du Maine était compromis dans la conspiration de Cellamare ; arrêté le 25 décembre 1718, il fut enfermé, par les ordres du Régent, au château de Doullens. M d'Estampes demeura personnellement attaché au jeune prince de Dombes, et à son frère, Louis-Charles de Bourbon, comte d'Eu. Parmi les gentilshommes qui devaient composer la maison des deux princes, il occupa le premier rang dans les instructions qui leur furent données par le comte de Toulouse, leur oncle.

Les Instructions du duc du Maine ont été publiées par Etienne Charavay dans la *Revue des documents historiques*, livraison de mars et avril 1879, p. 43, avec le mémoire complémentaire qu'avait fait, de son côté, le comte de Luc, ambassadeur de Vienne. L'original de ces deux documents avait été communiqué par M. Armand Dufour qui le possède en son château de Lauroy, la possession lui en étant demeurée par suite du mariage de son ancêtre Claude Joseph Dubuc.

Le 6 septembre 1741, Claude Joseph et sa sœur Elisabeth-Françoise avaient représenté Claude Dubuc, leur père, et dame Françoise de Ramaceul, son épouse, pour la bénédiction de la petite cloche de l'église de Clemon Cette cloche devait être brisée, 50 ans après, en octobre 1793, en exécution d'un ordre venu du district d'Aubigny.

Un titre de l'année 1746 dit Claude-Joseph « mousquetaire noir de la garde du Roy ».

En 1764, au rôle des nobles et privilégiés, pour l'imposition du vingtième, art. 3, le sr du Buc de Lauroy était taxé à la somme de 90 livres sur un revenu estimé 1800 livres, pour « sa terre, seigneurie, château, droits » seigneuriaux, domaines, etc... ». Cependant le contrôleur observait que — la terre de Lauroy ne produisant annuellement que 1630 livres de revenu, 10 septiers de seigle étant marqués à faux comme rentes seigneuriales, 30 septiers de bled noir étant portés indûment sur le rôle, ces divers objets montant à 100 livres de revenu, — il paraîtrait juste de réduire cette imposition à la somme de 85 livres par chaque vingtième (Arch. dép. C. 248).

Le 9 mai 1771, il était qualifié « chevalier, seigneur » de Lauroy, ancien capitaine au régiment mestre-de-» camp général cavalerie », sur l'acte du mariage de François Berton et Marguerite-Louise Vergnault ; ses filles y signaient, l'une « Adelaide de Lauroy », l'autre « Josephine de Glatignies ».

Le 29 juin 1778 il protestait, et faisait admettre sa protestation, contre les administrateurs du collège royal de Blois qui étaient propriétaires et détenteurs, sur le prieuré de Frame, paroisse de Brinon, de divers héritages, sis paroisse de Clemon, formant ensemble 71 septrées de terre, ces héritages étant tenus et chargés, envers les propriétaires du château de Lauroy (autrefois Louray), de l'obligation confirmée le 6 avril 1621, en faveur de Jean Midou.

Le 16 mars 1789 il prit part, à Bourges, à l'élection des délégués de la noblesse du Berry aux Etats Generaux.

Au rôle des impositions de l'exercice 1790 il était inscrit pour la somme totale de 238 livres 11 sols 3 deniers (93"7^s pour l'imposition principale, 47"3^1 pour les impositions accessoires, 74"2$^{'8}$ pour la capitation, 23"18$^{'7}$ pour la prestation des chemins). — Arch. dep. C. 248

Le 23 janvier 1791, il recevait des officiers municipaux de Clemon la demande de justifier de sa déclaration patriotique ; en réponse il leur envoyait le numéro 1047 (de sa déclaration) qu'il avait reçu de la municipalité d'Orléans, sans marquer (ce dont on se plaignait au district), le montant de sa déclaration. — Arch. dep. L. 509.

Le 25 avril 1792, la question de son droit de propriete sur la chapelle de Notre-Dame-de-Pitié, dans l'église de Clemon, sous le pretexte que « les privilèges étaient abolis », était soumise à l'assemblée communale. Dans une délibération, cette assemblée déclarait avoir reçu communication des titres qui mentionnent la propriété fonciere, et non seigneuriale, de la terre de Lauroy sur cette chapelle (voir page 77).

Cette même année 1792, messire Claude-Joseph Dubuc mourut à Lauroy et fut inhumé, le 1ᵉʳ octobre, dans le cimetière près de sa défunte epouse qui l'y avait précédé le 28 octobre 1783. (Arch. de Lauroy. Actes paroissiaux). Il laissait deux filles : Adélaïde-Louise-Victoire, qui va suivre ; et Marie Joseph-Françoise.

Alors que, durant leur jeunesse, sa sœur aînée signait, dans les actes, Adélaïde de Lauroy, la seconde, nous venons de le dire, signait Josephine de Glatignies, à cause du fief de Glatignies, situé à l'extrémité de la paroisse de Brinon (proche celle de Chaon, diocèse de Blois), qui était alors en la possession de la famille Dubuc. (Le 14 juin 1768, messire Dubuc donnait à bail la terre de Glatigny pour la somme de 1600 livres. — Etude d'Argent). Marie-Joseph-Françoise reçut en partage le château d'Ennordres et une partie des terres qui en dépendaient, le surplus restant alors rattaché à la terre de Lauroy. (Plus tard, Marie-Françoise, étant dame du Lac, vendit cette propriété à la famille de la Ronde qui l'occupe encore). Elle fut unie, le 9 septembre 1783 (le contrat est daté du 6 août), dans l'église de Clemon à messire Amable-Joseph Lancelot du Lac, seigneur de Montisambert, chevalier de l'ordre royal et militaire de saint Louis, lieutenant des vaisseaux du roy, capitaine au corps royal de marine, inspecteur résident de la manufacture royale d'armes à feu de Tulle. Leur seconde fille, Agathe-Thérèse-Josephine, née à Sully sur-Loire, vint habiter Clémont dès l'âge de 18 à 20 ans : elle y deceda le 26 juin 1870, âgée de 82 ans, ayant pris plusieurs dispositions bienfaisantes pour l'église et pour les pauvres de la paroisse.

3°. — *Troisieme Dubuc*

Damoiselle Adélaïde-Louise-Victoire Dubuc de Lauroy, fille aînée de Claude-Joseph et de dame Louise David de Conflans, née à Lauroy, en janvier 1758, eut pour parrain messire Louis David de Conflans, son aïeul maternel, et pour marraine dame Louise-Magdeleine de Pouzay, epouse de messire Jacques Huby, chevalier, seigneur de Lagny, president-tresorier de France du bureau de Paris, son grand-oncle.

Elle epousa en premières noces, le 14 mai 1782, en l'église de Clemon, messire Jean-Baptiste Langlois de Ramentières, chevalier, officier au regiment du roy cavallerie, fils de messire Michel, chevalier, seigneur de Chareil, en Bourbonnois (diocèse de Clermont), Lemay et autres lieux ; elle en etait veuve après quelques mois. — Le 6 juin 1791, elle épousa en deuxièmes noces, en ladite église (1), M. Antoine-Margueritte de Gaudart d'Al-

---

(1) Parmi les signataires de l'acte étaient : damoiselle Marie-Thérese David de Conflans, tante ; Marie-Hector de Loynes de Milbert, Alexandre-Jean-Louis-Anne de Loynes de Mazeres. — Le contrat était daté du 12 mai.

laines, cy-devant chevalier, seigneur des Champarts d'Allaines et Sainte Croix. né le 1 avril 1762. fils des défunts messire François-Maximilien. chevalier, seigneur de Maurepart, des Champarts d'Allaines, de Montgirault, de Sainte Croix et de Rouvray, capitaine au régiment Royal de Roussillon, chevalier de l'ordre royal et militaire de Saint-Louis (*Chartrier Français*, 1868, généalogie d'Allaines), et dame Marie-Magdeleine d'Orléans. damoiselle dame de Tracy, de la paroisse episcopale d'Orléans. M. Antoine-Marguerite de Gaudart d'Allaines était petit-fils, par sa mère, de messire François d'Orléans, chevalier. seigneur de Tracy, et de Marie de Lamirault. Reçu, sur ses preuves en noblesse, à l'école royale militaire de La Flèche, le 19 octobre 1770, il était présent à ladite école le 14 octobre 1771 et le 16 février 1773; il assista, le 16 mai 1789, à l'assemblée de la noblesse du bailliage d'Orléans (Catalogue des gentilshommes en 1789, par Louis de la Roque et Edouard Barthélemy. Tome II. Orleanais, p. 38 Bailliage d'Orléans Procès-verbal de l'assemblée générale des Trois Ordres. 16 mai 1789). Lieutenant en premier au régiment de la Sarre infanterie, il démissionnait le 4 mai 1791. Il fut chevalier du Lys le 30 juin 1815.

Le 7 juillet 1793, il écrivait au district d'Aubigny, demandant levée du séquestre d'un pré, sur Dampierre en Crot, qui appartenait à son cousin d'Orléans. capitaine au régiment de Limosin. « L'envoi du certificat de rési-
» dence militaire en Corse avait été demandé à Orléans :
» — cet envoi était difficile : — il devait subir des retards,
» vu la distance et les troubles qui règnent en Corse. »
Arch dép L. 508.

L'an 1802, Mme de Gaudard d'Allaines avait été marraine, avec son mari, de la petite cloche qui existe encore (1904).

Elle mourut à Lauroy le mois d'avril 1831 : son mari était mort le 31 décembre précédent. Ils laissaient deux enfants une fille, Célestine-Adélaïde, qui va suivre ; un fils, Etienne Maximilien, qui avait épousé en 1824 sa cousine germaine, Antoinette de Gaudart de Tracy.

Lors du partage qu'il fit, avec sa sœur, des biens de la terre de Lauroy, Etienne-Maximilien reçut les terres d'Ennordres qui étaient demeurées à leur mère. Jusqu'alors, il avait signé Gaudart de Lauroy. Après ce partage, il signa Gaudart de Tracy, à cause de sa résidence dans la terre de Tracy (paroisse de Nouan-le-Fuzelier, département de Loir-et-Cher). Il eut deux fils qui reprirent le nom de Gaudart d'Allaines, que leurs ancêtres avaient porté. Le premier, Alfred-Etienne Antoine, épousa en 1848 Melle Louise d'Alès de Corbet : il en eut huit enfants, dont l'aîné, M^r l'abbé Henri-Maximilien d'Allaines, est vicaire général de l'évêché d'Orléans. Le second, Léon-Maximilien François, qui possède encore une partie des terres d'Ennordres, épousa en 1855, Melle Marie-Hélène de Costé de Bagneaux.

M. de Gaudart d'Allaines, durant la période révolutionnaire, dut, par prudence, transférer sa demeure habituelle, puis son domicile officiel, à Clémont ; son affabilité, sa complaisance à se rendre utile, y furent très appréciées ; il put ainsi traverser, dans une paix relative, au château de Lauroy, cette période si périlleuse pour les représentants de l'ancien régime administratif. Nous avons vu, p 82 à 121, comment il sut y prendre une part active aux intérêts de la vie communale, faisant partie des commissions municipales, — offrant, à l'occasion, des dons patriotiques pour les armées, soit en nature, soit en argent, — s'inscrivant dans les souscriptions qui étaient votées pour fournir des subsistances dans les époques de plus grande disette. En retour la municipalité le garantissait contre toute suspicion d'incivisme, affirmait ses bons services d'agriculteur exploitant de ses mains son bien de Lauroy, et lui délivrait avec empressement le certificat de résidence (voir p. 92) qui avait été rendu indispensable par son inscription sur la liste des émigrés du département d'Eure et Loir, dans lequel était situé l'ancien fief d'Allaines. Le 15 brumaire an IV (5 novembre 1795), lors de la suppression des municipalités communales, l'assemblée générale le nommait encore agent municipal de la commune. Il en était nommé maire, par arrêté du préfet du Cher, du 12 germinal an XI (1er avril 1803), en place du « citoyen François Brière » qui avait démissionné le 15 prairial an X (3 juin 1802); Il prêtait serment, en cette qualité, au commencement de juin, pardevant le « citoyen Pierre Rousseau », maire de Brinon (Archives de Brinon). Nous avons vu, p. 190, 191, quelle part active il a prise, pour assurer le service du culte, en traitant la question de la location, puis de la reacquisition de l'ancienne propriété paroissiale du presbytère. Sous son administration, l'an 1815, fut refondue et bénite la grosse cloche de la paroisse qui eut pour « parrains les époux Jacques-» Victor Jullien et dame Marguerite Cœur, propriétaires ; » étant Potier, adjoint. Farnault et Vasnier, fabriciens » — Il demeura maire de la commune de Clémont jusqu'à son décès, 31 décembre 1830.

Extraction d'Allaines

D'après une étude publiée par le *Chartrier français* (2e année 1868) la famille de Gaudart d'Allaines descend de la très ancienne maison de Gaudart. que de nombreux actes orthographient indistinctement Godart, Godard,

Gaudart et Gaudard. Les preuves faites pour les écoles militaires, le 9 octobre 1770, par Antoine-Marguerite font remonter les ascendants de sa maison à Claude de Gaudart qui épousa Hélène de la Beschière, le 9 novembre 1534, et qui était petit-fils de Guillaume de Gaudart, né en 1414.

Le titre d'Allaines, qui plus tard fut ajouté au nom patronymique de Gaudart, a été confirmé par des jugements en date du 21 décembre 1864 et 18 janvier 1865. Il provenait du fief des Champarts d'Allaines, apporté en mariage à Jean de Gaudart, le 8 novembre 1637, par dame Louise de Villereau, pour sa demi-part; à cette demi-part vint se joindre plus tard celle de sa sœur Suzanne, veuve de Jean de Bombel, écuyer, seigneur de Cossolles. Les Champarts d'Allaines se composaient de la douzième gerbe de tous grains, pris sur l'étendue du fief, ou des terres relevant de la seigneurie de Grand-Cour et Allaines.

Parmi ses illustrations, la branche des Gaudart, seigneurs des Champarts d'Allaines, peut compter de nombreux officiers au service de France, quatre chevaliers de l'ordre royal et militaire de Saint-Louis, un gentilhomme ordinaire de la Chambre du roy en 1571, un maréchal des logis général en 1653, et un chevalier du Lys en 1815.

ARTICLE 3. — DE GAUDART D'ALLAINES

Mademoiselle Célestine-Adélaïde de Gaudart d'Allaines, fille de M. Antoine-Marguerite, et de dame Louise-Victoire-Adélaïde Dubuc, née et ondoyée le 10 septembre 1798, reçut les cérémonies du baptême le 24 octobre 1805. Elle eut pour parrain son oncle Maximilien de Gaudart d'Allaines, et pour marraine sa cousine Renée-Marguerite David, veuve de Troussebois (Actes paroissiaux)

Elle épousa en premières noces, le 11 décembre 1832, en l'église de Clémont, M. Armand-Louis Dufour, né à Malines (Belgique), le 24 vendémiaire an VI (11 octobre 1797). — Registre des naissances du canton de Malines, département des Deux-Nèthes, où il est inscrit sous le nom de Armand-Louis du Four, ancien garde du corps de 1re classe (lieutenant) de 1816 à 1830, chevalier de l'ordre royal et militaire da Saint Ferdinand (Espagne), ayant fait la campagne d'Espagne en 1824, fils de Joseph-Marc-Melchior Dufour, commissaire des guerres, et de Catherine-Julie Chauvin

De Gaudart d'Allaines porte : de gueules au lion d'or, couronné de même, accompagné de cinq fleurs de lis d'or, posées 2. 2 et 1. Cimier : un lion d'or.
Devise : Spe et fide

M. Armand-Louis Dufour, fut maire de la commune de Clemont, depuis le 13 août 1837 jusqu'à son décès, le 12 mai 1839. La vigilance et l'intelligence de son administration en firent regretter vivement la trop courte durée.

Mme Celestine-Adelaïde de Gaudart d'Allaines. épousa en deuxièmes noces, le 3 septembre 1845. M. Benoît-Marie Bertrand, fils de Gabriel-Benoît-François et de dame Marie-Anne Carmelle d'Acétis; elle mourut à Lauroy, le 19 septembre 1862. Par testament du 20 mai, elle avait fait une donation a la Fabrique de Clémont pour l'entretien de l'Oculus (rosace) qui est au-dessus de la grande porte de l'église et dont le conseil de Fabrique. par économie sans doute, avait précédemment voté la fermeture.

Elle laissait deux enfants : 1° de son premier mariage,

CHATEAU DE LAUROY — CLEMONT (Cher).

Façade Sud et Terrasse.

un fils Alfred-Joseph-Armand Dufour, qui suit, 2° de son second, une fille, mademoiselle Adèle Bertrand, qui épousa M. Xavier Maître, et reçut en partage les terres des Roujoux, des Courtins, de Maisonneuve, de Boucherioux et du Crot.

ARTICLE 4. — DUFOUR

M. Alfred-Joseph Armand Dufour, fils d'Armand Louis, et de dame Célestine Adélaïde de Gaudart d'Allaines, est actuellement propriétaire de la terre de Lauroy.

Dans la soirée du 26 décembre 1870, malgré la présence de plusieurs blessés de l'armée française qui étaient soignés au château de Lauroy sous la protection de la Société de secours, dite Société de la Croix-rouge, il dut y subir jusqu'au lendemain matin l'occupation d'une partie du détachement de l'armée ennemie dont nous avons parlé page 152. Le salon devint la chambre commune des officiers. Les alentours de Lauroy furent de suite munis de postes avancés.

D'azur à un soleil d'or.

Peu s'en fallut que le propriétaire ne pût être chez lui pour recevoir si agréable visite. Il venait de partir pour se joindre, avec le sieur Pierre Boucher, à une embuscade qui s'était postée au bois des Courtins dans le but de surprendre les éclaireurs ennemis que l'on avait vus traversant le bourg dans la matinée. Une bonne providence l'avertit assez à temps pour qu'il pût rentrer rapidement et mettre en lieu sûr l'arme dont il s'était muni, mais qui n'é-

DUFOUR

Extraction (1) :

Jean Dufour, lieutenant de la vis-sénéchaussée de Saint-Amand, généralité de Bourges

onze enfants | mort en 1728

Dont le 9ᵉ Jean-Antoine-François, lieutenant-général en la châtellenie de La Bruyère-Laubépin, de Cérilly
1695 | 1750

Fils aîné, Joseph, receveur de la venerie royale de Souvigny
| 1762

Fils aîné, Joseph-Marc-Melchior, commissaire des guerres an X (1802)
1769 | 1853

Fils aîné, Armand-Louis, garde du corps du roy
1797 | 1839

Fils aîné, Alfred-Joseph-Armand, propriétaire de Lautoy
1838-

(1) Sont à mentionner aussi 1° Joseph-Nicolas Dufour, frère de Joseph, né en 1710, reçu chevalier de Malte, le 3 juillet 1751, lière, prêtre et commandeur de Lieu-Dieu en 1755, de la vénérable langue d'Auvergne (Paris, Bibliothèque nationale. Département des imprimés. Langue d'Auvergne. Liste des chevaliers 1778)
2° René Dufour, deuxième fils de Marc-Melchior, né à Liège (Belgique), le 11 décembre 1801, intendant militaire de la division d'Oran (Algérie), officier de la Légion d'Honneur, mort à Oran, le 6 octobre 1857. Sa fille unique, Blanche, épousa le général de division, baron Durrieu, qui fut le dernier gouverneur militaire de l'Algérie, en 1870; elle mourut le 9 mai 1898. (Renseignements généalogiques extraits de la notice sur la famille, établie par M. Marcel Dufour, intendant militaire à Alger, arrière-petit-fils de Joseph Dufour.

tait pas de circonstance favorable pour la réception de ses hôtes. — Le presbytère eut aussi, à cette occasion, ses hôtes allemands.

En l'année 1895, il a restauré la chapelle Notre-Dame-de-Pitié, dont les titres de 1613, 1617 et 1715, reconnaissent la propriété foncière, nous l'avons exposé, p. 77 et 253, aux propriétaires de Lauroy. Lorsqu'il fut question de classer parmi les monuments historiques la dalle funéraire qui représente le chevalier Jean de Gamaches la décision ministérielle du 2 mai 1892, qui établit ce classement, ne fut prise qu'après la demande et la concession de l'acquiescement du propriétaire de ladite chapelle et de ladite pierre tombale.

En l'année 1896, lors de la restauration du sanctuaire et de l'établissement du vitrail qui fut alors placé au-dessus du maître-autel, pour nous conformer à la tradition qui est rapportée dans un titre des archives du château (voir pages 218 et 239), nous fîmes placer dans un panneau les armes du susdit chevalier Jean de Gamacher, époux de Marguerite de Blet, qui fut, à la fin du XVe siècle, le restaurateur de l'église de Clémon. Le propriétaire actuel de Lauroy ayant bienveillamment et notablement contribué de ses ressources personnelles à l'établissement de ce vitrail, nous avons cru devoir placer aussi dans le second panneau, les armes qui ont été reconnues, le 18 février 1701 (manuscrit d'Hozier, reg. 1er, état du 24 décembre 1700, n° 70, droit 20 livres) a Jean Dufour, son quatrisaïeul. « d'azur à un soleil « d'or ».

ANNEXES

1º LISTE DES CONSEILLERS DE FABRIQUE

Furent installés conseillers de la Fabrique de l'église paroissiale de Clémont, le 24 mars 1811, à la constitution du conseil :

MM.
Jacques-Victor JULLIEN, propriétaire, jusqu'en 1827.
Jean-Pierre BORDERIOUX, jusqu'en 1817.
Etienne ROMION, marchand, jusqu'en 1817.
Jean FARNAULT, propriétaire, mort en 1825.
André BARBEROUSSE, cultivateur, mort en 1811.

Ont été leurs successeurs

MM.
1812 à 1820. Simon VANNIER.
1817 à 1823. Pierre CAMUS, meunier à Beine.
1817 à 1844. Jacques-Barthélemy GARNIER, maréchal, trésorier.
1821 à 1830. Jean RAGU, propriétaire de la Bourdinière.
1823 à 1840. Jacques-Victor LAMPERIÈRE.
1826 à 1830. Nicolas MILET, marchand épicier, devenu maire.
1827 à 1843. Jean-Etienne ROMION.
1830 à 1831. Florimond ROUSSEAU, devenu adjoint
1831 à 1832. 2ᵉ fois. Jacques-Victor JULLIEN.
1831 à 1833. Sébastien-Benjamin POTIER.
1833 à 1837. Armand DUFOUR, devenu maire.
1834 à 1863. René DAMON.
1837 à 1861. 2ᵉ fois. Nicolas MILET.

1841 à 1843. Hubert-Benjamin POTIER, devenu adjoint.

1843 à 1845. Jacques Etienne VIBUGUÉ.

1844 à 1895. Alexis FAHUET, menuisier, trésorier depuis 1845.

1845 à 1849. Benoît-Marie BERTRAND, devenu adjoint, puis maire.

1845 à 1880 Gabriel Huet.

1849 à 18 . 2ᵉ fois. Benjamin POTIER.

1862 à 1891. François TAVARD, éclusier.

1880 à 1899 Docteur Albert BOYER.

1894 à 1898. Hippolyte GAUTIER, menuisier.

Sont, de présent, membres du conseil

MM.

depuis

1864. Joseph-Armand DUROUR, propriétaire de Lauroy

1892. Théodore GUILLAUMIN, propriétaire de la Bourdinière.

1896. Fernand DEROUETTE, menuisier, trésorier.

1898. Henri DEJOULX, au Gué-Péron.

1900. Louis BOURDON, charron-épicier.

2⁰ LISTE DES CURÉS DE LA PAROISSE DE CLÉMONT

1° Discrette personne Bertrand BRIBARD, 11 février 1538 et 26 juin 1539.

2° Discrette personne Jehan ROUSSEAU, inhumé chapelle du Sacré-Cœur.   à   décembre 1539.

3° Discrette personne Jean DUBOIS, en 1574 à 1581.

4° Discrette personne X. MEUNIER, juin 1581.

5° Discrette personne Pierre NAUDIN, (prieur de St-Martin en 1607)... en 1594.

6° Discrette personne Thomas Peron, en 1601 à may 1622.

7° Messire Claude Ageorges, de juin 1622 à mai 1665.

8° Messire François Autier. de juin 1665 à 1ᵉʳ janvier 1694.

9° Messire Maria Pinguet, de 9 janvier 1694 à décembre 1705.

10° Messire Guillaume Pommeraye, de juillet 1706 à février 1710.

11° Messire Rene Lauverjat, de juin 1710 à octobre 1716.

12° Messire Armand Baucheton, de novembre 1716 à avril 1734.

13° Messire François Hupy, de juin 1724 à novembre 1750

14° Messire Jean-Pierre-Innocent Bellegary, de janvier 1751 à 25 avril 1766

15° Messire Jean-François-Gabriel Vergnault, (titulaire, dès 1786, du prieuré Saint Martin.) de juillet 1766 à 13 fevrier 1791, assermente jusqu'à 11 février 1794.

16° Monsieur Joseph Gressin, 1ᵉʳ ministère (libre), de juin 1794 à juillet 1798.

17° Monsieur Joseph-François-Pierre Harang. assermente, de juillet 1798 à septembre 1802.

18° Monsieur Joseph Gressin. 2ᵉ ministère (officiel) de septembre 1802 à mars 1804.

19° Monsieur X Auger, 1804 à 1806.

20° Monsieur Jacques Gounot 1807 à 1818.

21° Monsieur Jacques Frederic Pisseau (interim), curé de Cerdon, 1818 à 1821.

22° Monsieur Jacques Dugenne, de fevrier 1821 à juillet 1830.

23° Monsieur Marie-Charles Gaucher, de juillet 1830 à juin 1841.

MÉMORIAL DE LA COMMUNE ET PAROISSE DE CLÉMONT 281

24° Monsieur Jean-Baptiste Mijotte, de juillet 1841 à février 1867.

25° Monsieur Jules Michel Lubières, de février 1867 à décembre 1891.

26° Monsieur Prosper Guillot (interim), vicaire administrateur, décembre 1891 à février 1892.

27° Monsieur Marie-Auguste-Antoine Duplaix, 16 février 1892 à 2 mars 1905.

28° Monsieur Charles Coutant, 15 mars 1905 à

LISTE DE QUELQUES NOMS DE VICAIRES DE CLEMONT

De 1611 à 1615. Condault, prêtre.

De septembre 1614 à avril 1615 Thomas. prêtre

De mai 1622 à janvier 1661. Guillaume Thoret, vicaire.

De avril 1661 à mars 1663. Blondeau, vicaire.

De juillet 1663 à octobre 1665. Sabot, vicaire.

Octobre 1678. François Durand, vicaire.

De octobre 1690 à octobre 1693. Decorsant, prieur de Saint-Caprais.

De octobre 1693 à   1694. Charles Pinguet, curé de Plou, service transitoire.

May 1697. Dutreilh, vicaire.

3 Avril 1703. Simon Lherault, prêtre, vicaire

De   1705 à   1706. Nohen, prêtre desservant Clemon.

1ᵉʳ May 1724. Meffre, vicaire desservant la paroisse de Clemon.

1725. Estienne Gaucher, prêtre, chanoine de Léré et vicaire de Clemon.

18 Novembre 1750. Philibert-François Poignant, vicaire

1765. Maistre Jean-Baptiste Quillerier, vicaire.

1791. Yves Bouiry, vicaire (assermenté).

3° Notices curiales

Bertrand Bribard. — Le 11 fevrier 1538, Jehan Bribard, marchand, demeurant au bourg de Clemon, père dudit et au nom dudit sieur curé, après les proclamations d'usage au prône, baillait à Estienne Camus, marchand et cousturier, demeurant au bourg de Clemon, pour la somme de 15 sols tournoys de rente « annuelle et perpé-
» tuelle, et 2 deniers tournoys de cens, pour le proffisr
» et utilité de ladite cure, une place, déclarée vayne, en
» friche et ruyne, appartenant audit curé, contenant la
» somme d'un boisseau de bled, seigle, mesure d'argent
» ou environ, assise au bourg dudit Clemon, et joignant
» près le cimetière de ladite église de Clemon, tenant
» d'un long à la rue Creuse, d'autre au chemin par lequel
» on va dudit Clemon au lieu de La Fin, d'un bout au
» presbitaire de ladite église, une haye entredeulx et
» d'autre au cemetière de ladite eglise, à la charge de
» bastir et édiffier, dedans deux ans d'huy, une maison à
» demeure, bonne et convenable, et icelle entretenir
» bien et deument au bon et suffisant estat et en tel
» estat que ladite maison et place vallent par chacun an
» lesdits cens et rentes. » (voir p. 139).

Thomas Peron. — De 1601 à 1622 commença la tenue des registres paroissiaux concernant les actes des baptêmes mariages et sépultures.

Claude Ageorge. — Résilia en mai 1665 son ministère pastoral, et finit ses jours à Clemon le 20 octobre 1668, dans la maison de la rue de Cerdon, dite de la Croix-Rouge. Il avait acquis cette maison, le 28 octobre 1640, de « Pierre Regnier, tixier en thoilles, de-
» meurant en la paroisse de Coullons »; elle « se con-
» sistait en trois chastz, deux desquels a cheminee. » —

Arch. dép. liasse 61. Clemont. Fabrique. — Il eut, dans le cœur de l'église, du côté de l'epître, une epitaphe, avec mention de « la fondation qu'il avait faite » (voir p. 235).

François AUTIER. — Mort le 1ᵉʳ janvier 1694, durant la grande epidémie qui causa 44 décès dans les quatre derniers mois de 1693, et 169 dans le cours de l'année 1694. Par son testament du 7 octobre 1693, il légua à la Fabrique paroissiale une rente, au capital de 520 livres, qu'il avait reçue, par contrat du 4 mars, de Marie Petit, veuve de deff. Jouachim-Estienne Savart, et de Jean Savart (Etude d'Argent). — Le 5 juillet 1687, par acte reçu présent François Champault, notaire royal à Concorsault, il avait fait l'abandon de la portion du dixme qui appartenait à la cure, au profit du seigneur de Clemon « pour 300 livres de la *pantion congrue* à ladite cure, et celle de 150 livres pour la *pantion* du vicaire. »

Guillaume POMMERAYE. — Originaire de Bretagne, decrivait, le 22 septembre 1709, plusieurs désastreux événements de 1706, 1707 et 1709, dans la note que nous reproduisons p. 60.

René LAUVERJAT — Entreprit en 1716, inutilement, de contester le droit des nouveaux propriétaires de Lauroy sur la chapelle de Notre-Dame-de-Pitié (voir p. 253).

Armand BAUCHETON. — Etait-il poète, versificateur latin ? En 1721, il signait le distique suivant :

« *Sunt levis umbra dies dominis, perit umbra diesque,*
» *Sed parit aeternos, dum perit, umbra dies.* »

que nous traduisons :

Ombre légère à l'homme sont les jours ;
L'Ombre périt comme ont péri les jours.
Où finit sa longévité,
Là commence l'éternité.

Etait-il aussi chasseur, musicien ? — Dans l'inventaire qui fut dressé de son mobilier après son décès, on trouve : un fusil qui tire a gauche, estimé, avec la *gibcier* et la poire (à poudre) 20 livres, et un violon estimé 6 livres. — Arch. dép. B. 4011.

François HUPY. — Mourut en 1750. âgé de 62 ans, durant une épidémie. (L'année 1750 eût 88 décès). Il fut inhumé dans le cimetière.

Innocent BELLEGARY. — Conclut une transaction avec messire Etienne-Claude Fizeaux, seigneur de Clemon « pour raison des Novalles de cette paroisse, en date du » 23 juin 1761 ». Il mourut en son presbytère le 25 avril 1766, âgé de 45 ans. et fut inhumé le lendemain dans l'église d'Aubigny. Les scellés, apposés le 27 par le bailly de la Justice sur ses meubles et son logement, furent levés le 5 mai « sur réquisitoire présenté par » maître Innocent-Pierre Bellegary (son père), greffier » de la duché et pairie d'Aubigny ». Nous avons donné p. 141, la tradition qui rapporte l'incident de sa mort près de la Rondelière.

Joseph GRESSIN. — Ancien curé de Souesmes, retiré depuis novembre 1785 dans sa propriété de Baudian, rendit à cette paroisse, durant la période révolutionnaire de 1793, d'inappréciables services dont le souvenir n'est pas effacé. Ses parents, messire Joseph-François Gressin des Fleuriers. licencié en lois fermier général (percepteur des revenus) du seigneur de Brinon, et dame Jeanne-Suzanne Cirodde, demeurant au château et paroisse de Brinon. avaient acheté, pour la somme de 12.700 livres, par acte du 1 juin 1753, — de messire Louis-François Nouel de Tourville, ecuyer, sieur de Buzonnière, conseiller du Roy, trésorier de France au bureau des finances de la généralité d'Orléans —, le lieu et métairie appelé Baudian. consistant — en bâtiment pour le maître, bâtiment pour le fermier, manœuvrerie, — situés en la paroisse de Clemon et en celle de Brinon. Ils possedèrent aussi les lieux dits, La Motte, la Grande et la Petite Planche, et la moitié de Villeplée-sur-Argent. Après la mort de son père, M. Gressin, alors curé de Souesmes, avec ses frères et sœurs eut à soutenir contre le seigneur de Lauroy, au sujet d'un droit de pacage du lieu de la Grande-Planche sur les Aulnoys, un long procès qui dura de 1778 à 1787.

M. Gressin avait fait construire, près du ruisseau des Landes, qui sépare les territoires de Brinon et de Clemon, sur celui de Brinon, une petite chapelle employée aujourd'hui à des usages profanes, où l'on voit encore quelques traces de peinture et de l'emplacement de l'autel. Près du domaine, sur le territoire de Clemont, est une fontaine qui porte le nom de Saint-Hippolyte.

Après le rétablissement du culte, la presence de M. Gressin à Baudran, et la ferveur de son zèle, malgré son âge avance, valurent à la commune de Clémont l'avantage du service paroissial dès cette epoque, quelque grande que fût alors la pénurie des prêtres qui avait été produite, tant par les sanglantes exécutions ou proscriptions révolutionnaires que par les privations de la prison et de l'exil. Ayant accepté le service de la paroisse, il aurait, pour une grande part, reconstitué de ses propres deniers le mobilier du culte. Ses restes reposent au pied de la croix commune du cimetière, où ils ont été transférés vers 1890.

Jacques GOUNOT. — Entreprit, en 1808 et 1809, la reconstitution des actes des baptêmes qui avaient été administrés de 1791 à 1804.

Jacques DUGENVE. — En vertu d'une délibération municipale du 15 juin 1827 executa à ses frais un agrandissement notable de la sacristie, faisant emploi de matériaux qui avaient été extraits du cimetière et dont il lui était fait abandon. Il aurait construit, de son travail personnel, les grilles en bois des fonts baptismaux, ainsi que celles qui, dans le cours du XIX^s siècle, surmontaient les stalles du chœur et étaient de même forme et grandeur.

Jean-Baptiste Mijotte, très industrieux dans les travaux manuels, très versé dans les sciences physiques et astronomiques, rendit aux habitants de Clémont, par son habileté médicale, des services que l'on rappelle encore. En 1865, par ses soins, une mission fut donnée à la paroisse ; elle fut prêchée par le R. P. Joseph, Religieux barnabite de la résidence d'Aubigny. Il quitta la paroisse de Clémont pour le doyenné d'Eguzon (Indre) où il mourait en 1885, léguant à son ancienne paroisse un beau calice en vermeil d'un style assez rare. Durant son séjour à Clémont, de 1841 à 1867, la commune fut enrichie par la construction du canal de la Sologne qui est alimenté par la rivière de Sauldre, et des crédits furent votés en 1865 par la municipalité pour la reconstruction des bâtiments de service et la clôture du presbytère le long de la route d'Isdes (dépense faite, 4 mille 56 francs, réglée en 1869).

Michel Lubières, originaire de l'Auvergne, vicaire de Jars, puis curé de Vereaux, venu à Clémont en février 1867, entreprit un commencement de restauration intérieure de l'église, en faisant gratter (débadigeonner) les pierres de taille, et reproduire l'appareil aux voûtes du chœur, de la nef centrale et de trois chapelles, ainsi que sur une partie des murs. Sous son administration, en 1875, sévit une très grosse épidémie, pendant laquelle fut prononcé le vœu de la procession annuelle du premier dimanche de juillet. Secouru depuis le mois de juillet, par le service d'un vicaire, il mourut le 19 décembre 1891 ; ses restes furent transférés en décembre 1892, près de ceux de M. l'abbé Chassignol, dans le caveau funéraire qui fut alors construit, après acquisition du terrain réservé, pour servir de sépulture aux curés de la paroisse de Clemont.

4°. — Baptêmes de cloches

« 27 mai 1697. — Aujourd'hui vingt-septième may 1697
» a esté faicte la benediction de la petite cloche nom-
» mée Anne, par Monsieur d'Estampes, chevalier, sei-
» gneur de la Mothe d'Enordre, et de la paroisse, et par
» haute et puissante dame Anne de Gamaches, dame
» d'Argent, Clemon et Villezon. La ceremonie a esté
» faicte par moy soussigne messire Marie Pinguet,
» prestre, curé de Clemon ».

Signé « Destampes, Gamache, de Gauville, Bra-
» chet, Herveau, fabricien, Dutreilh, vic.. Mosnier,
» Pisseau, Brassin, M. Pinguet, curé ».

3 avril 1703. — « L'an mil sept cent trois, le troisième
» jour d'avril a esté faite la benédiction de la grosse clo-
» che de cette église paroissiale par moi messire Simon
» Lherault, prestre, vicaire de Clemon, soussigné avec la
» permission de M.. vicaire général de monseigneur
» nôtre archevesque en date du dixième jour de mars
» dernier signé M... et de la porte, et a esté nommée
» Marie-Estienne par messire Maria Pinguet, prestre,
» curé de cette paroisse de Clemon, et par dame Pétro-
» nille Rat, femme messire Jean Villoingt, bailly de Cle-
» mon, d'Argent et de Villezon. La ditte benédiction a

» esté faite en présence des soussignés et plusieurs
» autres ».

Signé : « M. Pinguet, Brassin, Herveau, Bureau, Damond, Bruslé, Barbellion, Drais, B. Bargevin, Vallot, Voisin, Gabriel Thibault, Guimonet, F. Rousseau, f Rousseau, Gaurier, Lherault »

« 19ᵉ may 1719 a été bénite la petite cloche de cette
» eglise paroissiale pour l'usage de ladite église par
» messire Gervais Thoumazon, curé de Méry en-bois, en
» vertu de pouvoir à luy accordé par Monsieur Simon,
» vicaire général de Monseigneur en datte du septième
» jour du présent mois et an et la ditte cloche a été nom-
» mée par messire Armand Baucheton, curé de la ditte
» paroisse, et Françoise Meneau, Armand Françoise, pré-
» sence de Louis Barbelion, Guillaume Brusle, procu-
» reurs fabriciens, et plusieurs autres habitants dont
» acte ».

Signé : Baucheton, curé de Clemon.

6 septembre 1741. — « L'an 1741, le sixième jour de
» septembre, a été bénite la petite cloche de cette église
» paroissiale par moi curé soussigné François Hupy.
» La dite cloche a été nommée *françoise* par messire
» Claude-Joseph Du Buc et damoiselle Elisabeth-Fran-
» çoise Du Buc, qui ont représenté messire Claude Du
» Buc, ecuyer, seigneur de Lauroy, et dame Françoise de
« Ramaceul, son épouse, dont acte ».

Signé : Elisabeth-Françoise Dubuc, Claude Dubuc, Fr. Hupy ».

Avril 1788. Refonte d'une cloche (voir lettre Vergnault 1791. Article : Prieuré Saint-Martin, p. 138.)

Inscriptions des cloches actuelles

1802. — « L'an 1802, j'ai été nommée Adélaïde-Céles-
» tine par messire Antoine-Marguerite de Gaudard-Da-
» laine, ancien officier du régiment d'infanterie de La
» Sarre et par m. d. e Adelaïde-Louise-Victoire Dubuc.
» de Lauroy, son épouse, tous les deux domiciliés de
» cette commune de Clémont, résideants à Lauroy ».

« M Brière, maire. S B. Potier, adjoin. me. r. i.
« Etiève et L. Barberousse, gagiers. p. Chassignol ».

1815 — « L'an 1815, j'ai été benie par Mr Jacques
» Gounot, desservant la paroisse de Clemont, et nommée
» Etienne-Victor-Marguerite par Mr Jacques-Victor
» Jullien et par dame Margueritte Cœur, son épouse,
» propriétaire, en presence de Mrs Antoine-Margueritte
» de Gaudard-Dalaine. maire, Sébastien Benjamin
» Pottier. adjoint. Jean Farnault et Simon Vannier, fa-
» briciens ».

Collin et Husson, fondeurs.

5° Inhumations faites dans l'église de Clemon de 1632 a 1758

I. — Dans le chœur

13 may 1622. Discrète personne messire Thomas
Peron, quand vivait, prestre, curé de la paroisse de
Clemon.

8 juillet 1662. Messire Guillaume Thoret, prestre,
vicaire de l'eglise de Clemon pendant un long temps
(de 1622 à 1661)

21 octobre 1668. Messire Claude Ageorge. cy-devant
curé, âgé de 82 ans (au milieu du chœur).

8 octobre 1693. R. P. Charles de Gyvès, prieur de la
Magdeleine de Framey

3 janvier 1694. Messire François AUTIER, curé de cette paroisse, âge de 78 ans, mort durant une épidémie.

4 février 1710. Messire Guillaume POMMERAYE, curé de cette paroisse (milieu du chœur).

2 avril 1724. Messire Armand BAUCHETON, curé de Clemon, âgé de 42 ans.

II. — Dans la chapelle de Notre-Dame-de-Pitié

Fin 1479. Guillaume DE GAMACHES et dame Phileberte DE FOUCAUD

Epitaphe. — Cy gisent nobles personnes Guillaume de Gamaches et dame Phileberte de Foucaud, vivant seigneur, et dame de Louray et Sury au Boys, qui deceddèrent le roy Loys XI de ce nom, regnant en France. Priez Dieu pour leurs ames.

Juillet 1518. Jean DE GAMACHES

Epitaphe. — Cy gist noble seigneur messire Jehan de Gamache, en son vivant chevalier, seigneur de Louray Quinquenpoy et Sury au Boys qui decedda....... XII¹ .... le XIX⁰ jour de juillet mil V⁰ et XVIII. Priez Dieu pour luy.

Note. — La pierre ayant été usée, sur le côté droit, par le frottement des passages, alors qu'elle était dans le carrelage, l'inscription ne peut être donnée intégralement. Nous inclinons à croire, après examen des quelques lettres ou traces de lettres, qui demeurent encore, qu'elle pourrait être complétée en ce sens : — et Sury-au-Boys [qui decedda en son chastel de Quinquenpoy le « XII (ou XIII) et fut inhumé à Clemon le XIX.d......]

8 décembre 1624. BERAULT DE BONESTAT, quand vivait, de la paroisse de Pierrefite-en-Bois.

EGLISE DE CLEMONT (Cher).
PIERRE TOMBALE.

JEAN DE GAMACHES,

26 juin 1625. Jean Mydou, écuyer, seigneur de Lauroy.

18 juin 1640. Le cœur de deffunt messire DE LAMITOUR, époux de dame Gabrielle Midou.

13 decembre 1662 Dame Gabrielle Midou, veuve de deffunt Louis d'Angesi, escuyer, seigneur de Lamitour.

3 janvier 1663. Dame Suzanne Buzy, femme de Jean Midou, escuyer, s^r de Lauroy.

3 janvier 1663. Damoiselle Catherine, leur fille.

12 may 1663. Dame Catherine Dufour, veuve de deffunt Jean Mydou, escuyer, s^r de Lauroy.

3 may 1670. Damoiselle Marie, 2 ans, fille de Jean Midou, escuyer, s^r de Lauroy, et de dame Marie Briçonnet.

18 octobre 1678. Marie, fille de.... les mêmes.

27 mars 1683. Jehan Midou, escuyer, s^r de Lauroy et autres lieux, décédé à Orléans, le 4 de ce mois, en la paroisse de l'Alleu Saint-Mesmin

19 janvier 1722. Damoiselle Marguerite, 32 ans, fille de messire Nicolas Dubuc, escuyer, conseiller du Roy, et de dame Marie-Marguerite LE SUEUR DE MIIRY.

17 avril 1742. Alexandre Michel, 14 mois, fils de messire Claude Dubuc, Sr de Lauroy, et de dame Françoise de Ramaceul.

5 décembre 1748. Damoiselle Elisabeth, 16 ans, fille de deffunct... (les mêmes)...

III. *Dans la chapelle de St-Blaise (aujourd'hui, du Sacré-Cœur)*

3 decembre 1539 Vénérable et discrète personne messire Jehan Rousseau, prêtre de cette paroisse.

De 1622 à 1660. Sept membres de la famille de MAU-

Bruny, seigneurs de La Fontaine, de La Mothe-d'Argent, de la Grande et de la Petite-Planche.

14 avril 1634. Gabriel Charles, fils de Monsieur de Tracy.

IV. Dans la chapelle de l'Assomption de Notre Dame

1° Devant ou proche l'autel

En 1528. Jean Rogeon, peigneur et cardeur au bourg de Clemon, propriétaire des Roujoulx, fondateur par testament (voir page 298).

14 juillet 1660 Augustin, fils de prudent homme Antoine de la Boullay, propriétaire de la Terre et Seigneurie de Brinon.

26 janvier 1662. Anne Margat, femme de messire Adam Rouer, notaire et procureur à Clemon.

9 janvier 1725. Marie Guimonet, veufve de Pierre Merlin, laboureur à La Bourdinière, fondatrice (voir page 302).

De 1658 à 1772. Neuf autres inhumations : Fousquer-Desforges, marchand-hostelier ; Vallot-Gimonet ; Bollard-Belu, maître-foulon ; Daniel-Guimonet ; Barbellion-Rousseau ; Azambourg-Joubert, meunier au Gué-Peron.

2° Dans la chapelle

26 janvier 1727. Pierre Billard, 35 ans, marchand, mary de Jeanne Rivat.

19 février 1736. Marie Morel, 50 ans, veufve de François Brassin, ancien procureur.

24 février 1736 Maître François Brière, 36 ans, procureur fiscal de cette justice, époux de dame Marie-Jeanne Brassin.

2° Devant les Fonts Baptismaux

14 novembre 1730. Jean BARDIN, 65 ans, meunier au Gue-Perron, veuf de Jeanne COIFFIER, fondateur.

V. *Dans la chapelle de Ste-Marguerite (aujourd'hui de St Joseph)*

3 janvier 1635. Françoise JAUPITRE, veuve de feu Jean BOURDIN, marchand, fondatrice (voir p. 301).

17 novembre 1638 Maistre Jean VILLABON, procureur fiscal et notaire.

30 octobre 1648. Maistre Isaac VILLABON, procureur fiscal et notaire, époux de dame Charlotte PERRAT

1ᵉʳ décembre 1657. Prudent homme Geoffroy LEJAY, bourgeois, demeurant au bourg de Brinon.

11 avril 1663. Joseph, fils de honorable homme Martin BIONDEAU, advocat

18 septembre 1669. N... fille de Maître Julien PELLERIN, procureur à Brinon, diocèse d'Orléans, et de Anne VILLABON.

1671. Près de la petite porte Trois enfants d'Ythier GEOFFRENET, maistre chirurgien, et d'honneste femme Marie ROBIN.

4 janvier 1684. Charles VILLABON, 63 ans, procureur fiscal de la chastelenie de Clemon.

28 octobre 1689 Prudent homme maistre Jean VILLABON, 45 ans, procureur général en cette justice et en la justice de Brinon, époux de honneste et vertueuse dame Gabrielle BOITHEAU.

28 septembre 1708. Jean HERVEAU, 60 ans, syndic de cette paroisse, époux de dame Elisabeth CLEMENT

30 septembre 1736. Jean-François HERVEAU, 32 ans,

notaire et tabellion en cette justice, fils de Jean, marchand, et de Françoise Meneau.

28 novembre 1753. Messire Jean Herveau, 76 ans, bourgeois en ce bourg, époux de dame Françoise Meneau.

De 1632 à 1758. Vingt-neuf autres inhumations : Bourdin-Jaupitre, marchand ; Blondeau ; Bourdin-Cœur, marchand ; Deshommes-Bourdin ; Herveau, maréchal ; Chavigny ; de la Ville-Damon, maréchal ; Hodeau-Deshommes ; Hodeau-Blondeau ; du Lion Gaultier ; Bourdin-Bruslé ; Herveau-Labbe.

VI. *Dans la Grande-Nef*

1° Devant l'autel St-Sébastien

En 1615. Marie Ponin, femme d'Adam Maimbourg, fondatrice par testament (voir p. 300).

24 mars 1628. Anne, fille de maistre Geoffroy Herveau, procureur, et de deffuncte Françoise Bouguiers.

6 avril 1628. Geoffroy Herveau, vivant procureur de cette justice de Clemon, époux de Louise-Jeanne Françoise Grimousseau (La dalle est à l'entrée du chœur).

19 janvier 1629. Denise Lejay, femme de maistre Villabon, procureur fiscal de cette justice.

21 janvier 1662. Maistre André Bourdin, procureur de la justice de Clemon.

2° Devant la Chaire, le Crucifix, ou le Banc de l'Œuvre. Proche la tombe des Trepassés

1ᵉʳ janvier 1632. Jeanne Fernault, femme de maistre Charles Belu, greffier.

1668, 1669, 1691, 1692. Proche la tombe des trépassés, vis-à-vis le « pilier » qui est le plus proche de l'autel Notre-Dame, Pierre Barathin, Louise Autier, Jean Autier, Simonne Autier, neveu, fiélé, et sœurs du curé.

17 octobre 1675. Louis Foubert, 48 ans, maistre-barbier et chirurgien, époux d'Edmée Petit.

10 janvier 1676. Maistre Guillaume Brusle, notaire et greffier en cette justice, 28 ans.

De 1650 à 1730. Quatorze autres inhumations : Valot-Thomas ; Gimonet, marchand meusnier ; Soyer-Vaslot ; Vaslot-Quelin ; Robergeon ; Barbellion-Foubert, hostellier de la Croix-Blanche.

3° Dans la Nef

25 mars 1636. Maistre Pierre Fernault, notaire procureur.

7 août 1637. Jean Thoret, tixier de toilles, et un des marguilliers de ladite église, père du vicaire.

30 octobre 1638. Maistre Jean Fernault, notaire et procureur en cette justice de Clémon, époux de honneste femme Françoise Chevry, fondateur (voir p. 302).

27 juin 1662. Jeanne, fille de messire Louis Avry, procureur, demeurant à Aubigni.

6 may 1694. Marie Foubert, 42 ans, veufve de deffunct maistre Augustin Savard.

De 1623 à 1695. Cinquante-deux autres inhumations : Chesneau-Thyon ; Chifflet-Coiffier, meusnier à Baudian ; Godeau-Changeux ; Fernault Dupré, foulon ; Coiffier-Fernault, meusnier ; Payan, foulon ; Gigneau-Guyot ; Daurit-Nestier ; Chesnault-Bidault ; Bourderiou ; Fernault-Chesneau ; Bourdin, marchand ; Fernault-Pizet, marchand diapier ; Bedu-Reuillard, foulon ; Lizay-Hurault, tailleur d'habits ; Coiffier-Chollet ; Coiffier-Bezy ; Landoys, voiturier au Cheval-Blanc, au bourg ; Joubin-Desponds ; Gibert ; Daubin-Bollard ; Joubert Dagoret ; Brière-Vacher ; Changeux-Blondeau ; Foucher ; Brochard-Vauthuault, foulon ; Balthier-Chillet, meusnier ; Michou, marchand ; Billet-Sené ; Feu, marchand meusnier à Baudran ; Baudin-Deshommes, marchand ; Pinet, meunier ; Bouny, marchand ; Foubert Virgine ; Meneau-Foubert, marchand.

1° Bas de la Nef

27 mars 1642. Lucresse Jaupitre, femme de messire Adam Rouer, notaire-procureur.

28 mars 1642. X fils de messire Adam Rouer et de deffuncte Lucresse Jaupitre.

5 fevrier 1654. Leonard, fils de Claude de la Tour, soy disant bohémien, estant de presant en ledit bourg.

16 octobre 1672. Vis-à-vis le pilier des grandes portes. Adam Rouer, 75 ans, ancien procureur de la Justice de Clemon.

En 1663, proche de la grande porte. enfant Brochard : en 1666 et 1678. deux autres inhumations : Marie Rouer veufve Guillon. Rouer-Barbellion

VII. — Dans l'eglise (sans autre indication)

1533 Jehanne Chesneau, femme de Jullian Suyer, fondatrice par testament (voir page 299).

1569. Marguerite Boissard, femme Guillaume le Clerc, Follon, fondatrice par testament (voir page 299).

17 juillet 1634. Samuel Fernault, marchand drapier.

12 may 1636. Estiennette Soyer, veuve de défunt Samuel Fernault, fondatrice par testament (p. 301).

15 novembre 1659. Mizaël Odry, maistre barbier et chirurgien.

Janvier 1690. Marguerite Bourdin, espouse de mestre François Brassin, procureur fiscal. fondatrice (p. 302).

6 fevrier 1691. Maistre Ythier Geoffrenet, 56 ans, chirurgien.

15 mars 1694. Catherine Pinceau, femme de maistre Silvain Damon, fermier de Lauroy.

8 septembre 1694 Maistre Pierre Billard, 31 ans, notaire et greffier de la justice de Clemon, mary d'Anne Tyginière.

11 octobre 1701. Marie-Françoise, 10 mois, fille de Jacques Damond, fermier de Lauroy, et de Françoise Meneau.

18 may 1706. Petronille Rat, 40 ans, femme de Jean Villoin, bailly de Clemon.

5 juillet 1721. Charles Bougeret, 60 ans, sergent de cette justice.

4 février 1724. Pierre Geoffrenet, 50 ans, maître chirurgien, mary d'Anne Auger.

21 decembre 1733. Maistre François Brassin, 79 ans. ancien procureur fiscal de cette justice de Clemon, epoux de dame Marie Morel

De 1624 à 1754. Trente huit autres inhumations: Damon-Fournier, fermier du moulin de Barne ; Jourdin ; Presteaveine, marchand meusnier ; Collet ; Chesneau, tuillier à Marchys ; Cauqui-Drais ; Buron ; Lebrun, couvreur à Vailly ; Chataudeau, masson ; Fiet, meusnier de Barne ; Rat, manœuvre ; Pepin-Roy ; Roy, cousturier ; Valot-Bidault ; Fouchard-Rabatin, tisserand en toiles ; Colin-Geoffrenet ; Ritodeau-Vauthuaux ; Torteau ; Soyer ; Thuauli Chesneau ; Chollet ; Gillet-Pepin ;

Thibault-Brassin ; Guimonet-Mifeau ; Belu-Billard ; Cirodde-Thiault, marchand ; Vaslot-Coueffier, manœuvre ; Viet-Colas ; Arnoult-Aulard ; Chollet-Lebout ; Damond-Sariot ; Thibault-Merlin, voiturier ; Berthier-Berthelot, meusnier au moulin de Berne.

6° Fondations par testament

1528. Jean Rogeon, par son testament « vollait après
» que Notre-Seigneur aurait fait son commandement de
» luy et qu'il serait decedde, son corps estre mis et ense-
» pulturé en l'église dudict Clemon devant l'ymage Notre
» Dame, et vollait que feust donne à ladite eglise un écu
» soleil (monnaie frappee sous Louis XI et Charles VIII
» de la valeur de 4 livres) et un mouton, ou pour icelluy
» vingt sols tournoys, et aux troys prochaines églises
» dudict Clemon, qui sont Brynon, Cerdon et Saincte-
» Montayne, a chacune un mouton, ou pour iceulx à cha-
» cun vingt sols tournoys. le tout pour estre mis à son
» trespant au roolle des prieres d'icelles. que le jour de
» son obiit ou le lendemain il feust dit pour et à son in-
» tention et de ses amys trespassez treize messes et ca-
» nons, trois a notte avec diacre et sous-diacre. offertes
» de pain et chandelles. et le reste basses, avec Vigiles
» solempnelles ; à la huitaine et bout de l'an, pareil ser-
» vice, ung annuel et ung trantin .. Plus avait fait don à
» l'eglise dudict Clemon pour l'entretiennement et redifli-
» cation d'icelle .. le pré Mortereau contenant une jour-
» née de faulche... à la charge de.. un anniversaire, qui
» est une paire de vigilles, une grand-messe avec offertes
» de pain. vin et chandelles, et un libera sur la fosse
» dudict deffunct pour et à son intention et de ses amis
» trespassez par chacun an ». (Archives de la Fabrique,
8 decembre 1556)

15 octobre 1533 — Jeanne Chesneau, par son testament dudit jour, « veult estre enterree en l'esglise de
» Clemon auprès de feue sa mère, et pour (cela)..
» donne... la somme de 18 sols tournoys ; ordonne le
» jour de son obit estre dit et célebré... 13 messes avec
» vigilles ; a la huitaine en suivant aultres 13 messes et
» vigilles ; au bout de l'an aultres 13 messes et vigilles,
» avec offerte de pain, vin et chandelles... ; plus...
» donne à l'esglise de Clemon pour estre mise aux priè-
» res 15 sols tournoys. et escuelle des trespassez 10 sols
» tournoys : — item donne aux quatre prochaines es-
» glises... à chascune 12 livres tournoys ; — plus donne
» aux quatre mendians de Bourges à chascun 10 deniers
» tournoys ; — item baille à l'esglise dudit Clemon après
» son trespas une pièce de pre assise près le chesal de
» la Bordiniere... appellée le grand Clodis ; — plus
» baille à la dite esglise une piece de verger... appellé
» l'Osche Berault... moyennant laquelle donation... faire
» dire et célébrer pour le salut de son âme et celles de
» ses amys trespassez.. une grand'messe et vigilles
» tous les ans le lendemain d'une chascune feste de
» Nostre-Dame ; item veult.. qu'il soit donné a l'Hostel-
» Dieu dudit Clemon un lincier de lict, à la Reparation
» de Nostre-Dame ung aultre. »

4 avril 1569 — Marguerite Boissard... par son testament dudit jour « fait son commandement... être inhu-
» mez et enterrez en l'église de Clemon près ses père et
» mère et pour ce faire veult que soit donné la somme
» de 50 sols tournois aux procureurs.. — veult le jour
» de son obist.. vigilles soulennelles avec troys grandes
» messes, auxquelles sera faicte offerte de pain, vin, et
» chandelle, et un libera à la fin de la dernière messe,
» qui sera dit et chanté sur sa fosse... — item... à la
» huitaine et au bout de l'an... pareil service... item

» veult... un annuel... par chaque semaine ung jour, une
» messe basse, à laquelle sera faict offerte de pain et
» chandelle... — item veult... être dict et chante un
» TRANTIN, qui est trente messes, auquel sera faict of-
» ferte... — veult... que soit donne à l'eglise... et à l'es-
» cuelle des trespassez, à chacun, 5 sols tournois, pour
» estre mis ès prières qui se font en ladite église... —
» item..., à l'eglise de Brynon... — item... donne, lègue,
» et fonde à toujours à l'église dudit Clemon... la somme
» de 15 sols tournoys de rente.. à prendre... sur un
» petit chast de maison, vulgairement appellé la Croix-
» Rouge, qui jouxte, par le devant, à la rue par laquelle
» on va de la grande rue Dabas... à Cerdon.. a la
» charge.. de faire dire... pour chacun an, la vigille ou
» le jour de la nonciation Notre-Dame en mars ung an-
» niversaire, qui est une messe à notte, vigille, avec
» offerte pain, vin et chandelle, et ung LIBERA sur la
» fosse à la fin de ladite messe. — item veult... soit
» donné... à la maison de l'Hostel-Dieu dudit Clemon
» ung lit garny de une coueste et deux linceuls pour
» subvenir aux pauvres dudict Hostel Dieu.. — veult
» que ses executeurs... baillent aux pauvres la somme
» de 100 souls tournois.. pour qu'ils prient Dieu pour
» elle.. (Arch. departem. liasse 61, Clemont. Fabrique).

23 Juillet 1615. — Marie Ponin par son testament dudit jour « veult son corps être inhume en l'église Monsieur Sainct Estienne de Clemon proche le poil (la
» pierre) des trespassez ; donne à l'eglise et fabrice... et
» à l'escuelle aumosnière.. 6 quartes de bled seigle...
de rente... qu'elle et ledit Maimbourg son mary ont...
» sur le lieu des Michoux... à charge de faire dire par
» chascun an... au jour de son decedz chascun d'eulx...
» un service de vigilles a neuf leçons et de deux grand-

» des messes ; plus donne à ladite esglise et à l'escuelle
» aumosnière... à chascun d'eux la somme de 10 livres
» tournoys pour estre prié Dieu pour son âme ; donne à
» l'esglise de Brinon... 20 sols .. aux esglises d'Argent,
» sainte-Montayne, et Cerdon, à chascune d'icelles la
» somme de 10 sols, pour estre prié Dieu pour son âme ;
» veult... qu'il soit donné à la quarantaine d'après son
» décedz à chascune des personnes qui assisteront au
» divin service... la somme de 2 sols et pareille...
» somme de 2 sols... au bout de l'an de son decedz. »

7 may 1628. — Françoise JAUPITRE, par son testament
donnait « à l'eglise et fabrique de Clemon un septier de
» bled seigle. . de rente.. qu'elle avait sur le lieu du
» prieuré St-Martin ; ensemble trois quarts de tonsure
» de pré appelé La Castille. »

9 may 1636. — Estiennette SOYER, par son testament,
« ordonne. . son corps estre inhume et enterre proche la
» fousse dudit deffunt son mary dans l'esglise paro-
» chialle M. Sainct Estienne de Clemon son patron ; —
» veult .. estre donne aux escuelles des esglises de Cle-
» mon 30 sols quy est à chascune escuelle 15 sols, oul-
» tre le droit quy est deub pour estre enterrée dans l'es-
» glise ; — Aux esglises de Brynon, Sainte Montaine et
» Pierrefitte, Cerdon et Argent, 5 sols à chascune d'icel-
» les — et encore 30 sols pour la confrairie Nostre-
» Dame pour faire le service, qui sera délivré à celle qui
» a la confrairie oultre l'ordinaire ; — et qu'il soit dit et
» chanté ung an durant par chascun dimanche ung Li-
» bera, sur la fosse ; — item donne... à l'esglise dudit
» Clemon une journée de pré appelé le pré des Agatis. .
» proche le lieu de la Bourdinière, à la charge de... faire
» dire et célébrer ung service de vigilles à neuf leçons et
» deux grandes messes tous les ans à l'intention de son
» aame... »

27 octobre 1638. Messire Jean FERNAULT, par son testament donne « à l'église fabrice de Clemon la somme de
» 35 sols de rente à lui deue sur un pré appellé le pré du
» Moulin de la Ville (autrement pré le Cloudy Vaslot)».
voir page 154.

29 décembre 1690. — Marguerite BOURDIN, par son testament « veult estre inhumée en l'esglise de ce lieu ou
» ses prédécesseurs ont accoustumés d'estre inhumés et
» que le jour de ses funérailles... il soit dit à son inten-
» tion vigilles à neuf leçons avec les laudes et antiennes
» ordinaires, et trois grandes messes, la première du
» Saint-Esprit, la segonde de Nostre-Dame, et la troi-
» sième du trespassez avecq les aultres prières accous-
» tumées, — veult... qu'il soit aumosné aux pauvres
» de cette paroisse et aux Enciens qui assisteront les
» jours de son convoi, huitaine et quarantaine suivant,
» la quantité de 8 septiers de bled seigle, mesure d'Au-
» bigny, converty en pain... — Item donne... à perpé-
» tuité à l'esglise et fabrice... deux journées de pré ..
» appellé le pré Mortereau .. et trois mines de bled sei-
» gle... de rente... à prendre.. sur les lieux des Fou
» cheis... sis en la paroisse d'Argent... à la charge ..
» de faire dire et célébrer par chacun an à l'intention et
» pour le repos de l'âme de ladite testatrice et celles de
» ses déffunts père et mère, trois services à neuf leçons
» chascun avec deux grandes messes... l'une du Saint-
» Esprit, et l'autre des trespassez... à sçavoir le pre-
» mier service à pareil .. jour de son deceds, le segond
» dans la semaine de Saint-Sébastien, et le troisième en
» celle de Sainte-Catherine ».

20 février 1723. — Marie GUIMONET, par son testament « veult estre inhumée dans l'église et qu'il soit
» fourny un luminaire de cire jaune de quatre cierges
» autour de son corps, de quatre autres sur le grand

» autel, deux sur celluy de Nostre-Dame de la confrairye
» d'une demy-livre, et un autre d'une livre pour l'of-
» frande ; — donne et lègue à l'église de Clemon la
» somme de 200 livres qui sera mise ès mains de Mon-
» sieur le curé pour estre par luy employée à la decora-
» tion de ladite église ainsy qu'il le jugera à propos. »

ADDITIONS ET CORRECTIONS

Résultat de recherches faites durant la publication de la 1ʳᵉ partie du Mémorial dans le Bulletin trimestriel de la Société Académique du Centre.

Page 7, ligne 21. — *Lire* : L'adveu de Lauroy de 1641 donne a supposer que la rue Dabas n'existait plus à cette date.

Page 9, ligne 3. — *Lire* : Le 25 ventôse an X (15 mars 1802), la population était déclarée par le maire Brière « de 553 individus tant grands que petits » — Archives depart. L. 332.

Page 9, ligne 5. — *Lire* : Une lettre Vergnault, du 7 janvier 1791 (archives départ. L. 508), donnait la population comme n'étant pas alors au-dessus de mille âmes.

Page 11, ligne 12. — *Lire* : Dans l'enquête faite le 13 octobre 1570, au bourg de Blancafort, par le lieutenant au bailliage d'Aubigny, sur la requête des habitants de la paroisse de Coullons, « tendant à informer » des ruynes et callamitez advenus en ces troubles der » niers en ladicte parroisse de Coullons » pour être admis à l'exemption de toutes impositions, tailles, etc .. « Vénérable et discrette personne maistre Estienne Ri- » cher, pᵇʳᵉ vicaire de la cure de Blancaffort », déposait que « la parroisse de Coullons est entre Sainct Gondon

» distant de deux petites lieues — et du chastel et fort
» d'Argent de deux petites lieues — du chastel et fort
» daultry de deux autres lieues — de Castillon de trois à
» quatre lieues — de la talle de trois lieues — tous les-
» quels lieulx comme aussy la ville de la chappelle, la
» ville de Leze (Leré), Beaulieu, Beaujeu. Charpignon,
» le Crothet, la mothe sancerre. que aultres lieulx ceulx
» de la nouvelle oppinion ou religion prétendue reformee
» (les Protestants) dès et deppuis deulx ans en çà ont des-
» truiz et occupez... ont prins et transportez tous les
» biens meubles des habitans... tout leur bestail tant
» gros que menu, soict beufz, vaches. chevallynes, bre-
» bis, mouthons que aultre bestail. avec ce ont con-
» trainct .. iceulx habitans. de payer et bailler muni
» tions par chacune semaine tant a Sainct Gondon, aul-
» try. Argent, que a la talle, qu'ils contraignaient par
» force et viollence à les mener... de tant qu'ils estaient
» menacez de faire brusler ladicte parroisse,. et oultre
» prenaient les hommes et les emmenaient prisonniers,
» les contraignant de payer grands deniers pour leur
» rançon, voir plus qu'ils n'avaient vaillant. . de sorte
» que lesdicts habitans mesme les plus riches auraient
» este contraincts eulx retirer tant en la ville d'Aubigny,
» Gien. que aultres.. tenant pour le roy, où ils avaient
» acheve de manger ce qu'ils auraient peu ouster et re-
» tirer de devant ceulx de ladicte nouvelle oppinion, et
» les aultres se retiraient dedans les bois et tailles...
» Joinct aussy que lesdits habitans auparavant avaient
» este contraincts bailler munitions au comte de Marti-
» nengo qui tenait garnison en la ville de Gien, et depuis
» que lesdits de la nouvelle oppinion aurait laissé ladicte
» ville de Sainct Gondon, aultry, Chastillon, la talle,
» argent, et la chappelle par le moyen du camp du roy
» qui serait passé par ce pays et aurait séjourne en la

» parroisse de Coullons par l'espace de quatre ou cinq
» jours pendant lesquels ils avaient grandement des-
» truict ladicte parroisse, prins et emmené le reste du
» bestail ou la plus grande partye que les dicts habitans
» avaient rachapté desdicts de la nouvelle oppinion les-
» quels de ladicte nouvelle oppinion sitoust que ledict
» camp aurait este passé seraient retournez audict Sainct
» Gondon, Argent et Chastillon ou ils auraient de re-
» chef faict plusieurs violences, pilleries et rançonne-
» mens, prins et transporté le reste du bestail et meu
» bles, et emmené les hommes prisonniers qu'ils au-
» raient de rechef contrainct de payer rançon, thué plu-
» sieurs personnes qui ne pouvaient payer rançon... en
» sorte que lesdicts habitans sont de present entièrement
» ruynez et destruictz et desnuez de tous biens.. de
» tant qu'ils n'ont rien ou bien peu recueilly de bledz la
» presente annee comme aussy peu en pourront-il re-
» cueillir l'année prochaine parce que les terres ne sont
» labourées et nont bestail ny bledz pour les labourer et
» semer.. de manière qu'il est impossible aux dictz ha-
» bitans de payer aulcunes tailles ne subsides.. ils mour-
» raient plus toust en prisons que de trouver moyen de
» les payer.. »

La paroisse de Clemon n'a pas été sans souffrir, pour sa part, des incursions des troupes protestantes, le château d'Argent étant situé à 11 kilomètres, et celui de la Talle a 6 kilomètres de son bourg.

Page 18, ligne 13. — *Lire* : Nous inclinons à penser, vu l'absence de souvenirs et de documents, que l'ancien château de Sublaine aura été détruit vers les IXe et Xe siècles.

Page 20, ligne 7. — *Lire* : Les quatre moulins de la Sauldre et de la Nère etaient déjà les seuls existant

en 1790. Des plaintes avaient été adressées au district et les officiers municipaux répondaient, le 23 décembre de cette année (Arch. dép. L. 510) à une lettre du 8 : « Bien
» loin que ces moulins causent quelques préjudices aux
» prairies qui les avoisinaient, ils sont, au contraire, un
» moyen de fertilisation ; nous en avons la preuve dans
» d'autres prairies qui ne valent pas aujourd'hui ce
» qu'elles ont valu, précisément parce que des moulins
» qui faisaient refluer les eaux dans leur étendue n'exis-
» tent plus. C'est tout ce que nous pouvons vous dire
» en réponse à la lettre que vous nous avez fait l'honneur
» de nous écrire en date du 8 de ce mois. Du reste,
» nous pouvons vous assurer que nous ne connaissons
» aucune cause locale qui puisse nuire aux prés, jardins,
» etc... » Dans une autre lettre du 26 janvier 1791 (L. 509), ils donnaient encore leur avis sur la disparition des anciens moulins, exposant les mêmes avantages perdus, et demandaient que « les propriétaires du moulin
» Dabas soient obligés à rétablir le mur ou la digue en
» pierre qu'ils avaient fait élever pour contenir les eaux
» de l'arrière-bié, afin qu'elles ne couvrent pas la voye
» publique et ne la rendent pas impraticable ».

L'un des moulins disparus était situé en aval du Colomier, près du pré de la Castille Le prieuré Saint-Martin jouissait de « 3/4 de pré de la Castille, rivière de Nère,
» proche le moulin Nerot » — Etude d'Argent. Inventaire des biens de la Fabrique, 1725. — Un titre de 1391 de la cure de Sainte-Montaine (Arch. dép.) fait mention d'un « pré appelle les Ysles du molin aux Moynes, assis
» en ladite terre et justice d'Aubigny (par conséquent
» sur la rive gauche de la Nère), jouxtant le chemin
» d'Aubigny à Clemon, la rivière de Nere et le pré
» Jehannot »

PONTS

Le pont de pierre qui existe à l'entrée du bourg, sur la Sauldre, date des années 1870 et 1871. La construction fut interrompue durant plusieurs mois, principalement à cause de l'invasion des troupes allemandes. Il remplaçait un pont de bois qui datait de 1821, mais qui avait été projeté depuis de longues années. Une lettre de M. du Pré de Saint-Maur, du 4 février 1788 (Arch. dép. C. 151), relate une « demande de secours sur les fonds de cha-
» rité par la paroisse de Clémon, pour faire les levées
» du pont précédemment construit aux frais des proprié-
» taires et habitants qui offrent une nouvelle contribution
» d'un tiers ». Il propose un « devis à faire, soit pour
» l'élargissement du pont, soit pour en rendre les abords
» praticables ». — Une seconde lettre Mouy, du 14 octobre 1790 (Arch. dép. C. 1250), parle de ces mêmes projets « récemment faits pour l'élargissement des plan-
» ches de Clémon, montant à la somme de 1900 livres
» pour la partie des *terrasses* et l'élargissement des
» levées, 3.409 livres pour la démolition, reconstruction
» et l'élargissement des planches propres à passer les
» voitures ». La somme de 400 livres était promise sur le fonds de charité, et celle de 200 par M. du Pré de Saint-Maur et autres propriétaires. Le projet ne devait aboutir qu'en 1821.

Les eaux de la Nère venaient rejoindre, en temps ordinaire, celles de la Sauldre près de ce pont. En temps de crue, le surplus traversait, par une dépression du terrain, le chemin qui conduisait du pont à la route, et là se trouvait une passerelle pour le service des piétons. L'existence de cette passerelle, conjointement à celle qui a précédé le pont de bois de 1821, explique l'expression que l'on rencontre parfois dans les titres anciens, comme dans la lettre de Mouy : les Planches de Clemon. Cependant ces planches avaient été précédées, bien plus anciennement, par un autre pont.

Dans leur testament, passé le 21 mars 1408, devant « vénérable et discrette personne maistre Jehan Bergier, » curé de Colons, Jehan Nibelle et Meline, sa femme, » demeurant à Colons.. .. » léguaient « au pont d'Ar- » gent, au pont de Clemon, au pont de Colons, a chacun » 12 deniers parizis, pour une fois ». Cet ancien pont était probablement l'œuvre des Religieux, appelés Frères pontifes, qui, de la fin du XIIe au commencement du XVIe siècle, eurent la mission spéciale de construire et entretenir les ponts. Ils avaient, sans doute, une caisse particulière pour l'entretien de chaque pont.

Le pont de pierre de la route d'Aubigny, sur la Nère, fut construit vers 1860, en remplacement d'une passerelle, large d'environ un mètre, destinée au passage des piétons.

Page 22, ligne 13. — *Lire*: La première section du canal de la Sologne, de Blancafort au Coudray, fut livrée à la circulation en 1857.

Page 25, ligne 28. — *Lire*. On compte encore trois autres étangs qui ont disparu : l'étang de Morteve, qui est mentionné dans le terrier de Sainte-Montaine en 1533 ; et, sur la terre de Lauroy, l'étang Vieux, de 3 à 4 hectares, et l'étang, dit l'étang Creve, de 1 à 2 hectares, détruits l'un et l'autre avant 1800. Sur la même terre, l'étang Petit-Garnier fut supprimé en 1864, et l'étang Neuf en 1865.

Page 26, ligne 7. — *Lire*: La lettre Mouy, du 14 octobre 1790 (Arch. dép. C. 1250), proposait, à défaut de

la reconstruction et de l'élargissement du pont sur la Sauldre, si aucun nouveau secours du département n'était accordé, « d'appliquer la somme de 400 livres, don-
« née sur les fonds de charité, au chemin d'Aubigny à
» Clemon, dans la partie nommée les Bourbiers, *impra-*
» *ticable* depuis quelque temps, et dont les fossés sont
» absolument comblés » — Un arrêté du département, en la séance du 19 janvier 1791 (L 508), autorisa les ateliers de charité du district « a employer 1800 livres en
» deux ateliers, l'un vis-à-vis le domaine des Brochards,
» pour 600", l'autre pour 200" aux abords de Brinon de
» chaque côté de la rivière ».

Page 26, ligne 24. — *Lire :* Cette facilité sera encore augmentée, lorsque sera terminé le tramway d'Orléans à Brinon, par Isdes, qui est en construction et doit être poursuivi sur Aubigny.

POSTES — MAIRIE. — ÉCOLES

Un bureau de poste avait été ouvert en 1895 : une ligne télégraphique y fut annexée en janvier 1897 ; puis, le 14 octobre 1903 fut inaugurée une cabine téléphonique

La mairie et les deux locaux scolaires ont été construits en 1882 Le service scolaire avait été rétabli, tant bien que mal, peu après la Révolution ; en 1872 on créa une école spéciale pour les jeunes filles. La première institutrice fut Mlle Félicie Béguinot, qui en garda la direction jusqu'en 1899. Le conseil municipal, dans une délibération du 7 novembre 1869, avait bien déclaré que « le vœu formel de la population était d'avoir une insti-
» tutrice congréganiste, au surplus, comme toutes les
» communes du canton ». Les excellents sentiments de

l'institutrice qui fut envoyée, comme l'intelligente et religieuse direction qu'elle sut donner à la jeunesse qui lui était confiée, évitèrent aux habitants de Clemont le regret de n'avoir pas obtenu satisfaction pour la préférence qu'ils avaient d'abord exprimée.

Page 31, ligne 1. — *Lire*: Le terrage de Bignollais était de 12 billons l'un sur 227 pièces de terre, et de 36 billons l'un sur 33 pièces (Adveu de Lauroy, 1641).

Page 31, ligne 15. — *Lire*: En 1641, le censif de Villaines comprenait dans le bourg 103 maisons et 37 masures ; en dehors du bourg, les Courtins, la Patoille, Monturpin, les Roujoux, les Grimousseaux, le Gué-Peron, le Crot, la Borde, la Maladerie, Berthery en partie, la Brosse, Baudran, la Jonchère, la Beraudière et l'Auneron. Le revenu, compris 2'' 10^s de rente, était de 5'' 5^s 5 deniers tournois (Adveu de 1641).

Page 31, ligne 16. — *Lire*: La note (2) de cette page est à supprimer ; les chiffres des maisons et masures, en 1717, étant imcomplets, doivent être annulés. Ceux de 1641, l'appendice précédent le montre, étaient à peu près les mêmes qu'au terrier de 1563. La Seigneurie de Clemon, tout en ayant le droit de justice, et autres, sur tout le bourg comme sur la plus grande partie de la paroisse, ne percevait le sens dans le bourg que sur un très petit nombre de maisons.

Page 35, ligne 7. — *Lire* : La seigneurie de Clemon relevait bien, comme le dit La Thaumassière, L. V. ch. 80, et VI 85, du comte de Sancerre, pour les grands-dixmes et la seigneurie, mais elle n'en relevait qu'indirectement, par le fief de Maisontout (ou Maison-Thou), qui relevait lui-même du fief de Vailly. Le fief de Mai-

son-Thou, situé paroisse d'Ivoy le-Pré, était dans la mouvance de la Chapelle-dam-Gilon. En 1378 (La Th. VI. ch. 6, 43), il avait été acquis par Etienne de Sancerre, seigneur de Vailly, fils de — Louis, comte de Sancerre, et de Béatrix de Roucy —. Le 29 septembre 1451, Jean, sire de Bueil, comte de Sancerre, en avait fait la réacquisition de Poton, S. de Saintrailles, bailly de Berry. — Martin Bignollois faisait en 1518 la déclaration des terrages et héritages qu'il tenait et possédait « en la terre, justice et seigneurie de Maisontout » — Arch. dép. F. 6 —. Le 8 juin 1666, messire Nicolas de Vignolles, sieur de Maultour (Arch. dép. E. 2074. folio 71), déclarait dans un adveu et dénombrement « tenir suivant la coutume de
» Loris, de très hault, très excellent et puissant prince
» Monseigneur Louis de Bourbon, prince de Condé, pre-
» mier prince du sang, premier pair de france, duc
» d'Anguien, chasteauroux et montmorency, seigneur
» vicomte de Sancerre, et ce à cause du susdict comté de
» Sancerre et maisontout, ès fiefs comme dessus, et ce à
» cause de la terre et seigneurie de Maisontout, le grand
» dixme de Clemon, tant de lainage et chainage que de
» tous les grains qui se lèvent et perçoivent ès la dicte
» paroisse de Clemon dont et duquel dixme les deux
» tiers appartiennent audict advouant et l'autre tiers au
» prieur Saint-Martin et au curé dudit Clemon, et la
» grange à mettre ledict dixme ». — Le 28 mars 1702 (Arch. dép. F. 14), un bail était consenti « par Estienne
» Ferrand, fermier général de la terre, justice, seigneu-
» rie et baronnie de Vailly... à Jean Dioüe, marchand
» laboureur demeurant au village de Maisonthou, pa-
» roisse d'Ivoy le Pré,... du terrage de Maison-Thou,
» cens et rentes, proffits, lots et ventes,... ainsi qu'il
» appartient à son altesse sérénissime monseigneur le
» prince à cause de la baronnie de Vailly... »

Page 35, ligne 31. — *Lire* : Le 20 avril 1728, la vente du bled seigle, provenant du revenu de la seigneurie de Clemon (60 septiers environ, mesure d'Aubigny), etait adjugée à 5 livres 15 sols le septier (Arch. dép. B. 4011).

En 1791, Jacques Barberousse était assigné et poursuivi devant le tribunal d'Henrichemont à cause de la somme de 54 livres, qui lui était réclamée pour 18 mois d'*octrois* de Clemon (Arch. dép. L 509. Lettre des officiers municipaux du 12 avril 1791).

Page 43, ligne 24. — *Lire* : Ænor de Saint-Valery fut inhumée avec son premier epoux, Robert de Dreux, comte de Dreux et de Braine, en l'abbaye de Braine (du Tillet. Recueil des roys de France, pages 77-78).

Page 45, ligne 30. — *Lire* : Guy de la Tremoille, premier époux de Marie de Seuly, fut inhumé en l'eglise Saint-Jean, de Rhodes, comme il l'avait ordonné par son testament (Père Anselme, IV, 163)

Page 48, ligne 4. — *Lire* : Marie de Seuly, ayant epousé Charles, sire d'Albret, le 27 janvier 1400, fit à son nouvel époux, par un contrat du 11 décembre suivant, 1401 (Le commencement de l'année au 1ᵉʳ janvier ne date que d'une ordonnance royale de 1564), le don de l'usufruit de la baronnie de Sully, « en cas qu'il la survécût et qu'elle
» n'eût aucuns enfans mâles de lui, afin qu il aidast les
» enfans de feu M. Guy de la Tremoille et d'elle, pour
» être mieux et plus dignement assignez et graduez,
» quand le cas y echera ».

Page 50, ligne 10 — *Lire* : Nous avons cru devoir fixer la mort de dame Françoise d'Albret a l'année 1521, à l'encontre de La Chesnaye-des-Bois qui donne la date du 6 mars 1511, de M. de Kersers (commune d'Argent), qui indique 1542, de l abbé de Marolles (Titres des comtes

de Nevers, col. 361), qui porte la donation de dame Françoise à sa nièce Marie d'Albret, en l'année 1523. Nous ne pouvons davantage accepter la date du 20 mars 1521, donnée par le comte de Soultrait (edition de Marolles, note de la col. 20 — Répertoire archéologique de la Nièvre, col. 169). M. le comte de Soultrait s'est appuyé sur une épitaphe, trouvée dans la tour de Saint-Cyr de Nevers et déposée au musée lapidaire de la porte du Croux. Cette épitaphe est ainsi reproduite, incomplète, telle qu'elle est, dans le *Bulletin de la Société Nivernaise*, tome VIII, p 132 «   Haulte et puissante demoi
» ‎   de Madame Françoise d'Alebret
» de Brabant, comtesse douairière de   hault,
» puissant et ma   , et Jehan, duc de Bour-
» gogne, duc de   bourg, comte de Nevers,
» d'eu   d'Anvers, des terres d'oultre
» et per de France le quelle   trespassa en
» Notre Seigneur Jhesus Crist   jour de mars
» l'an mil V^e et XXI ».

Cette épitaphe, tout d'abord, nous a paru s'appliquer plutôt à une fille de dame Françoise d'Albret et de Jehan, duc de Bourgogne,... comte de Nevers... des terres d'oultre-Meuse... son époux alors décédé.

Nous n'avons pu pareillement accepter la date de 1523, donnée aussi dans une chronique des évêques et des comtes de Nevers qui a été publiée par le *Bulletin de la Société Nivernaise*, T. VII, p. 48, et qui fut écrite « alors que Marie d'Albret, toujours veuve, se dévouait à l'éducation de son fils ».

Nous avons préféré la date indiquée dans l'épitaphe Françoise d'Albret, qui est fournie par le manuscrit des Frères de Sainte-Marthe, et après eux de Saint-Magloire (Bibliothèque nationale, Français. 20177, f° 248) ·
« Cy repose le corps de madame Françoise d'Albret,

» veuve de monseigeur le duc de Brabant, dame de sin-
» gulière prudence et dévotion demeurée en viduité 29
» ans. Elle décéda en la ville de Donzy au mois de
» novembre 1521 ».

Nous nous trouvons ainsi d'entente avec Mgr Crosnier (Monographie de la cathédrale de Nevers, p. 65) et avec le Tableau synoptique de l'histoire du Nivernais (*Bulletin de la Soc. Niv*, t. VII. p. 208) Nous sommes aussi d'accord, même avec le chroniqueur nivernais, sur cette circonstance qu'il signale que « peu de temps après
» qu'elle eût perdu son époux, Charles de Clèves, Marie
» d'Albret perdit Françoise d'Albret, sa tante ». Le manuscrit des Frères de Sainte-Marthe, qui contient l'épitaphe de Françoise d'Albret, donnea ussi celle de Charles de Clèves, aux pages 296 et 297, énonçant que « Charles
» de Clèves décéda à Paris le 17 août 1521 ». Le même manuscrit indique encore, au folio 23 B, parmi l'inventaire des titres de la Chambre des comptes de la Maison de Nevers, le « testament de Charles de Clèves, comte de
» Nevers, fait à Paris, au chasteau du Louvre, le 30
» juillet 1521 ».

Nous ajouterons incidemment que ce grand seigneur avait été « mis prisonnier au chasteau du Louvre, par
» commandement du roy François I-r, pour les maulx et
» follies qu'il faisait, tant a sa femme que aultres.....
» La cause de son entreprisonnement fut monsieur d'Or-
» val, père de sa femme, qui en fit requeste au Roy, à la
» Reyne et à Madame (*Journal d'un bourgeois de Paris...*
» 1515-1536, publié par L. Lalanne, p. 87-88). »

Ce Charles de Clèves, tout grand seigneur qu'il fût, était donc un pauvre mari à l'endroit de sa femme, autant qu'un pauvre sire envers autres dames et damoiselles. En le faisant emprisonner, le roi avait donc fait acte de bonne, aussi bien que de haute justice.

Page 51, lignes 15 et 21. — *Lire :* François de Clèves, époux de Marguerite de Bourbon, mourut à Nevers, le 13 février 1561. Il avait pris en mains, en 1537, le gouvernement de son comté. Son fils aîné, François II, mourut en la ville de Dreux, le 16 janvier 1562, et son deuxième fils, Jacques, à Montigny, près de Lyon, le 6 septembre 1564 (Biblioth. Nationale, mns français 20.177, épitaphes, p. 298).

Page 54, lignes 29. — *Lire :* Vente « par très hault et très
» puissant et magnanime prince monseigneur Ludovico
» de Gonzague, duc de Nivernois, pair de France, et très
» haulte et très puissante princesse de Clèves, son es-
» pouse, duchesse, comptesse, princesse et dame desdits
» lieux, à noble homme sage maistre Jean de Vestus,
» conseiller du Roy, et maistre des requêtes ordinaires
» de son hostel... de la chastellenye, terre et seigneurie
» d'Argent, assise au duché de Berry, près d'Aubigny,
» consistant en trois parroisses, terres, bourgs, villaiges,
» sçavoir Argent, Clemon et Vilzon .. tenant et mouvant
» en scel foy et hommage du comté de Sancerre... à
» ladite dame duchesse appartenant de son propre... par
» le partage qu'elle a fait avec Mesdames ses sœurs. . de
» la succession de feu très hault et très puissant prince
» monseigneur le duc de Nivernois leur père. . le 1er mars
» 1566 (Titres de Nevers, col. 15), en eschange les rentes
» cy après declarées — 833 escus 1 livre 10 sols de rente
» à lui due . par Jean de Peira, naguère trésorier de
» France, et Michel Bernard, marchand, demeurant à
» Orleans (Titres de Nevers, col. 382), — 50 livres tour-
» nois de rente et 100 livres tournois de rente... dues
» aussy par... » (Arch. château d'Argent) ».

Page 56, ligne 3 et page 63, ligne 20. — *Lire :* Le 8 février 1607, « Charles Vetus, escuier, sieur de Clemon

» et des grands et petits Villefalliers, gentilhomme de la
» compagnie de monseigneur le Dauphin, demeurant à
» Orléans. paroisse sainct Pierre-Ensentelles, en consi-
» deration de la donnation entre vifs à lui faicte par noble
» seigneur messire Jehan Vetus, seigneur d'Argent.
» conseiller du Roy, president en sa cour de parlement
» de Bretaigne, son père, de la moitié indivise du chas-
» teau et seigneurie d'Argent et de la quarte partie au
» total aussi par indivis de ladicte seigneurie, terre et
» chastellenie d'Argent, justice fiefs et vassaulx et droits
» en deppendans .. » cédait « audit sieur d'Argent, son
» père... la propriété... des lieux, terre et seigneurie des
» grands et petits Villefalliers, scis en la paroisse de
» Jouy-le-Pothier .. le tout en ce qui en appartient audit
» sieur de Clemon, comme fils aîné de la succession de
» deffuncte dame Michelle Calmet, sa mere, femme dudict
» sieur d'Argent... »

Page 56, ligne 20. — *Lire* : Le 3 mars 1638, messire Ni
» colas de Vignolles, escuier, seigneur de Mautour et des
» grands et petits Villefalliers. présentait requête à MM.
» les présidents tresoriers genciaulx de France en la
» généralité d'Orléans, les suppliant le recevoir en foy et
» hommage pour les fiefs des grands et petits Villefalliers
» à luy donnés en faveur du mariage fait entre luy et
» damoiselle Anne Vetus, fille de messire Charles Vetus,
» sieur d'Argent, lesdits fiefs rellevant en fief du Roy à
» cause de sa chastellenie de Beaugency ». — Archives
du Loiret, A. 114.

Page 56, ligne 25. — *Lire* : Dans son adveu et dénombrement du 8 juin 1666, (Archives dep. E. 2074,
fol. 77 verso) messire Nicolas de Vignolles reconnaissait avoir « ung *homme vivant et mourant* de la personne

» de... pour les rentes, cens, prez et héritages que l'es-
» glise, fabrice et escuelle ausmonière des trespassez de
» St-Estienne de Clemon tiennent dud. advouant par
» acte reçu par Villabon, nottaire audict bourg de Cle-
» mon le lundy premier jour de décembre mil six cent
» trente ung. — De rechef ung *homme vivant et mourant et
» confisquant* en la personne de. pour la mestairie de la
» Fin, assise près le bourg de Clemon, que les vénérables
» dames religieuses prieur et couvent de Ste-Marie-
» Magdelaine-lès Orléans tiennent dud. advouant à
» cause de sa dicte chastellenie d'Argent, Clemon et
» Villezon, par acte reçu par Denis Bougeret notaire en
» ladicte chastellenie le vingt-septiesme janvier mil six
» cent-vingt-sept ».

Page 57, ligne 6. — *Lire*. Le 28 avril 1678, les présidents trésoriers généraux de France au bureau des finances avaient décidé sur « une requête présentée par dame
» Anne Vetus, veuve de Messire. . contenant qu'en qua-
» lité de *propriéteresse* des Terres et seigneuries d'Ar-
» gent et Clemon il lui appartient le droit de péage sur
» la rivière de Saudre dont ses auteurs et elle par conti-
» nuation sont en possession depuis plus de trois siècles
» comme il appert par un *teste* latin fort *ancien* et par la
» pancarte qui *reigle* les droits dudit péage dont les sei-
» gneurs d'Argent ont de tout temps rendu la foy hom-
» mage... à cause dudit péage ils ont toujours entretenu
» un pont sur ladite rivière pour la commodité du passage
» des paroissiens et marchands... »

La pancarte des droits de péage était du 20 février 1568. Le titre latin fort ancien était de 1304, DIE SABBATI IN FESTO BEATI SYMPHORIANI. Il en existe encore, au château d'Argent, la copie délivrée le 16 janvier 1678 par Jean Cœur, notaire en la châtellenie d'Argent, qui l'avait

tirée d'une autre copie, délivrée, celle-ci, le jeudi 7 novembre 1443, par Barthélemy Goupille, notaire tabellion juré du scel et contracts de la prévosté d'Aubigny-sur-Nerre. Par ce titre Etienne, fils de deffunct Théobald Foucquet, et Marie, son épouse, déclaraient avoir vendu au seigneur de Boucard (près Argent), Adenet, dit de Boucard « la moitié par indivis du droit de péage avec
» tous les droits du même, comme ils s'étendaient... sur
» toute la terre de la chastellenie d'Argent et de Blan-
» caffort, et sur la terre et justice du Lieu-Dieu de
» Fresne... »

Le 2 mars 1647, Jean Bourdin était fermier du péage (d'Argent) à raison de 40 liv. par an... à titre de rente foncière pour messire Charles de Vetus. — Arch Ch. d'Argent. — Arch. dép. C. 1057. fol. 75.

Page 57, ligne 27. — *Lire*: Le 27 mai 1684, dame Anne Vestus, veuve de messire... avait donné « aux
» Pauvres de l'Hostel-Dieu de la ville de Bourges... la
» somme de six vingt livres tournois deues à ladite
» dame... par . ». — Arch. dép. E. 1635. fol. 404.

Le 25 juin suivant, dame Anne de Gamaches, épouse de messire Charles-Marie de Gauville, s'engageait par contrat « à nourrir avec elle dame Anne Vestus, veuve
» de.. Jean Rivière, sa femme, et leur *niepse*, domesti-
» ques de ladite dame de Maultour,... honnestement
» selon sa condition,... saine et malade, moyennant la
» somme de douze cents livres... » et détail était donné de la vaisselle et du linge que devait fournir ladite dame de Maultour. — Arch. dép. E 1635. fol. 388.

Le 28 septembre, Anne de Vetus donnait quittance à noble homme Guillot, eschevin de la ville de Bourges, de la somme de 500 livres « pour le troisieme quartier
» de la présente année eschue le jour d'hier », en retour

du transport qu'elle lui avait fait « des fruits, proffits et
» revenus, et autres droits de la terre et seigneurie d'Ar-
» gent, pour éviter à l'embarras et à la difficulté qu'elle a
» de se faire payer des fermages, proffits et revenus de
» ladite terre.... circonstances et dépendances. et à cause
» des reparations qu'elle est obligée d'y faire faire par
» chacun an .. » Arch. E. 1635. fol. 113 et verso 114.

Le 4 novembre, même année, messire Charles-Marie de Gauville et dame Anne de Gamaches, son épouse, agissaient au titre d'héritiers de dame Anne de Vetus. — Arch. E. 1635 fol. 151. — Dame Anne Vetus était décedée le 25 octobre, et le lendemain son corps avait été « conduit, avec les ceremonies ordinaires, de l'eglise de
» Notre Dame-du-Fourchault à l'Hostel Dieu pour y estre
» inhume. » — Etat-Civil de Bourges.

Page 57, ligne 32. — *Lire* : Le 6 mars 1677, donation avait été faite par dame Anne de Vestus, veuve douairière de messire Nicolas de Vignolle, à « Charles Marie
» de Gauville. chevallier, seigneur d'Acoux, son cousin,
» et en considération du mariage projeté entre lui et da-
» moiselle Anne de Gamaches, filliole de ladite dame,...
» de la Terre et chastellenie et seigneurie d'Argent, Cle-
» mon et Villezon,.. à la réserve toutesfois de l'usufruit
» desdites choses donnees, sa vie durant,... à la charge
» toutesfois que sur la valeur desdites terres en sera pris
» la somme de 30 mille livres dont ladite dame déclare
» qu'elle veult .. que ladite damoiselle Anne de Gama-
» ches soit dottée en faveur dudit mariage... à la charge
» encore que... ledit donnataire fera distribuer aux pau-
» vres des paroisses d'Argent, Clemon et Vilzon, après
» le decedz de ladite dame donnatrice la quantité de cent
» septiers de bled seigle, mesure de ces lieux ». Arch. du château d'Argent.

Page 58, ligne 23. — *Lire* : Le 20 mars 1677, contrat du mariage « entre Messire Charles-Marie de Gauville,
» ch' s gr d'Ascoux, lieutenant du regiment de Monsei-
» gneur le Dauphin, demeurant en la ville de Montargy,...
» fils de Messire Joseph de Gauville, chr s gr dudit lieu
» d'Ascoux, et de puissante dame Jeanne de David, ses
» père et mère, et damoiselle Anne de Gamaches, fille de
» Messire Claude de Gamache, chr s gr vicomte de Re-
» mon et les Genetais, et de haute et puissante dame
» Catherine de Nizier, son epouse, demeurant en cette
» ville de Bourges, paroisse Notre-Dame du Four-
» chault... de l'autorite (le futur) de dame Anne de Ves-
» tus, veuve douairière de Messire Nicolas de Vignolles,
» vivant ch' s gr de Maultour et de la Tour du Boué...
» sa tante à la mode de Bretagne, et (la future) de l'ad-
» vis... et consentement de haut et puissant seigneur
» messire Claude de Gamaches, seigneur de Jussy, comte
» de Remon, Lugny, Censeaux et Amasy, demeurant
» audit lieu de Jussy, son ayeul paternel : de Messire
» Charles de Gamaches, chr s gr marquis de Couldron ;
» de Messire André de Gamaches, chevalier, ses oncles ;
» de Messire Baltazard de Vignolles, chr s gr de la
» Tour du Boue et la Pacaudière, son frère maternel :
» de haut et puissant seigneur Henry de Bigny, ch' s gr
» marquis de Bigny, Neufvy et autres terres ; de haute et
» puissante dame Eléonord Charlotte de Gamaches, son
» epouse, sœur de ladite dame future... » (Arch dep., E, 1.830).

Page 61, ligne 6. — *Lire :* Messire Jacques de Gau-ville était en possession du fief de Clemon dés 1708. Il avait adressé une supplique, se presentant « chevalier,
» seigneur d'Argent, Clemon et Villezon, capitaine au
» regiment de Normandie, aide-major general de l'armée

» d'Espagne, en sa qualite d'heritier, avec Messire Claude,
» son frère puine. de deffunt Messire Charles-Marie de
» Gauville, leur père, .. icelles terres leur appartien-
» nent, . le suppliant, depuis sa majorité, ayant voulu
» se faire payer des fermiers,... particulièrement les
» nommes Pascault et Bezard, fermiers de la terre et sei
» gneurie de Clemon, lui en avaient fait refus sous le
» pretexte d'arrests faits en leurs mains... par les crean-
» ciers de dame Anne de Gamaches, veuve .. leur mère,
» qui n'a aucun droit de propriete sur lesdites terres,
» sauf la dot de 30 milles livres que lui a faicte dame
» Anne de Vetus... qu'ils ne sont obligés ni débiteurs
» des arrestants ».

Une lettre de dame Anne de Gamaches etait jointe à la supplique. et datee de 1708, demandant la distinction des droits de ses enfants et du paiement de ses dettes. (Arch , chateau d'Argent).

Page 61, ligne 18. — *Lire* : Les Archives departementales (série B. 4.011) possèdent la reconnaissance par Messire Jacques-Marie de Gauville, le 29 juillet 1723, de la vente qu'il consentit a Messire Claude Dubuc de la seigneurie de Clemon.

Page 63, ligne 3. — *Lire* Messire Estienne-Claude de Fizeaux, ecuyer. etait au rang des capitouls de Toulouse en 1735. Tableau chronologique des noms des capitouls de Toulouse, publié en 1786 par Abel et Froidefont. (Biblioth. nat . Imprimés L 7/k 9.749).

Page 63, ligne 13. — *Lire* : Messire Fizeaux fut effrayé. sans doute, devant la dépense qu'il aurait a supporter pour retablir le pont d'Argent. Son regisseur, le 15 août 1753, lui proposait un acte d'Assemblée des habiants « en forme de PLACET », lui promettant le concours de toutes les villes auxquelles il jugerait à propos de demander une participation. Le 29 septembre 1754 il en recevait un plan, avec invitation « de le presenter et de le » solliciter auprès de Messire de Trudaine ». On venait de construire à Salbris un pont de bois, avec deux *cullées* de pierre, qui « couttait bien 18 à 20 milles livres ». La récolte avait été bien petite, cette annee, en Sologne. Les bleds noirs étaient brûlés entièrement. Il faisait « si secq » que les bestiaux mouraient de faim. Les moutons, cependant, se vendaient assez bien. Il y avait une quantité prodigieuse de chenilles, beaucoup de fièvres et de « malladies ». Le bled seigle etait à 5"10°, et le froment à 7"10° à Aubigny. (Lettres du regisseur de la Terre d'Argent à son maître, communiquées par M. Pierre Rat, tresorier de la Fabrique à Brinon). Sans doute les *proffits* du seigneur avaient été diminués par ces calamités.

Page 64. ligne 8 — *Lire*. L'acte de vente de la Terre d'Argent par messire de Fizeaux à messire Dupre de Saint-Maur porte que « cette vente est faite sous la ré» serve par les dits sieur et dame de Clemon de la fa» culté de porter pendant leur vie le nom de la terre de » Clemon ».

Page 71. ligne 23. — *Lire* : Le sieur François Brassin, greffier de la justice de Clemon, recevait le 30 janvier 1684, de messire Charles-Marie de Gauville, chevalier, seigneur d'Argent, Clemon. Villezon et autres lieux, son brevet de procureur fiscal de ladite terre, justice et seigneurie de Clemon (Arch. dép. E. 1635, fol. 220).

Page 75. ligne 13. — *Lire* : Les minutes et registres de la Justice de Clemon furent deposés au greffe du tribunal d'Henrichemont. Lettre Panariou, du 7 octobre 1791 (Arch. dép. L 508).

Le 19 janvier 1792 (Arch. dép. L. 510), les officiers municipaux avaient adressé des plaintes sur les irrégularités et les absences du juge de paix. Ils avaient en même temps adressé une pétition, priant d'avoir « en
» considération cette commune qui devait estre le chef-
» lieu de ce canton qui n'est que long, puisqu'elle se
» trouve au centre, pour luy donner le notariat, comme
» plus éloignée de vous en forme de dédommagement
» dudit canton, ce qui se trouvera conforme au sentiment
» de l'Assemblée nationale qui s'est expliquée, que le no-
» tariat d'un canton ne pourra être plus proche du district
» que de trois lieues ; à joindre qu'Argent et Blancafort
» ont des notaires, et que Clemon et Brinon n'en ont
» point, ce qui les *ennuierait* doublement, s'ils en étaient
» encore privés .. »

Page 80, ligne 31 — *Lire* : Les émissions de billets de confiance atteignirent pour la ville de Bourges, le 22 frimaire an Ier (13 décembre 1792), la somme de 200 mille livres.

Page 81, ligne 11 — *Lire* : En effet, le 27 décembre 1792, l'an Ier de la République française, le conseil général de la commune autorisait « la formation d'une
» caisse patriotique de 1800 livres, soumissionnée par les
» citoyens Dalame, Vergnault, curé, Hubert Bourdon,
» François Brière, Gressin, prêtre, Jacques-Victor Jullien
» procureur de la commune Silvain Huré et quelques
» autres, destinée à retirer d'entre les mains des citoyens
» de cette commune tous les billets patriotiques, de
» confiance ou autres, au-dessous de 30 livres, mis en
» circulation par différents particuliers, compagnies ou

» municipalités de la Republique, le conseil général de
» la commune devant remettre aux citoyens soumission-
» naires la totalité des coupons d'assignats dont le direc-
» toire du district d'Aubigny leur a fait la distribution ».
Les soumissionnaires nommèrent pour trésorier le citoyen J. Fr. G. Vergnault, tresorier de la municipalite,
« lequel serait obligé de rendre compte... de toutes les
» operations relatives à l'échange projeté ».

Ces opérations ne se firent point sans causer plus d'une inquiétude au tresorier Le 11 janvier suivant. 1793 (Arch. dep L. 508), Mr Vergnault écrivait au président du district « Citoyen. après avoir établi une caisse pour
» retirer les billets de confiance qui circulaient dans
» notre municipalite et dont j'ai esté chargé, nous avons
» procédé à cette opération. J'ai mis dans l'ordre le plus
» exact tous ces billets patriotiques ; il s'agit maintenant
» de se procurer la rentree de nos fonds. Je m'adresse à
» vous pour avoir la marche que je dois suivre ; je vous
» prie de me faire passer demain la reponse *succinte* aux
» diverses questions que je vais vous proposer.

» Le département se charge-t il de tous les billets de
» confiance des autres departements pour en procurer la
» rentrée en assignats ? Dans ce cas est-ce à luy ou à votre
» district qu'il faut les faire passer ?

» Est il nécessaire de les endosser, de les numeroter
» tous. ou seulement d'indiquer et signer chaque paquet
» de chaque lieu où s'est opérée l'emission ?

» En un mot, je vous prie de me donner à cet égard
» tous les renseignements que je ne puis me procurer, la
» rivière m'empêchant de faire le voyage d'Aubigny.

» Je suis, avec un attachement vraiment fraternel.
» citoyens, votre très humble et obeissant serviteur.

» Vergnault, curé de Clemon. »

Page 82, ligne 23. — *Lire* : Le procureur de la commune, Jullien, avait déjà écrit le 2 avril (Arch. dép. L. 511), « au citoyen procureur syndic du district que le
» citoyen Dalaine, désigné dans sa lettre précédemment
» reçue, était citoyen d'Orléans ; qu'il était parti le
» 29 mars précédent pour se rendre dans cette ville avec
» son épouse. »

Page 83, ligne 8. — *Lire* : En conséquence de son état de « consignation dans son bien de Laurov » le citoyen Gaudart Dalaine écrivait au district, le 12 juillet (Arch dép. L 511) : « Citoyens administrateurs, n'étant domi-
» cilié dans la commune de Clémon que depuis deux
» mois, veuillez bien m'éclaircir si je ne suis point exclu
» par le projet de la nouvelle constitution, de l'Assem-
» blée primaire qui doit avoir lieu dimanche prochain ;
» dans le cas où le peu de temps de domicile ne serait
» pas pour moi un titre d'exclusion, veuillez bien, ci-
» étaient toyens, lever mon arrestation pendant le temps
» que durera l'assemblée du canton d'Argent, afin que
» je puisse aller remplir mes devoirs de citoyen.
                                » D'ALAINE. »

Page 91, livre 18. — Le 4 mai 1792 (Arch L. 510), les officiers municipaux Regnier, Garnier et Jullien, procureur de la commune, avaient répondu à une lettre du 27 avril : « Nous avons la satisfaction de vous dire que
» nous ne connaissons aucun émigré dans l'étendue
» de notre municipalité. »

Page 95, livre 22. — *Lire* : Le 13 août 1792 (Arch. L. 510), une lettre du maire et des officiers municipaux annonçait au district l'envoi de quatre « volontaires na-
» tionaux », auxquels il avait été « alloué chacun cent
» livres non compris les vingt livres par teste » qui

payés au directoire du district. Le 21 août une seconde lettre annonçait l'envoi de trois autres volontaires. « Nous espérons, était-il dit, que notre contingent sera » plus que rempli, et que vous serez plus content de » ceux-ci que des autres, quoy qu'il y en ait deux un peu » bas ; il sont fort jeunes et croistront ayant de la *corpo-* » *rance* pour leur âge. »

Page 96, livre 10 — *Lire :* Le zèle pour l'enrôlement aux armées était sans doute épuisé. Le 3 octobre suivant, en réponse à une lettre de rappel du 29 septembre, les officiers municipaux (Arch. dép. L. 510) écrivaient au district : « Citoyens, il ne s'est présenté personne pour » se faire inscrire pour volontaire. Nous vous faisons » seulement passer les noms de deux des huit volon- » taires que notre commune a fourni, qui ne sont pas » partis pour les frontières, qui sont Louis Maimbert et » Jean Bergin, actuellement en cette municipalité en » attendant les ordres pour partir. Il nous a été dit par » lesdits Bergin et Maimbert, que Charles Christophe, » aussy un de nos volontaires, était à Aubigny en atten- » dant des ordres pour partir. Nous espérons qu'ayant » fourni huit volontaires nous serons exempts de contri- » buer au bataillon de Biron ; vous sçavez d'ailleurs que » cette commune est peu peuplée : .... »

Page 100, lire 30. — *Lire :* L'occupation du bourg de Clemont et de ses environs, en 1870, par le 4ᵉ bataillon de marche de chasseurs qui faisait partie de la 1ʳᵉ divi-division du 15ᵉ corps d'armée, eut lieu, non pas durant tout le mois d'octobre, mais depuis le milieu d'octobre jusqu'au 6 novembre, entre la prise d'Orléans par les troupes allemandes et la bataille de Coulmiers. Le 15ᵉ corps s'était rallié à la Ferté-St-Aubin, était ensuite descendu à la Motte Beuvron, puis à Salbris, où il put se reformer sur la rive gauche de la Sauldre. La 1re division, général Martin des Pallières, était établie à Argent et à Aubigny ; la brigade de cavalerie, général Michel, à Ste-Montaine (Campagne de 1870 1871 La première armée de la Loire, par le général d'Aurelle de Paladines. p. 15). La cavalerie « mise à la disposition de la 1re divi-» sion »,était campée à Cerdon. — Le commandant Sicco, à la reprise d'Orleans par les Allemands, le 4 décembre, commandait, avec tout au plus une quarantaine de chasseurs de son 4e bataillon et du 5e, la barricade du faubourg St-Jean, à 300 mètres de l'ennemi, à l'heure où le général prussien Treskow imposa l'évacuation, dans le délai de deux heures, au milieu de la nuit, sous la menace de bombarder les faubourgs et la ville (Orléans, par le général Martin des Pallières, p. 63 223)

Page 101, ligne 1. — *Lire* : En septembre 1792, il était fait le denombrement « des habitations des labou-» reurs et manœuvres à exploitation,... des fusils et » armes, .. des chevaux et voitures ». — Lettre Brière, maire, du 9 septembre 1792, l'an IVe de la liberté et le Ier de l'égalité (Arch. dep. L. 510).

L'annee suivante, les municipalités étaient requises pour procurer la confection des vêtements militaires Le 7 mars 1793, an II, la municipalité de Clemon (L. 511) déclare au directoire du district qu'il « n'est nullement » possible..... de faire faire les vingt paires de souliers » que le ministre demande, vu qu'il n'y a ici ny cordon-» niers ny cuirs ; que quant aux dons, il ne se présente » personne pour en faire ; je crains fort que nous n'ayons » pas besoin d'ouvrir un registre pour cet effet, les » citoyens en sont pauvres et fort peu à leur aise ». — Le 19 avril, le maire Brière (L. 511) écrit : « Citoyens » administrateurs du district d'Aubigny, je vous fais

» passer les dix vestes et dix-neuf culottes que vous avez
» adresse aux officiers municipaux de cette commune,
» que nous avons fait faire aux tailleurs de cette pa-
» roisse...... il reste une culotte à laquelle il manque
» undessus, et les bandes de culotte que j'ay ici dès
» que vous devez nous en faire passer d'autres pour
» les leur remettre ». — Fidèle administrateur, quelques jours après, il ecrit de nouveau qu'il « envoie les
» habits faits à Clemon, au nombre de quatre, et cinq
» bonnets, non compris les deux habits qu'il a livrés
» hier au citoyen Esnau et son confrère, volontaires
» de Brinon. Quant aux autres habits, ils seront prêts
» pour samedy, il les fera passer ce jour-là, ainsi que
» le restant des bonnets et la culotte de la semaine der-
» nière ».

Page 110, ligne 30. — *Lire* Le prix du pain ayant été
taxé, la municipalité eut à subir assez de récriminations
et accusations. Le 19 août 1793 (L. 511), elle y répon
dait, près du district, qu'elle « a toujours suivi la taxe et
» celle d'Aubigny comme chef-lieu et marché, — pour
» contenter, la commune a été obligée de réduire la taxe
» du pain à 1 liv. 5 s. pour le pain de 12 livres, quoi-
» qu'elle soit plus forte à Aubigny, mais le public ne
» veut point entrer en consideration que, tout etant
» extraordinairement cher, le boulanger ne peut vivre de
» la taxe ordinaire. — N'ayant point de boulanger,
» qu'est-ce que cela deviendra ? — Notre boulanger
» s'est donné et se donne des mouvements continuels
» pour se procurer du grain, et il a mille peines pour en
» avoir. — Nous avons rempli les vues du district en
» avertissant les citoyens Gaudart, Gressin, Estiève,
» Rivé et Gauche, de mener pour aujourd'hui du bled à
» votre marché ».

Les citoyens Fr. Bidault, laboureur à la Naudinière, et Pierre Leture, laboureur aux Bois (lettre du 20 septembre), etaient mis en réquisition pour 6 septiers du bled, demandés par le district pour le marché du lendemain, chacun 3 septiers. — Le 18 octobre, c'était le tour des citoyens Gressin, propriétaire à Baudran, André Gauche, laboureur aux Gevris, François Barberousse, laboureur aux Rousseaux, pour même quantité, chacun 2 septiers.

Page 127, ligne 10 — *Lire* : Le testament Nibelle, du 21 mars 1408, dont nous avons parlé, p. 310, léguait 8 deniers parisis « à S. Ypolite de Clemon ». On pourrait croire, peut être, que cette expression désignerait pour cette époque le titulaire de l'église paroissiale, à l'encontre de ce que nous avons dit, page 127, sur Saint-Etienne ; nous estimons qu'il s'agissait de la dévotion particulière de la contrée à Saint-Hippolyte que des pèlerins isolés viennent encore implorer, de temps en temps, des paroisses circonvoisines, jusqu'à 5 à 6 lieues de distance, en faveur des enfants qui souffrent des coliques du jeune âge Nous avons dit, page 131, comment, entre 1875 et le XVIIe siècle, la chapelle, dédiée aujourd'hui au Sacré-Cœur, etait sous le vocable de Saint-Hippolyte. La devotion de son pèlerinage remonte donc à des temps bien anciens.

Page 132, ligne 2. — *Lire* : L'aveu du 8 juin 1666, (Archives dep. E. 2074, fol. 79 verso), identifie les fiefs de la Motte d'Argent et de la Grande-Planche Messire Nicolas de Vignolles, sieur de Maultour, y reconnaît « tenir... en arriere fief ce que Jean de Maubruny, es-
» cuyer, seigneur de la Motte de Maubruny, autrement
» la Grande Planche, tient en plain fief de l'advouant,
» qu'il a eu par succession de deffuncte Anne de Morin-

» ville, sa mère, C'est assavoir la maison et bastiment
» de la Motte Maubruny, ou aultrement la Grande-
» Planche... assis tant en la parroisse d'Argent que de
» celle de Clemon ».

Page 197, ligne 9. — *Lire* : Dans le dénombrement de sa seigneurie, présenté en 1384 (voir p 198), par « Jehan » Foquaut, escuier, sire de Sury-en-Boys », il est fait mention de Mre Jean d'Autri, seigneur de GLÈRE, comme étant, par son fief de Glère, limitrophe d'un pastureau que « Jehan Le Bouc, escuier, tient en fié dudict Foquaut » à cause de son dict lieu de Sury-en-Boys ».

Un inventaire des fiefs et arrière-fiefs du duché de Berry (Arch. dép , C. 815), commence vers 1500, comprend, folio 231, « la terre et justice de GLERRE, que » tiennent les hoirs feu Hérisson »

Le 8 avril 1540, Cathelin de Gamaches, petit-fils de Philiberte de Foucaud, rendait foi et hommage (voir p 214) de sa seigneurie « de Gamaches et Sury-ès-Bois... » avec la justice en toutes lesdites terres, haulte, » moyenne et basse, et une aultre justice, appellée la » justice de GLÈRES, joignant l'une a l'autre... ». Arch. dép., F. 14.

Dans son aveu et dénombrement du 15 janvier 1605 (voir p. 227), Claude de la Verne, « escuyer, seigneur de » Sury-ès-Bois », petit fils de Cathelin de Gamaches, faisait aussi aveu pour « la justice haulte, moyenne et » basse de GLAIRES », qui était encore possédée en 1640 par autre Claude de la Verne, « escuyer, sieur de Vau- » vrille, Sury-ès-Boys... » Arch. dep , F 14

Le fief de GLÈRRE était situé à 1500 mètres au sud de Sury-ès-Bois C'était là, sans doute, le fief que La Thaumassière, par suite d'une erreur de copiste, attribua sous le nom d'Esterre à dame Philiberte de Foucaud.

Page 199, ligne 4 — *Lire*: L'an 1246, Jean de Foucaud, écuyer (Johannes Foucaudi, miles), reconnaissait devoir au doyen et chapitre de Bourges dix sols parisis.. a cause de defunct Symon de Pierre-Fitte (ès-Bois), écuyer,... qui les avait légués... pour le salut de son âme. Arch. dép., Fonds de Saint-Etienne, 1re liasse, n° 10.

Le 21 décembre 1401, le compte des seigneuries de Charpignon, Vailly, Maison-Thou, Mery-ès Bois, Menétréol-sur-Sauldre, la Place, Bailieu, était « escheve a » Sagonne » par deux « nobles hommes... ce com » mis par noble et puissant seigneur monsieur Loys de » Sancerre, connestable de France, et seigneur dudict » lieu ». L'un de ces « nobles hommes... ce commis » etait Jehan de Foulquaut, seigneur de Sury-ès-Bois. (Arch dép. F. année 1400, fol. 48).

Godefroy de Foucaud (du 12e siècle), Jean de Foucaud (de 1246), Jehan Foquaut (de 1384) et Jehan Foulquaut (de 1401) étaient, apparemment, des ancêtres de dame Philiberte de Foucaud dame de Lauroy.

Page 199, ligne 15. — *Lire*: Le domaine de la Gamache, de Sury-ès-Bois, n'a porté ce nom qu'après l'occupation de cette seigneurie par la famille de Gamaches. Le samedi 1er septembre 1640, Claude de la Verne, *escuier*, sieur de Vauvrille, Sury-ès-Bois,... rendait la foy et hommage pour le « lieu et appartenances de Gamaches, « anciennement la Foucaudiere ». Arch. dép. F. 14

Page 211, ligne 33. — *Lire* : Le fief de Lauroy, vers 1500, produisait, toutes charges payées, un revenu de soixante-dix livres tournois. Le fief de Sury-ès-Bois et celui de Brinay donnaient chacun, au seigneur de Lauroy, le même revenu.

L'inventaire des fiefs du duché de Berry (Arch. dép.

C. 815) comptait parmi les vassaux du comte de Sancerre, folio 451, « Mre Jehan de Gamaches, chevalier, sei-
» gneur de Louray, conseiller et maistre d'hostel du Roy
» qui tient en fief de la seigneurie d'Argent, et en ar-
» rière-fief du Roy, la mothe, hostel, molins et appar-
» tenances de Louray, situés en la parroisse de Clemon,
» qui consiste en colombier, garenne par terre et par
» eaux, four bannier, cens, pretz, lotz et ventes, terraiges.
» molins, piez, terres, estangs, lesquelles choses vallent
» par an toutes charges paiees la somme de soixante-dix
» livres tournoys.

» Plus tient ledict chevallier en fief du comte de San-
» cerre et en arriere-fief du Roy, la justice, seigneurie
» et terre de Sury-es-Bois... toutes charges paiees la
» somme de soixante-dix livres tournoys.

» Plus tient ledict Chevallier (folio 452) en fief du Roy
» à cause de sa tour de Vierzon, ung lieu et son fief luy
» tenant du bourg de Brinay, qui consiste en hostel fort,
» en foussez, garenne, colombier par terre et par eaux en
» la Rivière du Cher.... mestairies franches de tous
» dixmes, rentes de bled... lesquelles choses dessusdictes
» peuvent valoir, toutes charges paiees, la somme de
» soixante-dix livres tournoys ».

Page 213, ligne 3. — *Lire* : La somme de six cents livres tournois, fixée pour l'acquisition de la Justice de Jussy était fournie, le 18 mai 1514, par messire Jean de Gamaches « en 18 marcs 2 onces 5 gros (4 kil. 580 gram-
» mes) de vaisselle d'argent de treize livres le marc
» compris la façon, vallant 238 livres 5 sols 3 deniers
» tournoys, et le reste comptant... ». (Arch. dép. Fonds de St-Etienne, liasse 95).

TABLE DES MATIÈRES

Mémorial de la commune et de la paroisse de Clémont

I. — NOTICE GÉNÉRALE

1° Origine	2
2° Nom	11
3° Bourg	3
4° Population. Son mouvement	8
5° Tumulus	12
6° Maladrerie. Hôtel-Dieu	13
7° Castel de Sublaine. Rond-d'eau de Berne	16
8° Cours d'eau	19
9° Étangs	23
10° Routes	26

II. — RÉGIME FÉODAL

Notions préliminaires sur les fiefs	26
Article 1er Situation féodale de Clémon	30
— 2e. Seigneurie de Lauroy	"
— 3e. Censives de Villaines, Colomiers et Berne	31
— 4e. Seigneurie de Clemon	32
— 5e. Justice de Clemon	36
— 5e. Seigneurs du fief de Clemon	38
1° Maison de Sully	39
Note. Chapelle du Bois-aux-Moines	42
Note. Seigneurie de Villezon	43
2° Maison d'Albret	48
3° Maison de Nevers et Clèves	49
4° Maison de Vetus	55
5° Maison de Gauville	58
Épidémie de 1693 à 1694	59
Calamités de 1706 à 1709. Grêle	60
Vente de la seigneurie d'Argent	61
6° Maison Fizeaux	63
7° Maison de Saint-Maur	64

TABLE DES MATIÈRES

Article 7e. Conclusions sur le régime féodal	66
— 8e I. — Liste des baillys de la Justice	69
— II. — — notaires et procureurs	»

III. — RÉGIME COMMUNAL

Liste des maires et adjoints	72
1° Municipalité. Faits municipaux, de police et politiques	73
Formation de la municipalité	»
Sectionnement de la commune	75
Condamnation Laurent, de Brinon	76
Propriété de la chapelle N.-D. de Pitié	77
Recherche des suspects	81
Fête de la Fédération, à Aubigny	83
Violation du domicile abbé Gressin	84
Invalidations de notables	87
Brûlement des titres féodaux	»
Fête de la Fraternité et du décadi	88
2° Service des armées	94
Mesures pour la Patrie en danger	»
Poursuite de réfractaires	97
Souvenirs de 1816 et 1870	100
3° Réquisitions diverses	101
Brûlements des fougères et autres herbes inutiles	107
4° Subsistances (service des)	109
Maximums des salaires et des denrées	111
Quarte de Villezon	119
Prix excessif du grain	121
Tumulte pour la distribution du grain	124

IV. — VIE PAROISSIALE

Article 1er. Notice générale	125
1° Origine de la paroisse	»
2° Église paroissiale	127
3° Inscriptions murales	132
4° Prieuré, chapelle, fontaine et place de Saint-Martin	134
5° Presbytère	139
6° Croix des processions	140
7° Culte et Reliques de Saint-Sébastien	142
Article 2e. Liste des syndics, des procureurs des trépassés	147
Liste des procureurs fabriciens	148
Emploi de — l'homme vivant et mourant — pour les biens de la Fabrique	151
Biens et rentes de la Fabrique	153
Dîme et Portion Congrue	156
Article 3e. Événements paroissiaux de 1790 à 1795	157

TABLE DES MATIÈRES 337

Biens de la cure et du prieuré (déclaration)	157
Serment de la Constitution civile du clergé	161
Propos inciviques abbé Gressin	162
Serment de liberté et d'égalité	163
Acquisition d'une croix en 1793	166
Arrestation abbé Gressin	»
Titres des biens de la Fabrique	168
Descente et brisement des cloches	169
Descente des croix. Arrestation du jeune Laurent	173
Démission de curé abbé Vergnault	178
Jardin, charmille de la cure	181
Fermeture de l'église	182
Fermage de la cure	184
Réouverture de l'église	185
Article 4ᵉ. Période de 1795 à 1810	186
Services abbés Harang et Gressin	188
Location du presbytère	190
Réacquisition	»

Mémorial de la terre de Lauroy

Notice générale	193
Liste des propriétaires depuis 1440	196

I. — POSSESSION DE FOUCAUD
II. — POSSESSION DE GAMACHES ET DE LA VERNE

Article 1ᵉʳ. Extraction de Gamaches	200
1° Nom de Gamaches	»
2° Origine de la Maison	201
3° Célébrité de la Maison et son établissement en Berry	203
Article 2ᵉ. La Maison de Gamaches à Lauroy	206
Tableau généalogique	»
Notice. Guillaume de Gamaches	207
1° Jean de Gamaches	208
Lauroy en 1497	211
Bienfaits de Jean de Gamaches	215
2° Adrien de Gamaches	219
3° François de Gamaches	222
4° Philibert de Gamaches	225
5° Marguerite de Gamaches	»
Article 3ᵉ. Possession de la Verne	227
1° Claude de la Verne, sieur de Vauvrille	»
2° Jean de la Verne, sieur de Vauvrille	228
3° Philibert, Gabriel et Jean, sieurs de Vauvrille	229
Lauroy en 1613	»

III. — POSSESSION MIDOU

1° Jean Midou-du Four................................	232
Redevance du prieuré de Flamet........................	»
2° Jean Midou-Briçonnet................................	234
Notice sur la seigneurie de Cormes....................	236
Différents entre M. d'Argent et M. de Lauroy..........	238
3° Jean-Maximilien Midou..............................	242

IV. — POSSESSION LE SUEUR-DUBUC-D'ALLAINES-DUFOUR

Article 1er. Marguerite Le Sueur de Mitry.............	246
Tapisseries et objets d'art...........................	247
Tableau d'extraction peintre Lesueur..................	249
Tableau d'extraction Le Sueur de Mitry................	»
Lauroy en 1715..	251
Foy et hommage par Marguerite Le Sueur................	252
Contestation sur la chapelle N.-D.-de-Pitié...........	253
Article 2e. Possession Dubuc..........................	255
Notice généalogique...................................	»
Aimée du Buc de Rivery, sultane valide................	257
1° Claude Dubuc.......................................	261
2° Claude-Joseph Dubuc................................	264
Notice d'Estampes, seigneur d'Ennordres...............	265
Notice du Lac de Montizambert.........................	268
3° Adélaïde Dubuc.....................................	»
Notice. Maximilien de Gaudart de Tracy................	270
Notice. Antoine Margueritte de Gaudart d'Allaines.....	271
Extraction d'Allaines.................................	272
Article 3e. Possession d'Allaines.....................	273
Article 4e. Possession Dufour.........................	275

ANNEXES

1° Liste des conseillers de la Fabrique...............	278
2° Listes des curés et vicaires de la paroisse........	279
3° Notes sur plusieurs curés..........................	282
4° Actes de bénédiction de cloches....................	287
5° Listes des inhumations faites dans l'église de 1580 à 1772.	289
6° Fondations testamentaires..........................	298
Additions et Corrections..............................	305

Châteauroux. — Imprimerie Langlois

www.ingramcontent.com/pod-product-compliance
Lightning Source LLC
Chambersburg PA
CBHW060324170426
43202CB00014B/2657